Beck-Rechtsberater:
Architektenrecht von A–Z

**Beck-Rechtsberater:
Architektenrecht von A–Z**

Von Thomas Schabel, Rechtsanwalt
2., neubearbeitete Auflage

Stand: 1. September 1996

Deutscher
Taschenbuch
Verlag

Redaktionelle Verantwortung: Verlag C. H. Beck, München
Umschlaggestaltung: Celestino Piatti
Umschlagbild: Birgit Koch
Gesamtherstellung: C. H. Beck'sche Buchdruckerei,
Nördlingen
ISBN 3 423 05069 1 (dtv)
ISBN 3 406 36297 4 (C. H. Beck)

Vorwort zur zweiten Auflage

Wie andere Rechtsgebiete verändert sich auch das Architektenrecht laufend: der Bestand an Rechtsprechung nimmt zu, neue Vorschriften werden erlassen, alte treten außer Kraft. Das scheint etwas Normales zu sein. Beim Architektenrecht gilt dennoch etwas Besonderes: seit Erscheinen der ersten Auflage dieses Buchs im Jahr 1991 verstärkt sich der Einfluß der Europäischen Gemeinschaft auf die Rahmenbedingungen der Architektenarbeit; auch ihre politischen Determinanten innerhalb der Bundesrepublik verändern sich.

Die neuen GRW 1995 und die VOF, deren Erlaß bevorsteht, greifen massiv in das Wettbewerbswesen und die Vergabepraxis öffentlicher Auftraggeber bei größeren Aufträgen ein; europaweite Zulassung der Wettbewerbsteilnehmer, Transparenz und Nachprüfbarkeit des Vergabeverfahrens werden verwirklicht. Da es außerhalb des Architektenwettbewerbs an Vergabekriterien fehlt, wird schon diskutiert, ob etwa der preisrechtliche Charakter der HOAI den EG-Dienstleistungsvorschriften entgegensteht; Konsequenz dieser Ansicht wäre der offene Preiskampf um öffentliche Aufträge. Auch von einer anderen Seite her wird die HOAI angegriffen: die Anbindung der Honorare an die anrechenbaren Kosten wird aus Kreisen verschiedenster Bauherren als kostentreibend in Frage gestellt. Durch die seit 1. 1. 1996 möglichen Festhonorare des § 4 a bzw. die Erfolgshonorare des § 5 Abs. 4 a HOAI wurde dieser Kritik prinzipiell Recht gegeben. Die nächste HOAI-Novelle soll ganz neue Arten der Honorarberechnung bringen. Schließlich entwickeln sich neue Formen des Zusammenschlusses von Architekten weg von den klassischen Partnerschaften hin zur Architekten-GmbH, die in einigen Bundesländern schon in die Architektenlisten eingetragen werden kann, und zur neuen, speziell für Freiberufler geschaffenen Partnerschaftsgesellschaft.

In dieser Situation kann dem Benutzer dieses Buchs keine abgeschlossene Rechtslage präsentiert werden, sondern ein

Vorwort

Rechtsgebiet im Umbruch. Die neu aufgenommenen Stichworte sollen helfen, die Entwicklungslinien einzuschätzen und auf die nächsten Änderungen vorbereitet zu sein.

Ich danke an dieser Stelle allen Architekten und Juristen, die mir Hinweise und Anregungen für diese zweite Auflage gegeben haben, und hoffe, daß das Buch weiter gute Resonanz findet.

München, im September 1996   Der Verfasser

Vorwort zur ersten Auflage

Architektenrecht wird dem Publikum bisher selten als ein zusammengefaßtes Thema vorgestellt. Die vielen Kommentare zur Honorarordnung für Architekten und Ingenieure erläutern zwar im Zusammenhang mit den Honorierungsregeln und den Leistungsbildern notwendigerweise auch Vertrags- und Haftungsfragen. Einzeldarstellungen dieser Kernbereiche des Architektenrechts sind dagegen seltener.

Die vielfache Verknüpfung von Vertrags-, Haftungs- und Honorarfragen untereinander legte es deshalb nahe, diese Themenkreise zusammen mit rechtlich relevanten Fragen des Urheberrechts, des Wettbewerbswesens, des Betriebs eines Architekturbüros sowie mit dem bisher stiefmütterlich behandelten Berufs- und Standesrecht unter dem Begriff des Architektenrechtes zusammenzufassen. Diesen Weg hat Neuenfeld als erster mit seinem 1977 begonnenen ‚Handbuch des Archtitektenrechts' eröffnet.

Das vorliegende Buch folgt dieser Begriffswahl, gerade weil es ein praxisorientiertes Arbeitsmittel sein will.

Als Lexikon soll es den schnellen Einstieg in die Materie ermöglichen. Die Verweisung mit den Pfeilen („→") stellt dann den Zusammenhang zu den jeweiligen Nachbarbegriffen her; für das Haftungsrecht ist das Stichwort „Haftung", für das Honorarrecht „Honorarberechnung" der Ausgangspunkt für ein eher systematisches Verständnis.

Die Darstellung orientiert sich stark an der Rechtsprechung des Bundesgerichtshofs und der Oberlandesgerichte, weil gera-

Vorwort

de das Vertrags- und Haftungsrecht im Bürgerlichen Gesetzbuch nur in relativ wenigen Paragraphen kodifiziert, dafür aber in vielen Grundsatzurteilen ausgeformt und fortgebildet worden ist; die Rechtsprechung zeigt außerdem, daß die meisten Auseinandersetzungen auf dem Gebiet des Hochbaus stattfinden, so daß den damit verbundenen Fragen der Objektplanung der Vorrang zu geben war.

Die Fundstellen – aus Platzgründen soweit möglich auf NJW, BauR, ZfBR und DAB beschränkt – sollen dem Benutzer die Möglichkeit geben, die Lösung konkreter Probleme anhand der jeweiligen Gerichtsentscheidungen zu erarbeiten. Zur weiteren Vertiefung dienen die Literaturhinweise am Ende wichtiger Stichworte.

Die verschiedenen Bezeichnungen der HOAI und des BGB für die Beteiligten – Auftraggeber/Auftragnehmer; Besteller/Unternehmer – wurden zur besseren Transparenz der Darstellung nicht übernommen; die Beteiligten werden statt dessen durchgehend als Bauherr und Architekt bezeichnet. Nur Innenarchitekten, Landschaftsarchitekten, Stadtplaner und Projektsteuerer sind als solche benannt. Weibliche Vertreterinnen dieser Berufe bzw. Rollen mögen mir verzeihen, daß ich die neuen Sammelbezeichnungen – also z. B. „BauherrInnen" oder „ArchitektInnen" – nicht verwendet habe. Sie sind sprachlich nicht befriedigend.

Wenn Architekten beklagen, das sie betreffende Recht sei undurchschaubar und kompliziert, wenn umgekehrt Juristen Berührungsängste vor dem Architektenhaftungs- und Honorarrecht zeigen, so kann dieses Buch vielleicht dazu beitragen, die Distanz zwischen beiden Berufen zu verringern. Seine Informationen mögen helfen, Auseinandersetzungen auf eine rationalere Ebene zu heben und schneller auf den Punkt zu bringen.

Stichwortübersicht

(Die im folgenden angeführten Begriffe sind in der alphabetischen Reihenfolge erläutert. Wenn bei einem Stichwort durch das Zeichen → auf ein anderes verwiesen wird, findet sich die → Erläuterung unter diesem Stichwort)

Abnahme des Architektenwerks
Abnahme der Bauleistungen
Abschlagszahlung
Abschluß des Architektenvertrags, Vertragsanbahnung und Vertragslose Leistungen
Abtretung
Abweichende Honorarermittlung → Festhonorar
Adressat für Erklärungen des Bauunternehmers
Änderung der Planung
Änderung der Geschäftsgrundlage → Wegfall oder Änderung der Geschäftsgrundlage
Allgemeine Diplom-Anerkennungsrichtlinie
Allgemeine Geschäftsbedingungen
Allgemeine Geschäftsbedingungen im Bauvertrag → Vorbereitung der Vergabe
Allgemeine Haftpflichtbedingungen (AHB) → Berufshaftpflichtversicherung
Allgemeine Vertragsbedingungen → Allgemeine Geschäftsbedingungen
Alternativplanung → Änderung der Planung → Zusatzleistungen des Architekten
Anerkenntnis
Anfechtung vertraglicher Vereinbarungen
Angestellte Architekten
Ankauf → GRW 1995
Annahmeverzug des Bauherrn
Anrechenbare Kosten
Anscheinsvollmacht → Vollmacht
Anwendungsbereich der HOAI
Arbeitsgemeinschaft → Partnerschaft
Arbeitsrecht
Architekt/Architektin
Architekten-Anerkennungsrichtlinie
Architektenbindung
Architektengemeinschaft → Partnerschaft
Architektengesetz
Architektengesetz Baden-Württemberg
Architektengesetz Bayern
Architektengesetz Berlin
Architektengesetz Bremen
Architektengesetz der ehem. DDR
Architektengesetz Hamburg
Architektengesetz Hessen
Architektengesetz Niedersachsen
Architektengesetz Nordrhein-Westfalen
Architektengesetz Rheinland-Pfalz
Architektengesetz Saarland
Architektengesetz Sachsen
Architektengesetz Schleswig-Holstein

Stichwortübersicht

Architekten-GmbH
Architektenkammer
Architektenrecht
Architektenvertrag
Architektenwettbewerb
Arglistige Täuschung → Anfechtung
Aufbewahrung von Unterlagen
Aufrechnung
Auftrag
Auftraggeber
Auftragnehmer
Auftragserteilung → Abschluß des Architektenvertrags → Architektenvertrag
Auftragsumfang → Umfang des Architektenvertrags → Architektenvertrag
Ausbauverhältnis → GOA → Honorarzone
Ausführungsplanung
Ausländische Architekten aus anderen als EG-Mitgliedsstaaten
Ausländischer Bauherr
Außenanlagen → Freianlagen
Ausschreibung von Architektenleistungen → Preiswettbewerb
AVA → Allgemeine Geschäftsbedingungen → Einheitsarchitektenvertrag

Baden-Württemberg → Architektengesetz Baden-Württemberg
Bauaufsicht → Objektüberwachung
Baubetreuung
Baucontrolling
Baugenehmigung → Genehmigungsplanung
Baugrundverhältnisse
Bauhandwerkersicherung § 648 a BGB

Bauherr
Bauklasse → GOA → Honorarzone
Baukosten → Anrechenbare Kosten → Baukostengarantie
Baukostengarantie
Baukostenüberschreitung → Wirtschaftlichkeit der Planung → Baukostengarantie
Baukünstlerische Leistungen → Bau- und landschaftsgestalterische Beratung
Bauleiter
Bauleitung → Objektüberwachung
Bauphysikalische Nachweise → Wärmeschutz → Sonderfachleute
Bauproduktenrichtlinie
Baustellenrichtlinie
Bausummenüberschreitung → Baukostengarantie → Wirtschaftlichkeit der Planung
Bautagebuch → Objektüberwachung
Bauträger
Bauüberwachung → Objektüberwachung
Bau- und landschaftsgestalterische Beratung
Bauvoranfrage → Vorentwurf
Bauvorlageberechtigung
Bauzeitverzögerung
Bayern → Architektengesetz Bayern
Beamtete Architekten
Bebauungsplan → Städtebauliche Leistungen
Beendigung des Architektenvertrages
Beratungspflichten → Vertragliche Pflichten des Architekten → Nebenpflichten
Berlin

Stichwortübersicht

Berufsgericht → Standesrecht → Architektenkammer
Berufshaftpflichtversicherung
Berufsrecht
Besondere Haftpflichtbedingungen (BHB) → Berufshaftpflichtversicherung
Besondere Leistungen
Bestandspläne → Objektbetreuung und Dokumentation
Bestandsaufnahme → Grundlagenermittlung
Besteller
Betriebstechnische Anlagen → Anrechenbare Kosten
Bewehrungsabnahme
Beweislast
Beweissicherung → Selbständiges Beweisverfahren
BGB → Privatrecht
Bindungswirkung der Honorarschlußrechnung
Bodengutachten → Baugrundverhältnisse
Brandenburg → DDR (ehem.)
Bremen → Architektengesetz Bremen
Bürgerliches Gesetzbuch → Privatrecht
Bürgerliches Recht → Privatrecht
Bürokosten → Nebenkosten
Bundesarchitektenkammer

CAD → EDV-Leistungen
Culpa in contrahendo → Vorvertragliches Vertrauensverhältnis
Controlling → Baucontrolling → Projektsteuerung

DDR (ehem.)
Deckungszusage → Berufshaftpflichtversicherung
Degression → Honorartafel
Dienstleistungshaftungsrichtlinie
Dienstleistungskoordinierungsrichtlinie
Dienstvertrag
DIN-Normen → Regeln der Technik
DIN 276 → Anrechenbare Kosten
Dokumentation → Objektbetreuung und Dokumentation
Duldungsvollmacht → Vollmacht des Architekten

EDV-Leistungen
Ehrengericht → Standesrecht → Architektenkammer
Ehrenausschuß → Standesrecht → Architektenkammer
Eigenleistungen des Auftraggebers → Anrechenbare Kosten
Eigenplanung der Behörden
Eingabeplanung → Genehmigungsplanung
Einheitsarchitektenvertrag
Einrichtungsgegenstände und integrierte Werbeanlagen
Einstweilige Verfügung
Eintragung in die Architektenliste
Einzelleistung
Energieeinsparung → Vorplanung → Entwurfsplanung → Ausführungsplanung
Entgangener Gewinn → Kündigung → Schadenersatz
Entwurfsplanung
Entwurfsverfasser → Urheberrecht → Bauvorlageberechtigung
Erfolgshonorar
Erfüllung

XI

Stichwortübersicht

Erfüllungsgehilfe
Ersparte Aufwendungen
  → Kündigung
Europäische Gemeinschaft

Fälligkeit des Architektenhonorars
Fahrlässigkeit → Verschulden
Fahrtkosten → Nebenkosten
Fertigstellung des Architektenwerks → Abnahme des Architektenwerks → Fälligkeit des Architektenhonorars
Fertigteile
Festhonorar
Finanzierungsberatung
Flächennutzungsplan → Städtebauliche Leistungen
Formularvertrag
  → Vertragsmuster
  → Allgemeine Geschäftsbedingungen
Freianlagen
Freier Architekt → Freischaffender Architekt
Freier Mitarbeiter des Architekten
Freischaffender Architekt

Gartenarchitekt → Landschaftsarchitekt
Gebäude
Gegenseitigkeit → Ausländische Architekten aus anderen als EG-Mitgliedsstaaten
Genehmigungsplanung
Generalübernehmer
Gerichtsstand
Gerichtsstand der Architektenhonorarklage
Gerichtsstand der Klage des Bauherrn gegen den Architekten
Gerichtsstandsvereinbarung

Gesamtschuldnerische Haftung
Geschäftsgrundlage → Wegfall oder Änderung der Geschäftsgrundlage
Gesellschaft bürgerlichen Rechts → Partnerschaft
Gesellschaft mit beschränkter Haftung → Architekten-GmbH → Partnerschaft
Gestalterische Überwachung → Künstlerische Oberleitung
Gewährleistung
Gewährleistung des Bauunternehmers → Objektüberwachung → Objektbetreuung und Dokumentation
Gewerbesteuer
Gewerbliche Betätigung des Architekten → Baubetreuung → Bauträger → Generalübernehmer → Standesrecht
GIA (Gesetz zur Regelung von Ingenieur- und Architektenleistungen)
GmbH → Partnerschaft
GOA 1950 (Gebührenordnung für Architekten)
Grünordnungsplan → Landschaftsplanung
Grundlagenermittlung
Grundleistungen
Grundstücksvertiefung
  → Baugrundverhältnisse
  → Unerlaubte Handlung
  → Haftung gegenüber Dritten
GRW 1995
GSB
Gutachten

Haftpflichtversicherung → Berufshaftpflichtversicherung
Haftung des Architekten

Stichwortübersicht

Haftung gegenüber Dritten
Haftungsausschluß → Haftungsbeschränkung
Haftungsbeschränkung
Hamburg → Architektengesetz Hamburg
Handelsrecht → Privatrecht
Haustechnik → Technische Ausrüstung
Hemmung der Verjährung
Herausgabepflicht
Hessen → Architektengesetz Hessen
Hinweispflicht → Vertragliche Pflichten des Architekten
HOAI
HOAI im Gebiet der ehem. DDR
Höchstsatz
Honorar
Honoraranspruch
Honorarberechnung
Honorarerhöhungen
Honorarsatz
Honorartafel
Honorarvereinbarung
Honorarzone
Honorarzuschlag
HU Bau → RBBau/RLBau

Ingenieurbau und Verkehrsanlagen
Innenarchitekt
Instandhaltung und Instandsetzung
Interpolation
Irrtumsanfechtung → Anfechtung

Kartellrecht → Wettbewerbsrecht
Kaufmännisches Bestätigungsschreiben
Konkurs des Bauherrn

Koordinierungspflicht → Vertragliche Pflichten des Architekten
Koppelungsverbot → Architektenbindung
Kostenanschlag → Anrechenbare Kosten
Kostenberechnung → Anrechenbare Kosten
Kostenfeststellung → Anrechenbare Kosten
Kostengarantie → Baukostengarantie
Kostenkontrolle
Kostenschätzung → Anrechenbare Kosten
Kündigung des Architektenvertrages durch den Architekten
Kündigung des Architektenvertrages durch den Bauherrn
Künstlerische Oberleitung
Kunst am Bau → Anrechenbare Kosten
KVM-Bau → RBBau/RLBau

Landschaftsarchitekt
Landschaftsplanerische Leistungen
Leistung
Leistungsbild
Leistungsphase
Leistungsverzeichnis → Vorbereitung der Vergabe
Lizenzgebür → Urheberrechtsentschädigung

Mängelvorbehalt → Vollmacht → Abnahme der Bauleistung
Mahnbescheid → Mahnverfahren
Mahnung
Mahnverfahren
Mangel

XIII

Stichwortübersicht

Mangelschaden und Mangelfolgeschaden
Mecklenburg-Vorpommern → DDR (ehem.)
Mehrere Gebäude
Mehrere Vor- und Entwurfsplanungen → Zusatzleistungen des Architekten
Mehrwertsteuer → Umsatzsteuer
Minderung
Mindestsatz
Mißbräuchliche Klauseln in Verbraucherverträgen
Mitteilungspflicht → Vertragliche Pflichten des Architekten
Mittelsatz → Honorarsatz
Miturheberrecht → Urheberrecht → Urheberrecht des angestellten Architekten
Mitverschulden → Verschulden
Mitwirkung bei der Vergabe
Mitwirkung des Auftraggebers → Annahmeverzug
Modell → Besondere Leistungen
Modernisierung
MRVG → GIA
Mündliche Vereinbarung → Schriftform
Mustervertrag → Allgemeine Geschäftsbedingungen → Vertragsmuster → Einheitsarchitektenvertrag

Nachbau → Urheberrecht
Nachbesserung
Nachforderungen → Bindungswirkung der Honorarschlußrechnung
Nachvertragliche Pflichten des Architekten
Nachtragsangebote des Bauunternehmers → Vollmacht

Nebenkosten
Nebenpflichten
Nicht-Architekt
Nichtigkeit vertraglicher Vereinbarungen
Niederlassung in EG-Mitgliedsstaaten
Niedersachsen → Architektengesetz Niedersachsen
Nordrhein-Westfalen → Architektengesetz Nordrhein-Westfalen

Objektbetreuung und Dokumentation
Objekte
Objektplanung
Objektüberwachung
Öffentliche Auftraggeber
Öffentliches Recht
Ordnungswidrigkeiten
Ostberlin → Berlin → Architektengesetz der DDR

Partnerschaft
Partnerschaftsgesellschaft
Pauschalhonorar
Plangutachten
Positive Vertragsverletzung
Preisrecht
Preisrichtervertrag
Preiswettbewerb
Privates Baurecht
Privatrecht
Projektanten → Sonderfachleute
Projektsteuerung
Provisionen → Treuepflicht
Prüfbarkeit der Honorarschlußrechnung
Prüfvermerk des Architekten → Rechnungsprüfung
Rationalisierungswirksame besondere Leistungen

Stichwortübersicht

Raumbildender Ausbau
RBBau/RLBau
Rechnungsprüfung
Rechtsberatung
Rechtsmittelrichtlinien
Rechtsschutz
Regeln der Technik
Regelsatz → Honorarsatz
Reisekosten → Nebenkosten
Rheinland-Pfalz → Architektengesetz Rheinland-Pfalz
Rücktritt → Kündigung

Saarland → Architektengesetz Saarland
Sachsen → DDR (ehem.)
Sachsen-Anhalt → DDR (ehem.)
Sachwalter des Bauherrn
Schaden → Schadenersatz
Schadenersatz
Schadenersatz wegen Nichterfüllung
Schadensminderungspflicht → Schadenersatz
Schiedsgericht → Schiedsverfahren
Schiedsgutachten → Schiedsverfahren
Schiedsverfahren
Schleswig-Holstein → Architektengesetz Schleswig-Holstein
Schlichtung
Schlußrechnung → Bindungswirkung der Honorarschlußrechnung → Prüffähigkeit der Honorarschlußrechnung
Schriftform
Schweigepflicht → Vertragliche Pflichten des Architekten
Sektorenkoordinierungsrichtlinie (SKR)
Selbständiges Beweisverfahren
Sicherungshypothek

Sittenwidrigkeit → Treu und Glauben
Skonto → Anrechenbare Kosten
Sonderfachleute
Sorgfaltspflicht → Vertragliche Pflichten des Architekten
Spesen → Nebenkosten
Stadtplaner
Stadtplanung → Städtebauliche Leistungen
Städtebauarchitekt → Stadtplaner
Städtebauliche Leistungen
Standesrecht
Statiker → Tragwerksplanung → Sonderfachleute
Steuerliche Beratung durch den Architekten
Strafrecht
Streitverkündung
Stufenweise Auftragserteilung
Stundensatz → Zeithonorar
Stundung → Verzug

Tätigkeitsverbindung → Eintragung in die Architektenliste
Tarifvertrag für angestellte Architekten → Angestellte Architekten
Technische Ausrüstung
Teilleistungen
Teilnichtigkeit → Nichtigkeit
Telefonkosten → Nebenkosten
Termingarantie
Thüringen → DDR (ehem.)
Tragwerksplanung
Treu und Glauben
Treuepflicht → Vertragliche Pflichten des Architekten
Terminplanung → Objektüberwachung → Baucontrolling → Projektsteuerung

Stichwortübersicht

Typenplanung → Mehrere Gebäude

Übergangsregelung der HOAI
Überschreitung der Höchstsätze → Höchstsatz
Übertragung eines Architekturbüros
Übliche Vergütung
Umbauten und Modernisierungen
Umfang des Architektenvertrags
Umsatzsteuer
Umweltverträglichkeitsprüfung → Landschaftsplanung
Unerlaubte Handlung
Unfallverhütung
Ungerechtfertigte Bereicherung
Unlauterer Wettbewerb → Wettbewerbsrecht
Unterauftrag
Unterbrechung der Verjährung
Unterschreitung der Mindestsätze → Mindestsatz
Untreue → Treuepflicht → Strafrecht
Unverbindliche Leistungen → Abschluß des Architektenvertrags
Unwirksamkeit einer Vereinbarung → Nichtigkeit
Urheberrecht
Urheberrecht des angestellten Architekten
Urheberrecht des Stadtplaners
Urheberrechtsentschädigung

Variante → Änderung der Planung → Zusatzleistungen des Architekten
Verantwortlicher Bauleiter → Bauleiter
Verdingungsunterlagen → Vorbereitung der Vergabe

Vergabe der Bauaufträge → Mitwirkung bei der Vergabe → Vollmacht des Architekten
Vergleich
Verjährung
Verjährungsfrist → Verjährung
Verkehrssicherungspflicht
Veröffentlichung → Urheberrecht → Standesrecht
Verschiedene Leistungen an einem Gebäude
Verschulden
Versicherung → Berufshaftpflichtversicherung
Verspätete Leistung → Verzug
Vertragliche Pflichten des Architekten
Vertragsänderung → Architektenvertrag
Vertragsaufhebung → Architektenvertrag → Kündigung
Vertragsfreiheit → Architektenvertrag
Vertragsmuster
Vertragsstrafe
Vertrauensschaden → Anfechtung → Vorvertragliches Vertrauensverhältnis → Architektenwettbewerb
Vertretung des Bauherrn beim Abschluß des Architektenvertrags
Vertretung des Bauherrn durch den Architekten → Vollmacht
Vervielfältigungskosten → Nebenkosten
Verwaltungsrecht → Öffentliches Recht
Verwirkung → Treu und Glauben
Verzug
VOB

Stichwortübersicht

VOF
VOL
Vollhonorar
Vollmacht des Architekten
Vollstreckungsbescheid
  → Mahnverfahren
Vorbereitung der Vergabe
Vorentwurf → Entwurfsplanung
Vorplanung
Vorsatz → Verschulden
Vorvertrag
Vorvertragliches Vertrauensverhältnis

Wärmeschutz
Wandelung
Wechsel des Auftraggebers
Wegfall oder Änderung der Geschäftsgrundlage
Werbung → Standesrecht
  → Abschluß des Architektenvertrags, Vertragsanbahnung und vertragslose Leistungen → Wettbewerbsrecht
Werkplanung → Ausführungsplanung
Werkvertrag

Wertermittlung
Wettbewerbsrecht
Wiederholung einer Planung
  → mehrere Gebäude
Winterbau
Wirtschaftlichkeit der Objektplanung

Zeithonorar
Zeitliche Trennung der Ausführung
Zivilprozeß
Zivilrecht → Privatrecht
Zulassung → Eintragung in die Architektenliste
Zurückbehaltungsrecht
Zusatzleistungen des Architekten
Zusatzleistungen des Bauunternehmers → Vollmacht → Objektüberwachung
Zuschlag zum Honorar → Honorarzuschlag
Zuständigkeit der Gerichte
  → Gerichtsstand → Zivilprozeß
Zwangsvollstreckung

Abkürzungsverzeichnis

A. A., a. A.	anderer Ansicht
A. a. O., a. a. O.	am angegebenen Ort
ABl.	Amtsblatt
Abs.	Absatz
a. F.	alter Fassung
AG	Amtsgericht
AGB	Allgemeine Geschäftsbedingungen
AGBG	Gesetz zur Regelung des Rechts der Allgemeinen Geschäftsbedingungen
AHB	Allgemeine Versicherungsbedingungen für die Haftpflichtversicherung
ARGEBAU	Arbeitsgemeinschaft der Bauminister der Länder
Art.	Artikel
Aufl.	Auflage
BAnz.	Bundesanzeiger
BauGB	Baugesetzbuch
BauO	Bauordnung
BauR	Baurecht
Bay	Bayern, bayerisch
BayArchG	Bayerisches Architektengesetz
BayBO	Bayerische Bauordnung
BayBS	Bereinigte Sammlung der Verwaltungsvorschriften des Bayerischen Staatsministeriums des Innern
BayObLG	Bayerisches Oberstes Landesgericht
BayVerfGH	Bayerischer Verfassungsgerichtshof
BayVBl	Bayerische Verwaltungsblätter
BB	Betriebsberater
BBauG	Bundesbaugesetz (jetzt BauGB)
BDA	Bund Deutscher Architekten
BFH	Bundesfinanzhof
BGB	Bürgerliches Gesetzbuch
BGBl.	Bundesgesetzblatt
BGH	Bundesgerichtshof
Bl.	Blatt
Brem	Bremen, bremisch
BRDrs.	Bundesratsdrucksache
BTDrs.	Bundestagsdrucksache

Abkürzungsverzeichnis

BVerfG	Bundesverfassungsgericht
BVerwG	Bundesverwaltungsgericht
BW	Baden-Württemberg
DAB	Deutsches Architektenblatt
DAB BW	Deutsches Architektenblatt Regionalausgabe Baden-Württemberg
DAB BY	Deutsches Architektenblatt Regionalausgabe Bayern
DAB SH	Deutsches Architektenblatt Regionalausgabe Schleswig-Holstein
DIN	Norm des Deutschen Instituts für Normung e. V.
DÖV	Die öffentliche Verwaltung
EDV	Elektronische Datenverarbeitung
EStG	Einkommensteuergesetz
EuGH	Europäischer Gerichtshof
e. V.	eingetragener Verein
GBl.	Gesetzblatt
GewO	Gewerbeordnung
GG	Grundgesetz für die Bundesrepublik Deutschland
GIA	Gesetz zur Regelung von Ingenieur- und Architektenleistungen (MRVG Art. 10)
GOA	Gebührenordnung für Architekten
GOI	Gebührenordnung für Ingenieure
GRUR	Gewerblicher Rechtsschutz und Urheberrecht, Zeitschrift
GVBl.	Gesetz- und Verordnungsblatt
GWB	Gesetz gegen Wettbewerbsbeschränkungen
HOAI	Honorarordnung für Architekten und Ingenieure
IBR	Immobilien und Baurecht
i. S.	im Sinne
JZ	Juristenzeitung
KG	Kammergericht
LBauO	Landesbauordnung
LG	Landgericht
LHO	Leistungs- und Honorarordnung der Ingenieure
MB	Ministerialbekanntmachung
MBl.	Ministerialblatt
MD	Magazindienst
MDR	Monatsschrift für deutsches Recht
MRVG	Gesetz zur Verbesserung des Mietrechts und zur Begrenzung des Mietanstiegs sowie zur

Abkürzungsverzeichnis

	Regelung von Ingenieur- und Architektenleistungen
MwSt.	Mehrwertsteuer
Nds.	Niedersachsen
n. F.	neuer Fassung
NJW	Neue Juristische Wochenschrift
NStZ	Neue Zeitschrift für Strafrecht
OLG	Oberlandesgericht
RBBau	Richtlinien für die Durchführung von Bauaufgaben des Bundes im Zuständigkeitsbereich der Finanzbauverwaltungen
Rdn.	Randnummer, Randnote
RGBl.	Reichsgesetzblatt
Rh.-Pfl.	Rheinland-Pfalz
S.	Seite
SF Z	Schäfer/Finnern, Rechtsprechung der Bauausführung, Loseblattsammlung mit Ziffernangabe
SFH	Schäfer/Finnern/Hochstein, Rechtsprechung zum privaten Baurecht, Loseblattsammlung
Schl.-H.	Schleswig-Holstein
u. a.	unter anderem
UrhG	Urheberrechtsgesetz
UStG	Umsatzsteuergesetz
u. U.	unter Umständen
VE	Verrechnungseinheit(en)
VersR	Versicherungsrecht, Zeitschrift
vgl.	vergleiche
VO	Verordnung
VOB	Verdingungsordnung für Bauleistungen
VOL	Verdingungsordnung für Leistungen
Vorbem.	Vorbemerkung
WEG	Wohnungseigentumsgesetz
WM	Wertpapiermitteilungen
z. B.	zum Beispiel
ZfBR	Zeitschrift für deutsches und internationales Baurecht
ZIP	Zeitschrift für Wirtschaftsrecht und Insolvenzpraxis
ZUM	Zeitschrift für Urheber- und Medienrecht
ZuSEG	Gesetz über die Entschädigung von Zeugen und Sachverständigen

Literaturhinweise

Beigel, Urheberrecht der Architekten, Wiesbaden 1980

Döderlein/Vygen, Taschenlexikon bau- und architektenrechtlicher Entscheidungen, Köln 1990 (Loseblatt)

Hartmann u. a., Die neue HOAI, Kissing (Loseblatt)

Hesse/Korbion/Mantscheff/Vygen, Honorarordnung für Architekten und Ingenieure, 5. Aufl. München 1996

Jagenburg/Mohns/Böcking, Das private Baurecht im Spiegel der Rechtsprechung, 2. Aufl. Düsseldorf 1984

Jochem, HOAI – Kommentar Architektenleistungen, 3. Aufl. Wiesbaden 1991

Kleine-Möller/Merl/Oelmaier, Handbuch des privaten Baurechts, 2. Aufl. München 1996

Littbarski, Haftungs- und Versicherungsrecht im Bauwesen, Düsseldorf 1986

Locher, Das private Baurecht, 6. Aufl. München 1996

Locher/Koeble/Frik, Kommentar zur HOAI, 5. Aufl. Düsseldorf 1989

Löffelmann/Fleischmann, Architektenrecht, Düsseldorf 3. Aufl. 1995

Morlock, Die HOAI in der Praxis, 2. Aufl. Düsseldorf 1991

Motzke/Wolff, Praxis der HOAI, 2. Aufl. München 1995

Neuenfeld/Baden/Dohna/Groscurth, Handbuch des Architektenrechts, Bd. 1 Allgemeine Grundlagen, Stuttgart (Loseblatt)

Neuenfeld/Baden/Dohna/Groscurth/Schmitz, Handbuch des Architektenrechts, Bd. 2 HOAI-Kommentar, Stuttgart (Loseblatt)

Schäfer/Finnern/Hochstein, Rechtsprechung zum privaten Baurecht, Düsseldorf (Loseblatt)

Schmalzl, Die Berufshaftpflichtversicherung des Architekten und des Bauunternehmers, München 1989

Weinbrenner/Jochem, Der Architektenwettbewerb, Wiesbaden 1988

Werner/Pastor, Der Bauprozeß, Düsseldorf 8. Aufl. 1995

Werner/Pastor/Müller, Lexikon des Baurechts, 6. Aufl. München 1995

A

Abnahme des Architektenwerks. 1. Hat der Architekt seine Leistungen abgeschlossen, muß der Bauherr klarstellen, ob er mit ihnen einverstanden ist oder nicht. Das geschieht durch die Abnahme, die der Bauherr erklärt oder verweigert. Nimmt der Bauherr das Architektenwerk ab, so bringt er damit zum Ausdruck, es für im wesentlichen vertragsgerecht anzusehen; die Leistungspflicht des Architekten ist dann beendet.

2. Der **Zeitpunkt** für die Abnahme ist bei einem Vertrag über eine → Objektplanung schwer zu bestimmen, weil das Architektenwerk kein körperliches Werk, sondern ein geistiges ist – der Architekt schuldet nicht das Bauwerk selbst, sondern sein „Entstehenlassen". Außerdem kann die Abnahme oft erst lange nach Fertigstellung des Objektes erklärt werden, da der Architekt im Rahmen der → Objektbetreuung (Leistungsphase 9 des § 15 Abs. 2 HOAI) auch die Mängelbeseitigung durch die Bauunternehmer überwachen und Objektbegehungen vor Ablauf der Verjährungsfristen durchführen muß. Das sind vertragliche Hauptpflichten (OLG Stuttgart BauR 1995, 414).

3. Anders ist das, wenn nur Leistungen bis zur Leistungsphase 8 des § 15 Abs. 2 HOAI vereinbart sind oder wenn die Vertragsparteien eine Teilabnahme nach Abschluß der Leistungsphase 8 vereinbart haben (BGH BauR 1994, 392, NJW 1994, 1276).

4. Bezieht der Bauherr das Bauwerk nach Fertigstellung, und hat der Architekt auch die → Rechnungsprüfung, Kostenfeststellung und Schlußabrechnung erbracht, so wird unterstellt, daß der Bauherr das Architektenwerk **durch schlüssiges Handeln** abgenommen hat (BGH BauR 1982, 290, NJW 1982, 1387); die Abnahme wird aber nicht als sofort vollzogen angesehen, denn dem Bauherrn ist eine gewisse Nutzungs- und Prüfungszeit zuzubilligen (BGH BauR 1985, 200, NJW 1985, 731). Auch die **Bezahlung des Architektenhonorars** drückt das Einverständnis des Bauherrn mit dem Architektenwerk aus und gilt deshalb, wenn nicht gleichzeitig Vorbehalte erhoben werden, als schlüssige Abnahme. Nur wenn der Bauherr bei Einzug in das fertiggestellte Gebäude oder kurz danach unmißverständlich erklärt, er sei nicht mit den Leistungen des Architekten einverstanden, verhindert er diese Wertung.

5. Mit der Abnahme sind die Leistungspflichten des Architekten beendet; der Bauherr kann ihm gegenüber nur noch Rechte aus → Gewährleistung geltend machen. Damit ist auch die → Beweislast umgekehrt; mußte der Architekt bis zur Abnahme auf Rüge des Bauherrn beweisen, daß sein Werk mängelfrei ist, so hat nach der Abnahme im Streitfall der Bauherr substantiiert darzulegen und unter Beweis zu stellen, daß das Architektenwerk mangelhaft ist. Mit der Abnahme beginnt auch die → Verjährungsfrist für die Gewährleistungsansprüche gegen den Architekten zu laufen.

Näher: Trapp, Die Beendigung der vertraglichen Leistungspflicht des planenden und bauleitenden Architekten, BauR 1977, 322 ff.; Jagenburg, Die Abnahme des Architektenwerkes und die Tätigkeitspflicht des Architekten bei Mängeln, BauR 1980, 406 ff.; Wolfensberger und Moltrecht, Die „Abnahme" des Architektenwerkes, BauR 1984, 574.

Abnahme der Bauleistungen. Nach § 15 Abs. 2 Nr. 8 HOAI gehört es im Rahmen der → Objektüberwachung zur Tätigkeit des Architekten, die Bauleistungen abzunehmen und dabei Mängel festzustellen. Der Architekt hat dem Bauherrn die technischen Informationen zu geben, auf Grund derer dieser die Abnahme – mit oder ohne Vorbehalte – erklären oder verweigern kann.

Der Architekt kann nicht selbst die in § 640 BGB genannte Abnahme der Bauleistungen erklären, weil sie eine rechtsgeschäftsähnliche Handlung von erheblicher Tragweite ist, die der Bauherr ohne ausdrückliche → Vollmacht an den Architekten nur selbst vornehmen kann. Der Architekt hat aber den Bauherrn im Zusammenhang mit dessen Abnahmeerklärung darauf hinzuweisen, daß festgestellte Mängel und eine etwa im Bauvertrag vereinbarte Vertragsstrafe bei der Abnahme vorbehalten werden müssen (BGH BauR 1979, 345, NJW 1979, 1499).

Abschlagszahlung. 1. Der Architekt kann nach § 8 Abs. 2 HOAI in angemessenen zeitlichen Abständen Abschlagszahlungen auf das ihm zustehende Honorar für erbrachte und nachgewiesene Leistungen fordern. Damit wird die Regelung des § 641 BGB abgeändert, nach der der Werklohn beim → Werkvertrag erst nach → Abnahme fällig ist. Von diesen Abschlagszahlungen kann der Bauherr keine Sicherheitsbeträge einbehalten, es sei denn, daß dies schriftlich vereinbart wurde.

2. Ansprüche auf Abschlagszahlungen verjähren wie sonstige Honoraransprüche innerhalb von zwei Jahren vom Ende des Jahres an, in dem die Abschlagsrechnung gestellt wurde (BGH BauR 1982, 17). Diese → **Verjährung** bedeutet allerdings lediglich, daß die Zahlung nicht mehr als Abschlagszahlung gefordert werden kann; wenn die allgemeinen Voraussetzungen vorliegen, kann die zugrundeliegende Forderung durchaus mit der Honorarschlußrechnung geltend gemacht werden. Der Anspruch aus der Schlußrechnung stellt dann eine einheitliche Forderung dar (BGH BauR 1985, 456). Abschlagszahlungen können nicht mehr verlangt werden, sobald die Schlußrechnung gestellt werden kann (OLG Celle BauR 1991, 371), oder wenn das Vertragsverhältnis gekündigt ist (KG BauR 1994, 791, NJW-RR 1994, 1298).

3. Abschlagszahlungen haben nur vorläufigen Charakter und **keine Anerkenntnis- oder Vereinbarungswirkung** zugunsten oder zu Lasten der Beteiligten, auch wenn die Abschlagsrechnungen von einem staatlichen Hochbauamt für einen → öffentlichen Auftraggeber vorgeprüft worden sind (OLG Düsseldorf BauR 1985, 347; BGH WM 1995, 2151).

4. Für die einer Abschlagsrechnung zugrundeliegenden Leistungen hat der Architekt die Beweislast (OLG Dresden IBR 1995, 529).

5. Im Honorarprozeß kann der Architekt, wenn er verfrüht aus einer Schlußrechnung klagt, auf eine weitere Abschlagsrechnung übergehen (OLG Köln ZfBR 1994, 20). Umgekehrt kann eine Klage aus einer Abschlagsrechnung nach Fertigstellung des Bauvorhabens in eine Klage auf einen Teilbetrag der Schlußrechnung umgedeutet werden (OLG Hamm NJW-RR 1994, 1433).

Abschluß des Architektenvertrags, Vertragsanbahnung und vertragslose Leistungen. 1. Ob ein Architektenvertrag wirksam abgeschlossen wird, ist keine Frage der Form, denn aus § 4 Abs. 4 HOAI ergibt sich, daß es auf die Einhaltung der → **Schriftform** für das Bestehen eines Vertrags nicht ankommt. Der Architektenvertrag kann auch **mündlich** oder durch **schlüssiges Verhalten** geschlossen werden. Wie bei jedem

Vertrag muß aber im Streitfall bewiesen werden, daß und mit welchem Inhalt ein Vertrag geschlossen wurde (→ Beweislast). Schon deshalb empfiehlt sich die Schriftform dringend für beide Beteiligte. Einen Anscheinsbeweis für die Architektenbeauftragung gibt es jedenfalls nicht, auch wenn ein Architekt für einen möglichen Bauherrn bereits Pläne erarbeitet hat (BGH NJW 1980, 122; OLG Oldenburg NJW-RR 1987, 1166).

2. Besonders in der Akquisitionsphase erbringen manche Architekten – und erwarten viele Bauherren – kostenlose Leistungen, auch wenn der Architekt damit gegen → Standesrecht verstößt. Die → **Beweislast** für die Vergütungspflicht des Bauherrn für diese ersten Leistungen liegt beim Architekten, da er einen Sachverhalt mit ihm günstiger Rechtsfolge behauptet (OLG Hamm NJW-RR 1996, 83). Hat er im → Zivilprozeß den Vertragsabschluß nachgewiesen, so müßte umgekehrt dann der Bauherr darlegen und beweisen, daß die Leistungen dennoch unentgeltlich erbracht werden sollten (BGH NJW 1987, 2742, BauR 1987, 454).

3. Planungsarbeiten für ein Einfamilienhaus werden von der Rechtsprechung teilweise sogar als nicht vergütungsfähige **Werbung** des Architekten angesehen, wenn er den Abschluß eines Architektenvertrags nicht nachweisen kann. Der Bauherr soll sich nach dieser Auffassung entsprechend seinem, auch für den Architekten erkennbaren Interesse erst dann für einen Auftrag entscheiden müssen, wenn er sich von der Stilrichtung und den gestalterischen Fähigkeiten des Architekten ein konkretes Bild machen könne. Allein die Tatsache einer weit fortgeschrittenen Planung reicht danach nicht notwendig zum Beweis eines Vertragsschlusses aus (OLG Hamm BauR 1987, 583). Dennoch soll er aber bei gefälligkeitshalber erbrachter Leistungen voll haften (BGH BB 1996, 716). Wenn der Architekt weiß und zusagt, daß er zunächst **„auf eigenes Risiko"** arbeitet und eine Vergütung für die von ihm erbrachten Leistungen nur erhalten soll, wenn die Planung gefällt, wird diese Absprache für zulässig gehalten, auch wenn sie als Unterschreitung des → Mindestsatzes unter das Schriftformgebot des § 4 Abs. 4 HOAI fällt und der Architekt damit gegen → Standesrecht verstößt (BGH BauR 1985, 467; NJW 1985, 2830; OLG Karlsruhe BauR 1985, 236; OLG Stuttgart BauR 1985, 346).

4. Die werbende Tätigkeit, die von einigen Gerichten als charakteristisch für die Anbahnung von Architektenverträgen bezeichnet wurde, hat ihre Grenzen spätestens dort, wo die Tätigkeit des Architekten absprachegemäß in die konkrete Planung übergeht (OLG Hamm NJW-RR 1996, 83). Von diesem Punkt an – so schwer er auch zu bestimmen ist – muß der allgemeine Erfahrungssatz, daß der Architekt üblicherweise nur entgeltlich tätig ist, respektiert werden (OLG Hamm NJW-RR 1990, 91).

5. Ein Architektenvertrag ist durch **schlüssiges Verhalten** zustandegekommen, wenn jemand einen Architekten ohne weitere Absprachen tätig werden läßt und die Leistungen dann tatsächlich in Anspruch nimmt oder auf andere Weise dokumentiert, daß er mit ihnen einverstanden ist (LG Hamburg IBR 1996, 69). Da die Architektenleistungen nur gegen Vergütung zu erwarten sind, trägt der Bauherr dann die volle → Beweislast für die behauptete Unentgeltlichkeit (LG Amberg SFH § 632 BGB Nr. 14; OLG Düsseldorf BauR 93, 108). Eine Vermutung für einen Auftrag über die vollen Leistungen des § 15 Abs. 1 Nr. 1–9 HOAI besteht allerdings nicht (OLG Düsseldorf BauR 1995, 733, NJW-RR 1995, 1425; OLG München NJW-RR 1996, 341).

6. Beauftragt ein Bauherr einen Architekten, Verhandlungen mit einem Grundstücksnachbarn aufzunehmen, um die Möglichkeit der Grenzbebauung des Grundstücks zu klären, und fertigt der Architekt für diese Verhandlungen Pläne und Skizzen an, so sind die Gebührentatbestände nach §§ 15 Abs. 1 Nr. 1 und 2 HOAI– → Grundlagenermittlung und → Vorentwurf erfüllt, der Architektenvertrag ist damit insoweit nachgewiesen (OLG Frankfurt BauR 1987, 479 L; Betrieb 1987, 633; OLG München NJW-RR 1996, 341). Dasselbe gilt, wenn ein Bauherr den Architekten auffordert, eine unverbindliche, grobe Kostenschätzung zu erstellen (OLG Köln IBR 1993, 161).

7. Ein vergütungspflichtiger Architektenauftrag gilt auch dann als erteilt, wenn der Bauherr dem Architekten eine → **Vollmacht** zur Verhandlung mit Behörden ausgestellt hat, eine Kostenermittlung nach DIN 276 entgegengenommen und an Behörden weitergereicht hat und wenn er schriftliche Weisungen für die Verhandlungen mit den Behörden erteilt hat (KG BauR 1988, 624). Ein solcher Auftrag beschränkt sich in der Regel als → Vorvertrag auf die Vorplanung.

8. **Vorarbeiten** für einen (später nicht ausgeführten) Hauptvertrag können Gegenstand eines selbständigen Vertrages sein (OLG Hamburg MDR 1985, 321). Eine Präsentation eigener Arbeiten für einen möglichen Auftraggeber ist aber grundsätzlich als Vorarbeit nicht zu vergüten, auch wenn sie kostenintensiv ist (OLG Frankfurt NJW-RR 1986, 931), ebensowenig die Angebotsbearbeitung selbst (BGH NJW 1979, 2202).

9. Problematisch kann der Vertragsabschluß bei Gemeinden oder Kirchengemeinden sein. Hat nicht der zuständige Vertreter unterschrieben, kann der Architektenvertrag nichtig sein, ebenso, wenn eine erforderliche Genehmigung oder die Beschlußfassung des zuständigen Gremiums fehlt (OLG Hamm BauR 1995, 129, ZfBR 1995, 33, NJW-RR 1995, 274, BGH BauR 1993, 363, ZfBR 1994, 123, NJW 1994, 1528). → Vertretung des Bauherrn beim Abschluß des Architektenvertrags.

Näher: Morlock, Abschluß des Architektenvertrages, DAB 1988, 1101; Schürmann, Juristische Überlegungen zur Architekten-Akquisition, das bauzentrum 6/92, 24

Abtretung von Ansprüchen ist die rechtsgeschäftliche Übertragung einer Forderung von einem Gläubiger auf eine andere Person, § 398 BGB; sie wirkt gegenüber dem Schuldner erst, wenn sie ihm mitgeteilt wurde, § 407 BGB. Der Schuldner kann seine ihm im Zeitpunkt der Abtretung zustehenden Gegenrechte und Einreden wie → Aufrechnung, → Zurückbehaltungsrecht, → Verjährung usw. dem Abtretungsempfänger ebenso wie bisher dem Gläubiger gegenüber geltend machen, § 404 BGB. Die Abtretbarkeit von Honorarforderungen oder Gewährleistungsansprüchen kann im Architektenvertrag ausgeschlossen werden.

Abweichende Honorarermittlung → Festhonorar

Adressat für Erklärungen des Bauunternehmers. 1. Nach der Verdingungsordnung für Bauleistungen, → VOB Teil B, die vielen Bauverträgen zugrundegelegt wird, ist der Bauunternehmer in verschiedenen Situationen verpflichtet, gegenüber dem Bauherrn Erklärungen abzugeben bzw. Mitteilungen zu machen, die vertragsgestaltende oder rechtswahrende Funktionen haben. Dies gilt insbesondere bei der Ankündigung der Vergütungspflicht von geänderten bzw. Zusatzleistungen, bei der

Anmeldung von Bedenken gegen die vorgesehene Bauausführung, sowie bei der „Vorbehaltserklärung", also der Mitteilung, mit der Schlußzahlung nicht einverstanden zu sein. Ausgangspunkt für die Lösung dieser Frage ist der Umfang der → Architektenvollmacht.

2. Wenn der Architekt zur Vergabe von → Zusatzaufträgen im Zusammenhang mit dem Bauvorhaben ermächtigt war, ist er auch der richtige Adressat für die **Ankündigungen** nach § 2 Nr. 5 und 6 VOB Teil B, mit denen der Bauunternehmer den Anspruch auf zusätzliche Vergütung anmeldet. Der Bauunternehmer muß die **Behinderungsanzeige** des § 6 Nr. 1 VOB Teil B gegenüber dem Bauherrn persöniich abgeben (OLG Köln SFH § 6 VOB/B 1973 Nr. 1).

3. In der Regel ist der Architekt, dem die Bauüberwachung, § 15 Abs. 2 Nr. 8 HOAI, übertragen wurde, auch verpflichtet, die Rechnungen der ausführenden Firmen zu prüfen. In diesem Fall gilt er als der richtige Adressat der Vorbehaltserklärung nach § 16 Nr. 3 VOB Teil B, da er am besten über die Zusammensetzung der Schlußzahlung informiert ist (BGH BauR 1978, 314, NJW 1978, 1631).

Änderung der Planung. 1. Im Rahmen der → Objektplanung gehört zu den Leistungen der → Vorplanung nach § 15 Abs. 2 Nr. 2 HOAI auch die „Untersuchung der alternativen Lösungsmöglichkeiten nach gleichen Anforderungen" sowie deren zeichnerische Darstellung und Bewertung. Dem liegt der Gedanke zugrunde, daß in dieser Leistungsphase die eigentliche Lösung der architektonischen Aufgabe offen ist und daß noch mit verschiedenen Varianten „experimentiert" wird. Ebenso muß der Architekt die Planungsunterlagen im Genehmigungsverfahren nach § 15 Abs. 2 Nr. 4 HOAI anpassen und sie nach § 15 Abs. 2 Nr. 5 HOAI während der Objektausführung fortschreiben.

2. Daraus ist zu schließen, daß andere Eingriffe in das fertige Planungskonzept, die nicht aus dem Genehmigungsverfahren oder besonderen Umständen bei der Ausführung des Objekts resultieren, von den Grundleistungen des § 15 Abs. 2 nicht erfaßt sind. § 20 HOAI regelt deshalb die Honorierung in dem Fall, daß der Bauherr Planungsalternativen („Varianten") nach grundsätzlich verschieden Anforderungen fordert (→ Zusatzleistungen des Architekten).

3. Wird vom Bauherrn in einer späteren Phase des Architektenvertrags, also nach Vorlage der fertigen → Entwurfsplanung, noch eine grundsätzliche Änderung der Planung verlangt, so liegt hierin keine Nebenleistung, die vom Architekten kostenlos zu erbringen wäre, oder eine Besondere Leistung (so aber OLG Köln BauR 1995, 576), sondern ein neuer, paralleler Auftrag, der als Zusatzleistung gesondert zu vergüten ist. Das ist beispielsweise der Fall, wenn für die Bebauung eines Grundstücks mit einem Bürogebäude alternativ ein Hotel zu planen ist (OLG Düsseldorf BauR 1994, 534, NJW-RR 1994, 858). Der Architekt hat aber die Beweislast für einen solchen Änderungswunsch des Bauherrn (BGH NJW-RR 1991, 981, SFH § 286 ZPO Nr. 7).

Näher: Motzke, Planungsänderungen und ihre Auswirkungen auf die Honorierung, BauR 1994, 570 ff.

Änderung der Geschäftsgrundlage → Wegfall oder Änderung der Geschäftsgrundlage

Allgemeine Diplom-Anerkennungsrichtlinie. → Landschaftsarchitekten und → Innenarchitekten zählen nicht zu den Architekten im Sinn der → Architekten-Anerkennungsrichtlinie. Ihre Zulassung im EG-Ausland oder die Zulassung EG-ausländischer Landschaftsarchitekten und Innenarchitekten in der Bundesrepublik richtet sich nach der EG-Diplom-Anerkennungsrichtlinie vom 21.12. 1988 (Richtlinie des Rates über die allgemeine Regelung zur Anerkennung der Hochschuldiplome, die eine mindestens dreijährige Berufsausbildung abschließen 89/48/EWG; ABl. EG Nr. L 19 vom 24.1. 1989, S. 16 ff.). Voraussetzung ist der erfolgreiche Abschluß eines mindestens dreijährigen Studiums an einer Universität, Hochschule oder einer gleichwertigen Einrichtung.

Allgemeine Geschäftsbedingungen sind in Vertragsmustern enthaltene, von einer Vertragspartei vorformulierte Bestimmungen, mit denen oft vom Regelgehalt der jeweils einschlägigen gesetzlichen Vorschriften abgewichen wird. Sie sind deshalb nicht völlig frei vereinbar, sondern dem Gesetz über die → Allgemeinen Geschäftsbedingungen (AGBG vom 9. 12. 1976, BGBl. I 3317) unterworfen, das die Grenzen der → Vertragsfreiheit bei der Ausgestaltung von Architektenvertragsmustern absteckt.

Allgemeine Geschäftsbedingungen

1. Voraussetzung für die Anwendung des AGBG ist, daß die Allgemeinen Geschäftsbedingungen von demjenigen, der sie seinem Vertragspartner stellt (Verwender) für eine **Vielzahl von Verträgen** vorformuliert sind. Die Abgrenzung zu individuell ausgehandelten Vertragsbedingungen erfolgt nach dem Maß, in dem sie zur Disposition gestellt werden und über sie verhandelt werden kann. Die Allgemeinen Geschäftsbedingungen müssen in eindeutiger und wahrnehmbarer Form in den Vertrag **einbezogen** worden sein, § 2 AGBG, und **dürfen keine überraschenden Klauseln** enthalten, § 3 AGBG. Die Allgemeinen Geschäftsbedingungen müssen in ihrem Aussagegehalt **klar** sein, § 5 AGBG.

2. Weder der Architekt noch der Bauherr dürfen als Verwender von Architektenformularverträgen die gesetzlichen Grundregeln zu Lasten des Vertragspartners zu stark einschränken, § 9 AGBG; in den §§ 10 ff. AGBG sind zahlreiche einzelne Klauselverbote aufgestellt, die im Verhältnis des Verwenders zu einem Vertragspartner anzuwenden sind, der nicht Kaufmann ist.

3. Beispiele unzulässiger Klauseln, die von Bauherrn **zu Lasten von Architekten** verwendet wurden:
- Daß ein Bauherr im Wege des einseitigen Leistungsbestimmungsrechtes die anrechenbaren Kosten als endgültige Honorargrundlage im Sinn von § 10 Abs. 2 HOAI nach Erfahrungswerten schätzen darf und der Architekt an das Ergebnis gebunden sein soll, kann in Allgemeinen Geschäftsbedingungen nicht vereinbart werden (BGH NJW 1981, 2351, BauR 1981, 582).
- Die Klausel in einem Architektenvertrag, nach der die endgültige Honorarberechnung auf der Grundlage der durch eine Behörde anerkannten Gesamtkosten bei Schlußrechnung erfolgen soll, hält einer Inhaltskontrolle nach § 242 BGB nicht stand und ist daher unwirksam (OLG Düsseldorf BauR 1986, S. 733). Soweit also einseitig die Auftraggeberseite den Honorarmaßstab festlegen darf, ist dies nach AGBG unzulässig.
- Ebenso ist es unwirksam, durch Allgemeine Geschäftsbedingungen von der Regel des § 22 Abs. 2 HOAI zu Lasten des Architekten abzuweichen, also → mehrere (verschiedene) Gebäude in einer einzigen Herstellungssumme zusammenzu-

Allgemeine Geschäftsbedingungen 10

fassen und damit eine stärkere Degression der → Honorartafel zu erreichen (BGH a. a. O.).
- Auch der Einbehalt einer Sicherheitsleistung von fälligen Honorarzahlungen durch den Bauherrn kann nicht wirksam durch Allgemeine Geschäftsbedingungen vereinbart werden (BGH a. a. O.).
- Eine Klausel, durch die der Ablauf der Gewährleistungsfrist zu Lasten des Architekten mit einer einfachen schriftlichen Mängelbeseitigungsaufforderung unterbrochen werden kann, ist weder als Allgemeine Geschäftsbedingung noch als Individualabrede zulässig, da diese Regelung überraschend ist, und den Architekten unangemessen benachteiligt (LG Aachen BauR 1989, 225).
- Dasselbe gilt für eine Bestimmung, nach der der Planer ein Mit- oder Alleinverschulden des Bauherrn nur dann geltend machen kann, wenn der Schaden auf einer ausdrücklichen Weisung des Auftraggebers beruht, die gegen den schriftlichen Vorschlag des Planers erfolgte.
- Die pauschale Beschränkung des Anspruches aus § 649 Satz 2 BGB bei Vertragskündigung für abgeschlossene und nachgewiesene Einzelleistungen ist ebenfalls nicht in Allgemeinen Geschäftsbedingungen möglich.
- Auch die Bestimmung eines Architektenvertrages über das Honorar unterliegt der Inhaltskontrolle nach § 8 AGBG, wenn darin von gesetzlich vorgeschrieben Preisen abgewichen werden soll, auch dann, wenn in den preisrechtlichen Bestimmungen keine starren Regelungen, sondern Gestaltungsmöglichkeiten gegeben sind. Wenn in Vertragsmustern dementsprechend pauschal eine Honorarminderung von 15% vorgesehen ist, ist dies unwirksam (OLG Zweibrücken BauR 1989, 227).

4. Beispiele unzulässiger Klauseln **zu Lasten des Bauherrn:**
- Der Architekt kann nicht durch Allgemeine Geschäftsbedingungen vollständig die ihn belastende → **gesamtschuldnerische Haftung** mit den Bauunternehmern ausschließen, § 11 Nr. 10a AGBG (OLG München NJW-RR 1988, 336).
- Auch die Beschränkung der Haftung des Architekten auf die Quote, mit der es neben Dritten, also z.B. dem Bauunternehmer haftet, ist unwirksam (OLG Düsseldorf IBR 1994, 296).

- Eine **Einschränkung der Verjährungsregeln** zugunsten des Architekten in Allgemeinen Geschäftsbedingungen – beispielsweise Verjährung der Ansprüche des Bauherrn innerhalb von 2 Jahren ab Ingebrauchnahme des Bauwerkes – verstößt gegen § 11 Nr. 10f AGBG (BGH NJW-RR 1987, 144, ebenso OLG München NJW-RR 1988, 85 für § 8 Abs. 1 Satz 2 AVA).
- Die Klausel des § 5 Abs. 1 Satz 2 der Allgemeinen Vertragsbestimmungen zum Einheitsarchitektenvertrag 1979 (AVA) bestimmte, daß der Architekt nur für den von ihm nachweislich schuldhaft verursachten Schaden haften mußte. Nach dem Wortlaut dieser Klausel war die Haftung des Architekten für alle verschuldensunabhängigen Ansprüche aus dem Vertragsverhältnis, also auch solche wegen mangelhafter Leistungen, ausgeschlossen. Dies widerspricht jedoch § 11 Nr. 10a und 15a AGBG; die Klausel ist daher unwirksam (BGH ZfBR 1990 192 NJW-RR 1990, 856).
- Wenn der Architekt in den Allgemeinen Geschäftsbedingungen des von ihm verwendeten Architektenvertragsmusters vorsieht, daß der Bauherr im Falle seiner Vertragskündigung noch 40% des Vertragswertes als Entschädigung für **entgangenen Gewinn** und Kosten zu zahlen hat, verstößt dies gegen § 11 Nr. 4 AGBG, weil mit dieser globalen Formulierung der Eindruck erweckt wird, als sei dem Bauherrn der Nachweis abgeschnitten, der Architekt hätte höhere Ersparnisse gehabt (OLG Stuttgart NJW 1981, 1105).
- Ein genereller Verweis in Allgemeinen Geschäftsbedingungen, daß künftige gesetzliche Regelungen auf das Vertragsverhältnis anzuwenden seien, genügt nicht den Anforderungen des AGBG (OLG Nürnberg NJW-RR 1989, 407).

5. Architektenverbände sind nach § 13 AGBG befugt, Verwender von im Sinn von § 9 bis 11 AGBG unwirksamen Vertragsbedingungen auf Unterlassung und Widerruf in Anspruch zu nehmen. Verbände des Baugewerbes können anderseits von Architekten die Unterlassung AGBG-widriger Vorbemerkungen der von diesem verwendeten Leistungsverzeichnisse verlangen (OLG München BauR 1993, 494).

Näher: Knychalla, Inhaltskontrolle von Architektenverträgen, Düsseldorf 1987

Allgemeine Geschäftsbedingungen im Bauvertrag → Vorbereitung der Vergabe

Allgemeine Haftpflichtbedingungen (AHB) → Haftpflichtversicherung

Allgemeine Vertragsbedingungen → Allgemeine Geschäftsbedingungen

Alternativplanung → Änderung der Planung → Zusatzleistungen des Architekten

Anerkenntnis ist die Erklärung eines Vertragspartners, eine Leistung zu schulden oder eine Gegenleistung für erfüllt anzusehen. Sie kann in rein tatsächlichem Verhalten bestehen, wenn sich das Bewußtsein des Bestehens des Anspruchs oder der Erfüllung unzweideutig ergibt. Das Anerkenntnis unterbricht die → Verjährung. Die Zahlung seitens öffentlicher Auftraggeber an deren Auftragnehmer hat in der Regel keine Anerkenntniswirkung, da bekannt ist, daß ihre Abrechnungen von Revisionsämtern oder Rechnungshöfen überprüft werden (BGH BauR 1982, 283). Das Ergebnis der → Rechnungsprüfung durch den Architekten hat für den Bauherrn keine Anerkenntniswirkung.

Anfechtung vertraglicher Vereinbarungen. 1. Nach dem bürgerlichen Recht ist ein Vertrag, also auch ein → Architektenvertrag, dann wirksam abgeschlossen, wenn er
- auf der freien Willensbildung der Vertragspartner beruht,
- wenn dieser Wille in den jeweiligen Erklärungen eindeutig zum Ausdruck gekommen ist und
- wenn diese Erklärungen inhaltlich übereinstimmen.

2. Ist die Willensbildung „fehlerhaft" erfolgt, also unter Zwang oder aufgrund Täuschung, kann der Erklärende wegen **arglistiger Täuschung oder Drohung** anfechten, § 123 BGB. Deckt sich das von einem Vertragspartner Erklärte nicht mit dem Gewollten, z. B. bei Bezeichnungs-, Schreib- oder Übertragungsfehlern, so kann die Erklärung wegen Irrtum nach § 119 BGB angefochten werden (**Erklärungsirrtum**). Fehlt es an der Übereinstimmung der beiderseitigen Willenserklärungen, so ist der Vertrag wegen **„Dissens"** nicht wirksam, §§ 153 und 154 BGB. Ein Irrtum im Motiv der Willenserklärung ist unbeachtlich und berechtigt nicht zur Anfechtung.

3. Die Anfechtung ist innerhalb unterschiedlicher **Fristen** zu erklären. Bei Anfechtung wegen Irrtums über den Inhalt einer Willenserklärung muß dies unverzüglich geschehen, § 121 BGB, das heißt, es darf keine ungenutzte Zeit verstreichen, nachdem der Anfechtungsberechtigte von seinem Anfechtungsgrund Kenntnis bekommen hat. Die Anfechtung wegen arglistiger Täuschung oder Drohung muß innerhalb eines Jahres nach Kenntnis der Täuschung bzw. nach Wegfall der Drohung erklärt werden, § 124 BGB. Täuscht ein Auftragnehmer den Bauherrn darüber, daß er nicht in der Architektenliste eingetragen ist, so kann der Bauherr seine Erklärung, die zum Vertragsschluß geführt hat, wegen arglistiger Täuschung anfechten (→ Nicht-Architekt).

4. Nur in Ausnahmefällen kommt die Anfechtung einer vertraglichen Vereinbarung über die Grundlagen der → Honorarberechnung, also z. B. der Zuordnung in eine bestimmte → Honorarzone in Betracht. Da ein (selten denkbarer) Irrtum über diese Maßstäbe bzw. ihre richtige Anwendung in der Regel bei beiden Vertragsparteien besteht, liegt in einem solchen Fall der → Wegfall oder die Änderung der Geschäftsgrundlage vor. Gerade der Architekt als Fachmann muß sehr genau wissen, wie das zu verwirklichende Bauwerk honorarmäßig einzuordnen ist. Wenn er später eine Abweichung durch Anfechtung bzw. wegen Wegfalls der Geschäftsgrundlage durchsetzen will, muß er darlegen, daß sich **nach Vertragsabschluß** die Umstände, wie sie in §§ 11 und 12 HOAI katalogisiert sind, oder die der Vereinbarung des Honorarsatzes bzw. der Prozentsätze zugrundelagen, deutlich, unvorhersehbar und ohne sein Verschulden geändert haben.

5. Folge der berechtigten Anfechtung ist die → **Nichtigkeit** der einzelnen Willenserklärung im Zeitpunkt ihrer Abgabe; nur wenn die Erklärung für den Architektenvertrag von entscheidender Bedeutung ist, erfaßt sie den gesamten Vertrag, § 139 BGB. Der Anfechtende hat dem anderen den Schaden zu ersetzen, den dieser dadurch erleidet, daß er in die Gültigkeit der Erklärung vertraut hat, § 122 BGB („Vertrauensschaden").

Angestellte Architekten unterscheiden sich in der Form ihrer Tätigkeit von freiberuflichen; sie sind Arbeitnehmer im Sinn des → Arbeitsrechts mit sämtlichen daraus folgenden Rechten und

Ankauf 14

Pflichten für sie und ihren Arbeitgeber. Sie erwerben unter bestimmten Bedingungen → Urheberrechte an ihren Leistungen (→ Urheberrecht angestellter Architekten) und können auch in die Architektenliste eingetragen werden sowie – je nach Gestaltung der Auslobung – an → Architektenwettbewerben teilnehmen.

Angestellte Architekten können ihre Architektentätigkeit gegenüber ihrem Arbeitgeber nicht nach der → HOAI abrechnen (BGH BauR 1985, 582).

Die Arbeitsbedingungen richten sich nach dem Arbeitsvertrag; lediglich die Kündigungsfrist ist gesetzlich festgelegt: in Büros mit weniger als 20 Arbeitnehmern beträgt sie vier Wochen zum 15. oder dem Ende des Kalendermonats. In größeren verlängert sich diese Frist um je einen Monat bei Betriebszugehörigkeit von 5, 8, 10, 12, 15 und 20 Jahren bis insgesamt 7 Monate, jeweils zum Ende eines Kalendermonats (§ 622 BGB). Außerdem hat der Angestellte einen Anspruch, eine schriftliche Bestätigung über die wesentlichen Arbeitsbedingungen zu bekommen. Wieweit ein Arbeitnehmer für fahrlässige Schädigung gegenüber seinem Arbeitgeber haftet, richtet sich nach einer Abwägung der Schadensrisiken, wobei subjektive Momente, aber auch ein etwaiges Mitverschulden und die Anfälligkeit der übertragenen Arbeitsleistung für Schäden zu berücksichtigen sind.

In einigen Städten und Regionen bestehen **Tarifverträge** für die Arbeitsbedingungen angestellter Architekten. Sie sind aber für das einzelne Arbeitsverhältnis nur verbindlich, soweit der jeweilige Arbeitgeber Mitglied der „Tarifgemeinschaft", also der Vereinigung ist, die den Tarifvertrag mit einer (gewerkschaftsähnlichen) Vereinigung von Arbeitnehmern abgeschlossen hat, und der Arbeitnehmer einer solchen angehört. Der Ausschuß „Angestellte und beamtete Architekten" der Bundesarchitektenkammer bemüht sich, einen Muster-Anstellungsvertrag zu formulieren.

Näher: Plankemann, Regelungsinhalte von Anstellungsverträgen für Architekten in Architekturbüros, DAB 1988, 1009 (mit Vertragsmuster).

Ankauf → GRW 1995

Annahmeverzug des Bauherrn. 1. Beim Architektenvertrag wirkt auch der Bauherr an der Förderung des Bauvorhabens mit. Er muß entsprechend seiner Finanzierung oder seiner internen Willensbildung immer wieder einzelne Entscheidungen über den Fortgang der Planung bzw. der Verwirklichung treffen oder die Teilleistungen abrufen, also für den nächsten Planungs- oder Ausführungsschritt „grünes Licht" geben. Auch die Entscheidung über die konkrete Vergabe der Bauleistungen ist eine solche Mitwirkungshandlung, ebenso – wenn dies vereinbart ist oder sich aus den Umständen ergibt (OLG Stuttgart BauR 1973, 385 für Bodenbelagsarbeiten) – die Genehmigung der einzelnen Planungsstufen.

2. Verletzt oder versäumt der Bauherr diese **Mitwirkungspflichten**, so gerät er in Annahmeverzug im Sinne von § 642 BGB mit der Folge, daß er dann den betroffenen Architekten zusätzlich zum vereinbarten Architektenhonorar entschädigen muß, soweit diesem Nachteile entstanden sind. Soweit die Mitwirkungspflichten im Vertragsverhältnis nur als Nebenpflichten des Bauherrn bestehen, kann an ihre Verletzung kein Entschädigungsanspruch geknüpft werden (BGH NJW 1972, 99).

3. Ist unklar, ob der Bauherr bereit ist, die Leistungen entgegenzunehmen, so muß der Architekt sie ausdrücklich **anbieten**, will er sich später auf die Rechte nach § 642 BGB berufen können. Ohne dieses Leistungsangebot kann der Bauherr nicht in Verzug geraten; da er den einzelnen Planungsstand und die einzelnen Abläufe nicht kennt, muß er von sich aus nicht eingreifen (BGH SF Z 3.014 Blatt 3).

4. Rechtsfolge der Verletzung der Mitwirkungspflicht des Bauherrn ist ein **Entschädigungsanspruch** des Architekten, der zum vereinbarten Honorar hinzutritt. Dies ist kein Vergütungsanspruch für erbrachte Leistungen, ebensowenig ein reiner Schadenersatzanspruch, sondern eine Entschädigung aus dem Gesichtspunkt der Billigkeit. Sie ist der Höhe nach in Anlehnung an die Verzugsdauer und das vereinbarte Honorar zu berechnen; ersparte Aufwendungen und anderweitiger Büroeinsatz sind zu berücksichtigen. → Umsatzsteuer kann auf einen solchen Entschädigungsbetrag nicht gefordert werden, da ihm kein Austauschverhältnis zugrundeliegt.

5. Entstehen durch eine → Bauzeitverzögerung dem Architekten beispielsweise erhöhte Lohnaufwendungen für Mitarbeiter, und hat der Architekt keine vertragliche Möglichkeit, diese vom Bauherrn erstattet zu bekommen, so ist er bei Annahme-

Anrechenbare Kosten 16

verzug gegebenenfalls nach § 642 BGB zu entschädigen (BGH BauR 1988, 739, NJW-RR 1988, 1295).

Näher: Jochem, Die Auswirkungen der unterlassenen Mitwirkungshandlung des Bauherrn gegenüber dem Architekten, BauR 1976, 392 ff.; Nicklisch, Mitwirkungspflichten des Bestellers beim Werksvertrag, insbesondere beim Bau- und Industrieanlagenvertrag, BB 1979, 533 ff.

Anrechenbare Kosten. 1. Um die → Honorarberechnung des Architekten für die → Objektplanung von Gebäuden, Freianlagen und raumbildenden Ausbauten an möglichst objektiven Kriterien zu orientieren, bestimmt die HOAI ebenso wie die frühere GOA als wichtigste Grundlage die Herstellungskosten des Objekts. Diese **anrechenbaren Kosten** sind nach den Vorschriften des § 10 Abs. 2 ff. HOAI und unter Zugrundelegung der Kostenermittlungsarten der DIN 276 in der Fassung vom April 1981 zu ermitteln; die → Honorartafeln weisen die Honorarbeträge in Abhängigkeit von diesen Kosten als Honorarrahmen in fünf → Honorarzonen aus.

2. § 10 Abs. 2 Nr. 1, 2 und 3 HOAI unterscheidet die → Honorarberechnung nach der Abfolge der Architektenleistung nach drei Abschnitten, nämlich einen ersten „reinen" Planungs-Abschnitt, in dem die Leistungsphasen 1–4 des § 15 Abs. 2 HOAI bis zur Fertigstellung der → Genehmigungsplanung erbracht werden, dann einen zweiten, in dem das Vorhaben technisch geplant und für die Ausführung vorbereitet wird, Leistungsphase 5 bis 7 des § 15 Abs. 2 HOAI, sowie den Abschnitt der konkreten Verwirklichung des Vorhabens, der die Leistungsphasen 8 und 9 des § 15 Abs. 2 HOAI betrifft. In diesen Abschnitten sind die Herstellungskosten nach verschiedenen Methoden zu ermitteln, die nach ihrem Genauigkeitsgrad als **Kostenschätzung** und **Kostenberechnung** (für die Leistungsphasen 1–4) **Kostenanschlag** (für die Leistungsphasen 5–7) und **Kostenfeststellung** (für die Leistungsphasen 8 und 9) bezeichnet werden.

3. Für die Vergütung der Leistungsphasen 1–4 des § 15 bleibt die Kostenberechnung bzw. die Kostenschätzung auch dann alleiniger Maßstab, wenn die spätere Ermittlung durch den Kostenanschlag oder die Kostenfeststellung nach oben oder unten abweichende Werte ergibt (OLG Düsseldorf BauR 1987,

708). Die Vergütung für diese ersten vier Leistungsphasen hat damit Ähnlichkeit mit einem → Pauschalhonorar, da sie durch die späteren tatsächlichen Veränderungen während der Ausführung nicht mehr beeinflußt wird. Nur wenn der Architekt schuldhaft eine zu hohe Kostenberechnung abgegeben hat, die für die Leistungsphasen 1 bis 4 maßgeblich ist, ist diese nach Treu und Glauben auf den realistischen Betrag zu reduzieren. Bei einem Auftrag, der nur bis Leistungsphase 8 des § 15 Abs. 2 HOAI reicht, kann auch diese nach der Kostenberechnung ermittelt werden (OLG Düsseldorf BauR 1987, 227; KG BauR 1991, 25 m. Anm. Locher; OLG Frankfurt BauR 1994, 657, NJW-RR 1994, 1502). Auch das Honorar für die Leistungsphasen 5–7 richtet sich nach der Neufassung des § 10 Abs. 2 Nr. 2 nur noch nach dem Kostenausschlag, ist also von den sich später ergebenden Herstellungskosten (Kostenberechnung) unberührt.

4. § 10 Abs. 3a HOAI, der durch die Dritte Änderungsverordnung der HOAI mit Wirkung zum 1. 4. 1988 eingefügt wurde, regelt die **Anrechnung der Kosten vorhandener Bausubstanz**, die bei einem Vorhaben „mitverarbeitet" wird. Danach ist der Wert dieser Bausubstanz angemessen zu berücksichtigen; der Umfang der Anrechnung bedarf jedoch der schriftlichen Vereinbarung. Die vorhandene Bausubstanz ist mit ihrem effektiven, dem Erhaltungszustand entsprechenden Wert bei den anrechenbaren Kosten anzusetzen, soweit sie tatsächlich im Umbau oder Neubau verbleibt und planerische Leistungen erforderlich macht (BGH BauR 1986, 593 für einen vor dem 1. 4. 1988 abgeschlossenen Architektenvertrag).

5. Soweit der Architekt nicht mit der fachlichen Planung und der Überwachung der Ausführung von Installationen, betriebstechnischen Anlagen und betrieblichen Einbauten (→ Technische Ausrüstung) im Rahmen der Objektplanung befaßt ist, sieht § 10 Abs. 4 Nr. 1 und 2 HOAI hierfür eine besondere Form der Berücksichtigung in den anrechenbaren Kosten vor, nämlich zu 25% der sonstigen (vor allem Rohbau und Ausbau betreffenden) anrechenbaren Kosten, und zusätzlich mit dem halben Betrag, der diese 25% noch übersteigt. Die technische Einrichtung einer Ortsvermittlungsstelle der Telekom fällt allerdings nicht unter § 10 Abs. 4 HOAI, sondern unter Abs. 5 Nr. 6 (BGH BauR 1994, 654, ZfBR 1994, 208, NJW-RR 1994,

Anrechenbare Kosten

1043). Für Leistungen bei Freianlagen ist klargestellt, daß die Kosten bestimmter Bauwerke und Anlagen anrechenbar sind, wenn sie der Architekt im Zusammenhang mit Freianlagen plant und ihre Ausführung überwacht, § 10 Abs. 4a HOAI. Freianlagen und Verkehrsanlagen dagegen sind getrennt abzurechnen (KG BauR 1991, 251).

6. In § 10 Abs. 5 und 6 HOAI sind in einer umfangreichen Liste die **nicht anrechenbaren Kostenbestandteile** eines Projekts aufgezählt, zum Beispiel das Grundstück, dessen Freimachen und Herrichten, Kunst am Bau u. a. Die vom Bauherrn dem Bauunternehmer bezahlte Umsatzsteuer kann ebenfalls nicht zu den anrechenbaren Kosten geschlagen werden, § 9 HOAI. Nach § 10 Nr. 11 HOAI zählen auch Entschädigungen und Schadenersatzleistungen an den Bauherrn nicht zu den anrechenbaren Kosten. Bestimmte fernmeldetechnische und maschinelle Einrichtungen sind als Nr. 13 in den Katalog der nicht anrechenbaren Kosten einbezogen, soweit sie der Architekt nicht fachlich plant oder ihre Ausführung nicht fachlich überwacht.

7. Ob **Skonti, Abgebote, Mängelansprüche, Vertragsstrafenzahlungen** und ähnliches zu den anrechenbaren Kosten zählen oder nicht, ist in § 10 Abs. 5 und 6 HOAI nicht geregelt. Für deren Berücksichtigung bei den anrechenbaren Kosten gilt, daß es sich um einen wertbildenden Faktor handeln muß, auf den sich die Tätigkeit des Architekten bezogen hat. Vertragsstrafenansprüche erhöhen deshalb die anrechenbaren Kosten nicht, Skonti und Mängelansprüche vermindern sie nicht. Abgebote oder andere bei Abschluß des jeweiligen Bau- oder sonstigen Werkvertrags vereinbarte Preisabschläge allerdings beeinflussen den Wert des Objekts und sind deshalb bei der Ermittlung der anrechenbaren Kosten zu berücksichtigen.

8. Endet der Architektenvertrag, ohne daß dem Architekten die anrechenbaren Kosten bekannt sind, hat er gegen den Bauherrn einen Auskunftsanspruch nach § 260 BGB (OLG Köln BauR 1991, 116 m. Anm. Sangenstedt; OLG Frankfurt BauR 1993, 497). Der Bauherr muß gegebenenfalls die Richtigkeit seiner Auskunft eidesstattlich versichern; weitere Nachprüfungsmöglichkeiten hat der Architekt nicht (LG Bonn BauR 1994, 138).

9. Hat ein Architekt von einem anderen in einem Unterauftrag nur einen Teil des Gesamtauftrags erhalten, sind die anre-

chenbaren Kosten dementsprechend nur aus dem übertragenen Anteil am Auftrag zu ermitteln, nicht anteilig nach den Gesamtkosten (BGH BauR 1994, 787, ZfBR 1994, 280, NJW-RR 1994, 1295).

Näher: Koeble, Zur Berücksichtigung von Skonto, Abgebot o.ä. sowie Mängel- und Vertragsstrafenansprüchen bei der Kostenfeststellung des Architekten nach § 10 HOAI, BauR 1983, 323 ff.; Theis, Empfehlungen zur Vertragsgestaltung bei vorhandener Bausubstanz, DAB 1988, 1408; Frik, Zur Berechnung der anrechenbaren Kosten vorhandener Bausubstanz, die technisch oder gestalterisch mitverarbeitet wird, gemäß § 10 Abs. 3a HOAI, Fassung 1.4.1988, BauR 1991, 37 ff.; Bradenbeck/Schmidt, Honorarabrechnung nach HOAI, insbesondere die Berücksichtigung mitverarbeiteter Bausubstanz nach § 10 Abs. 3a HOAI, BauR 1994, 67 ff.; Motzke, Zur Bedeutung der neuen DIN 276 für die prüfbare Architekturschlußrechnung, IBR 1994, 70 f.; Eich, Zu Notwendigkeit und Genauigkeitsgrad der Kostenermittlungen nach DIN 276/81 als Grundlage für die prüffähige Rechnung des Architekten, IBR 1995, 306 f.

Anscheinsvollmacht → Vollmacht

Anwendungsbereich der HOAI. Die HOAI gilt für alle in ihr beschriebenen Leistungen ohne Rücksicht darauf, ob der Leistende berechtigt ist, die Berufsbezeichnung „Architekt" oder „Ingenieur" zu führen, und unabhängig von seiner beruflichen Position, also außer für → Freischaffende Architekten auch für → beamtete Architekten, wenn sie in Nebentätigkeit für Dritte Architektenleistungen erbringen, für → Freie Mitarbeiter (BGH BauR 1985, 582), → Baubetreuer und andere → gewerblich tätige Architekten. Die Leistungen → angestellter Architekten sind dagegen vom Recht des → Dienstvertrags und dem → Arbeitsrecht geprägt.

Arbeitsgemeinschaft → Partnerschaft

Arbeitsrecht ist das Sonderrecht der **Arbeitnehmer** und **Arbeitgeber** ein Zweig des → Privatrechts. Architekten sind ihm als → angestellte Architekten oder in ihrer Funktion als deren

Arbeitgeber unterworfen. Ausgangsmaterie ist das Recht des → Dienstvertrags, §§ 611 bis 630 BGB; insbesondere das Arbeitsvertragsrecht, das Arbeitsschutzrecht, das Kündigungsrecht sowie das Recht der Betriebsverfassung und der Tarifverträge sind in zahlreichen Einzelgesetzen geregelt und sollen einen gerechten Interessenausgleich herstellen. Rechtsstreitigkeiten sind vor den dafür eingerichteten **Arbeitsgerichten** nach den Grundsätzen des durch das Arbeitsgerichtsgesetz (ArbGG in der Fassung vom 2. 7. 1979, BGBl. I 853, ber. 1036, zuletzt geändert am 11. 3. 1996, BGBl. I 454) modifizierten → Zivilprozesses auszutragen. Gegen Urteile der Arbeitsgerichte ist die Berufung zu den Landesarbeitsgerichten, gegen deren Urteile die Revision zum Bundesarbeitsgericht möglich. Auf **arbeitnehmerähnliche Personen** ist das materielle Arbeitsrecht nicht anzuwenden, sie unterstehen jedoch der Arbeitsgerichtsbarkeit, § 5 ArbGG (→ Freie Mitarbeiter).

Architekt/Architektin. Nach Neuenfeld/Baden/Dohna/Groscurth, Handbuch des Architektenrechts Band 1, 2. Aufl. 1990, Teil I, „Die geistigen und institutionellen Grundlagen des Architektenberufes", Rdnr. 31, ist Architekt bzw. Architektin jemand, der mit künstlerischen und technischen Fähigkeiten begabt ist und den Ausbildung und praktische Erfahrung in die Lage versetzen, freischaffend und eigenverantwortlich oder in abhängiger Stellung, allein oder im Verbund mit anderen, Bauwerke künstlerisch, technisch und wirtschaftlich zu planen, zu gestalten und ihre Durchführung zu leiten sowie städtebauliche Pläne auszuarbeiten. Innen- und Landschaftsarchitekten gehören von Studium und Aufgabenstellung besonderen Fachrichtungen an. → Stadtplaner werden nach den Architektengesetzen verschiedener Bundesländer als besonderer Berufsstand behandelt, in der Regel aber gehören ihre Aufgaben zu denen der Architekten.

Architekten-Anerkennungsrichtlinie. 1. Nach den Art. 49, 57 und 66 des EWG-Vertrags vom 25. 3. 1957 (BGBl. II S. 766) in der Fassung der Einheitlichen Europäischen Akte vom 28. 2. 1986 (BGBl. II S. 1102; ABl. EG Nr. L 169 S. 1 ff.) sollen innerhalb der Europäischen Wirtschaftsgemeinschaft Diplome, Zeugnisse u. a. von den Mitgliedsstaaten gegenseitig anerkannt und Niederlassungsvorschriften aneinander angeglichen werden. Damit soll die Integration und der internationale Austausch von Dienstleistungen gefördert werden. Der Rat hat hierzu die Architekten-Anerkennungsrichtlinie 85/384/EWG v. 10. 6. 1985 (ABl. EG Nr. L 223, 15) erlassen. Durch sie sind die Vertragsstaaten verpflichtet, Diplome, Prüfungszeugnisse und sonstige Befähigungsnachweise auf dem Gebiet der Architektur gegenseitig anzuerkennen.

Mit den Richtlinien 85/614/EWG vom 20. 12. 1985 (ABl. EG Nr. L 376) und 86/17/EWG vom 27. 1. 1986 (ABl. EG Nr. L 27) wurden Spanien und Portugal einbezogen. Der Rat setzte durch Beschluß 85/385/EWG vom 10. 6. 1985 (ABl. EG Nr. L 223, 26) einen Beratenden Ausschuß für die Ausbildung auf dem Gebiet der Architektur ein.

2. Art. 11 der Richtlinie listet die nationalen Institutionen auf, deren Diplome in den beteiligten Ländern wechselseitig anerkannt werden. Hierzu wurde ein **Verzeichnis** der Diplome, Prüfungszeugnisse und sonstigen Befähigungsnachweise auf dem Gebiet der Architektur Nr. 88/C/270/03 herausgegeben (ABl. EG Nr. C 270, 3). Dieses Verzeichnis ist abschließend; Analogien sind nicht zulässig (EuGH IBR 1995, 166 „Dreesen"). Eine Fachhochschulausbildung von vier Jahren mit zwei Praxissemestern genügt den Anforderungen der Richtlinie (EuGH NVwZ 1992, 357 „Egle"). Auch wenn ein deutscher Bauingenieur als „Architekt" im Ausland gearbeitet hat, kann er sich im Inland nicht auf die Richtlinie berufen (VGH München NVwZ 1994, 395). Für die Anerkennung von Befähigungsnachweisen, die ohne Diplom erteilt werden, wird in Art. 13 eine mindestens 6-jährige tatsächlich ausgeübte Architektentätigkeit gefordert.

3. Hinsichtlich der Inhaber eines in einem **Drittland** erteilten Diploms ist nach der Empfehlung des Rats Nr. 85/386/EWG vom 10. 6. 1985 (ABl. EG Nr. L 223, 28) zu verfahren. Nach Art. 14 werden auch solche Befähigungsnachweise anerkannt, die von den damals zuständigen Behörden der ehemaligen **DDR** ausgestellt wurden, und von den zuständigen Behörden der Bundesrepublik Deutschland als gleichwertig bezeichnet worden sind.

4. Durch die meisten → Architektengesetze ist die Architekten-Anerkennungsrichtlinie inzwischen in Länderrecht umgesetzt worden.

Architektenbindung

Architektenbindung liegt vor, wenn ein Grundstück mit der Auflage verkauft wird, daß der Käufer die Dienste eines bestimmten Architekten für die → Objektplanung des auf diesem Grundstück zu verwirklichenden Bauvorhabens in Anspruch zu nehmen hat. Diese Verknüpfung zwischen Kauf- und Architektenvertrag ist unwirksam, es greift das in Art. 10 § 3 Satz 1 MRVG normierte **Koppelungsverbot** ein. Der Grundstückskaufvertrag bleibt dann zwar in Kraft; nur der in einem solchen „gekoppelten" Vertrag geschlossene Architektenvertrag ist nichtig.

2. Das 1972 geschaffene Gesetz sollte verhindern, daß sich Architekten bei größeren Wohnungsbauvorhaben eine monopolartige Stellung verschaffen, indem sie persönliche Verbindungen zum Verkäufer oder eine Stellung als Makler ausnutzen und durch die Koppelung zusätzlich noch die Planungsaufträge erhalten. Durch das Verbot sollte der Wettbewerb gefördert werden; niemand sollte verpflichtet sein, die Planungsleistung „unbesehen" mitkaufen zu müssen (BTDrs. VI/1549, 14/15; BTDrs. VI/2421, 6). Das → Standesrecht der Architekten hatte sich als zu schwach erwiesen, solche Koppelungsgeschäfte zu verhindern. Das Verbot der Architekten ist deshalb berufsstands- und nicht leistungsbezogen, gilt also für Baubetreuer, Bauträger und Generalunternehmer nicht (BGH BauR 1993, 490, ZfBR 1993, 186, NJW 1993, 2240).

3. Verweist eine **Gemeinde**, die eigene Grundstücke für die Wohnbebauung verkauft, die Käufer im Kaufvertrag wegen der Objektplanung an einen bestimmten Architekten, liegt beispielsweise eine unwirksame Architektenbindung vor (BGH BauR 1982, 512, NJW 1982, 2189), es sei denn, daß kein faktischer Zwang ausgeübt wird (OLG Köln NJW-RR 1990, 1110). Dasselbe gilt, wenn eine **Wohnungsbaugesellschaft** zugleich das Grundstück und die Architektenleistung verkauft (Hess-VGH BauR 1985, 224, NJW 1985, 1356). Hat die Gemeinde allerdings für die Bebauung der von ihr verkauften Grundstücke einen → Architektenwettbewerb nach den → GRW 1995 ausgelobt und verpflichtet die Käufer dann, unter mehreren Preisträgern dieses Wettbewerbs den Architekten auszuwählen, so liegt kein Verstoß gegen das Koppelungsverbot vor (OLG Düsseldorf BauR 1979, 171). Nur wenn die Beauftragung eines bestimmten Preisträgers vorgeschrieben wird, greift zugunsten

des „bevormundeten" Käufers Art. 10 § 3 MRVG ein (OLG Hamm BauR 1986, 711).

4. Auch wenn Käufer und Verkäufer eine Abstandszahlung an den Architekten vereinbaren, der die Planung bis zum Verkauf durchgeführt hatte, und wenn der Käufer diese Planungen benutzen darf, gilt das Koppelungsverbot (BGH BauR 1983, 93, NJW 1983, 227; BGH NJW 1995, 2547); ebenso greift Art. 10 § 3 MRVG auch ein, wenn ein freiberuflicher Architekt (oder Ingenieur) wie ein Bauträger auf einem dem Erwerber vorweg übertragenen Grundstück einen schlüsselfertigen Bau auf eigene Rechnung und eigenes Risiko errichtet (BGH BauR 1991, 114, ZfBR 1991, 14, NJW-RR 1991, 143, SFH Art. 10 § 3 MRVG Nr. 19). Dasselbe gilt für die Übernahme eines bestehenden Architektenvertrags durch den Grundstückskäufer (BGH BauR 1993, 104, ZfBR 1993, 19, NJW-RR 1992, 1372, SFH Art. 10 § 3 MRVG Nr. 20), oder für den Kauf einer Kommanditgesellschaft, deren einziges Vermögen ein Grundstück ist, für das der Kommanditist als Architekt eine Planung erstellt hat (KG IBR 1995, 394).

5. Im Zuge der Vorratsteilung bei der Gründung einer **Wohnungseigentümergemeinschaft** kann dagegen im Kaufvertrag über das jeweilige Wohnungseigentum zulässigerweise eine Bindung des Käufers an den Architekten vereinbart werden (BGH BauR 1986, 464, NJW 1986, 1811). Dasselbe gilt, wenn der Architekt mit dem **Generalunternehmer**, dem **Bauträger** oder dem **Generalübernehmer** wirtschaftlich identisch ist (BGH BauR 1989, 95).

6. Folge eines Verstoßes gegen die Architektenbindung ist die → Nichtigkeit des Architektenvertrages; hat der Architekt dennoch zunächst im beiderseitigen Vertrauen auf die Wirksamkeit des Architektenvertrages seine Leistungen erbracht, hat er aus dem Gesichtspunkt der → ungerechtfertigten Bereicherung gemäß §§ 812 ff. BGB einen Anspruch auf Erstattung seiner Aufwendungen gegenüber dem Käufer. Diese Aufwendungen berechnen sich nach den Vorschriften der HOAI (→ Übliche Vergütung).

Näher: Doerry, Das Verbot der Architektenbindung in der Rechtsprechung des Bundesgerichtshofs, ZfBR 1991, 48 ff.

Architektengemeinschaft → Partnerschaft

Architektengesetz. 1. Für die rechtliche Ausgestaltung der Berufsausübung der Architekten sind in der Bundesrepublik die einzelnen **Bundesländer** zuständig. Im Jahr 1969 wurden zwar vom Bundestag Gesetze zum Schutz der Berufsbezeichnungen „Ingenieur" und „Architekt" erlassen. Wegen der fehlenden Gesetzgebungskompetenz des Bundes wurde das erstere durch das Bundes- verfassungsgericht aufgehoben; das Architektengesetz ist im Hinblick auf dieses Verfahren vom Bundespräsidenten nicht unterzeichnet worden.

Die Bundesländer haben in der Nachkriegszeit schrittweise Architektengesetze erlassen, zunächst das Saarland 1947, dann folgten Rheinland-Pfalz 1950, Bayern 1954, Baden-Württemberg 1955, Schleswig-Holstein 1964, Hamburg 1965, Hessen 1968, Nordrhein-Westfalen 1969, Niedersachsen 1970, Bremen 1971, Berlin 1973. Die DDR erließ noch im Sommer 1990 ein Architektengesetz, das den Übergang auf das spätere Recht der neuen Bundesländer vorbereitete. Es gilt noch in den Ländern Brandenburg, Mecklenburg-Vorpommern, Sachsen-Anhalt und Thüringen. Sachsen hat 1994 ein eigenes Architektengesetz erlassen.

Ende 1968 formulierte die Fachkommission „Architektengesetz" der Arbeitsgemeinschaft der für das Bau- und Wohnungswesen zuständigen Minister und Senatoren der Länder (ARGEBAU) einen Musterentwurf, dem die meisten Architektengesetze der Bundesländer nachgebildet sind bzw. an den sie angepaßt wurden. Der wesentliche Inhalt der Gesetze ist im folgenden dargestellt; auf die Besonderheiten in den einzelnen Bundesländern sowie im Gebiet der ehemaligen DDR wird anschließend jeweils unter den Ländernamen eingegangen.

2. Die Architektengesetze formulieren in der Regel die **Berufsaufgaben** der Architekten, Innenarchitekten und Landschaftsarchitekten. Für letztere wird teilweise noch die Bezeichnung „Gartenarchitekten" benutzt. Auch der **Städtebau** und die **Landes- und Regionalplanung** werden erwähnt, ebenso die Beratung, Betreuung und Vertretung des Bauherrn bei der Vorhabensplanung und -Durchführung sowie die Überwachung der Ausführung durch die Architekten der verschiedenen Fachrichtungen.

3. Mit der Definition der Berufsaufgaben ist der **Schutz der Berufsbezeichnung** als **Architekt, Innenarchitekt, Land-**

schaftsarchitekt sowie von Wortverbindungen mit diesen Bezeichnungen, z. B. in „Architekturbüro" verbunden. Teilweise wird auch Verwendung des Begriffs „freischaffend" oder „frei" in Verbindung mit der Architektenbezeichnung und die Berufsbezeichnung **„Stadtplaner"** geregelt.

4. Nach den Architektengesetzen haben sich die Architekten in eine **Architektenliste** eintragen zu lassen, um die Berechtigung zur Führung der Berufsbezeichnung zu erwerben. Aus dieser Liste sind dann Auskünfte bzw. Veröffentlichungen zulässig. Voraussetzung für die Eintragung in die Architektenliste ist in aller Regel der **Wohn- oder Geschäftssitz** im jeweiligen Bundesland sowie der Nachweis der fachspezifischen Ausbildung durch den jeweiligen **Abschluß an einer Hochschule, Akademie oder Fachhochschule**. Weiterhin wird für die Eintragung eine dem Studienabschluß nachfolgende **praktische Tätigkeit** von in der Regel 2 Jahren, teilweise aber auch 3 Jahren gefordert, die nach einigen Architektengesetzen innerhalb der letzten acht Jahre vor dem Eintragungsantrag geleistet worden sein muß.

5. Um **hochqualifizierten Praktikern ohne Hochschulabschluß** den Zugang zur Architektenliste zu eröffnen, besteht nach den Architektengesetzen die Möglichkeit, aufgrund langjähriger Praxis und hervorragender Einzelleistungen eingetragen zu werden. Die geforderte Praxis muß in manchen Bundesländern acht, in anderen zehn Jahre lang erworben worden sein.

6. Soweit die Gesetze nach dem Inkrafttreten der → Architekten-Anerkennungsrichtlinie geschaffen oder geändert worden sind, wurden die einschlägigen Bestimmungen umgesetzt, nach denen die Qualifikationen anderer **EG-Staaten** anzuerkennen sind. Qualifikationen aus „Drittländern", also von → ausländischen Architekten aus nicht der EG angehörigen Staaten, können nach den Architektengesetzen anerkannt werden, wenn insoweit ein Gegenseitigkeitsverhältnis besteht, also deutsche Abschlüsse im Herkunftsstaat anerkannt werden.

7. In allen Bundesländern ist eine **Architektenkammer** eingerichtet worden, teilweise auch als Architekten- und Ingenieurkammer. Diesen durch Vorstand, Vertreterversammlung und ggf. andere Organe strukturierten Körperschaften öffentlichen Rechts gehören Architekten nach einigen Gesetzen als Pflichtmitglieder, nach anderen nur auf Antrag an.

8. Bei den Kammern sind die **Eintragungsausschüsse**, teilweise als Organe der Kammern, teilweise rechtlich selbständig eingerichtet, die über die Eintragung in die Architektenlisten entscheiden. Das Verfahren der Eintragungsausschüsse ist entweder in den Architektengesetzen oder in gesonderten Verfahrensordnungen beschrieben.

9. Auch die **Berufsgrundsätze** sowie die Berufs- oder Ehrengerichtsbarkeit sind Gegenstand der Architektengesetze, ebenso die Einrichtung von Schlichtungsausschüssen, Versorgungs- und Fürsorgewerken. Teilweise geschieht dies durch besondere Satzungen, Ordnungen oder andere Regelwerke.

Von diesem allgemeinen, in allen Architektengesetzen geregelten Inhalt abgesehen haben die einzelnen Bundesländer die nachfolgend dargestellten zusätzlichen bzw. abweichenden Festlegungen getroffen.

Architektengesetz Baden-Württemberg. In Baden-Württemberg gilt das Architektengesetz vom 7. 7. 1975 (GBl 581 ff) in der Fassung der Bekanntmachung vom 1. 8. 1990 (GVBl. 269, geändert am 15. 6 1994). Zusätzlich zu den klassischen Aufgaben der Architekten einschließlich Städtebau und Landes- und Regionalplanung formuliert § 1 Abs. 5 auch die Rationalisierung von Planung und Plandurchführung sowie die Erstattung von Fachgutachten. Alle in der Architektenliste eingetragenen Architekten sind Mitglieder der Architektenkammer.

Berufsgericht und Landesberufsgericht sind in Baden-Württemberg als Ehrengerichte bei der Architektenkammer eingerichtet worden; sie werden vom Innenministerium im Einvernehmen mit dem Justizministerium besetzt.

Architektengesetz Bayern. Im Freistaat Bayern gilt das Bayerische Architektengesetz in der Fassung der Bekanntmachung vom 31. 8. 1994 (GVBl. 934), dessen Inhalt im wesentlichen dem Mustergesetz entspricht. Für Hochschulabsolventen wird eine dreijährige, für Praktiker eine zehnjährige Berufspraxis gefordert. In eine besondere Liste können Gesellschaften mit beschränkter Haftung eingetragen werden (→ Architekten-GmbH). Der Eintragungsausschuß ist rechtlich selbständig; gegen seine Entscheidung ist ohne Widerspruchsverfahren die Klage zum Verwaltungsgericht zulässig. Die → Architekten-Anerkennungsrichtlinie ist umgesetzt. Bei den Oberlandesgerichten München und Nürnberg wurden je ein Berufsgericht, beim Bayerischen Obersten Landesgericht das Landesberufsgericht errichtet. Die Richter werden vom Staatsministerium der Justiz bestellt. Eine Architektenversorgung wurde – ebenfalls rechtlich selbständig – eingerichtet, der sich die Architektenkammer Niedersachsen angeschlossen hat. Für Beratende Ingenieure im Bauwesen wurde in Bayern aufgrund des Bayerischen Ingenieurkammergesetzes – Bau – vom 8. 6. 1990 (GVBl. 164) eine eigene Kammer eingerichtet.

Architektengesetz Berlin. In Berlin gilt das Architekten- und Baukammergesetz vom 19. 7. 1994 (GVBl. 253), mit dem nicht nur eine Architektenkammer, sondern auch eine Baukammer für im Bauwesen tätige Ingenieure eingerichtet wurde. Neben dem Schutz der Berufsbezeichnung „Architekt" in den verschiedenen Verbindungen mit Innenarchitektur und Landschaftsarchitektur wurde ein gesondertes Berufsbild des Stadtplaners unter gesetzlichen Schutz gestellt. Dementsprechend wird neben der Architektenliste auch eine Stadtplanerliste geführt. Wer seine Berufsaufgaben als Architekt oder Stadtplaner freischaffend ausübt, kann unter dieser Bezeichnung eingetragen werden. Auch eine → Architekten-GmbH kann eingetragen werden, wenn alle Geschäftsführer und Gesellschafter in der Architektenliste eingetragen sind. Der Eintragungsausschuß ist nicht rechtlich unabhängig ausgestaltet, sondern als Organ der Architektenkammer. Die Einhaltung der Berufsordnung wird durch ein Berufsgericht, das beim Landgericht Berlin besteht, und im Landesberufsgericht beim Kammergericht überwacht.

Die im bisherigen **Ostberlin** (ehemalige DDR) tätigen Architekten mußten bis zum 13. 2. 1991 ihre Eintragung bei der Architektenkammer beantragt haben; wenn sie dies getan haben, dürfen sie die bisherige Berufsbezeichnung weiter führen.

Architektengesetz Bremen. In der Freien Hansestadt Bremen gilt das Bremische Architektengesetz vom 27. 4. 1971 (GBl. 122) in der Fassung der Bekanntmachung vom 2. 2. 1990 (GBl. 73). Die Berufsaufgabe des Stadtplaners ist in diesem Gesetz als die gestaltende, ökologische, technische, wirtschaftliche und soziale Orts-, Stadt- und Landesplanung und insbesondere als Ausarbeitung städtebaulicher Pläne erstmals ausführlich definiert. Der Stadtplaner steht damit neben dem

Architekten, Innenarchitekten und Landschaftsarchitekten. Auch deren Funktionen der gestaltenden, technischen und wirtschaftlichen Planung sind erstmals erweitert um ökologische und soziale Gesichtspunkte. Wie in Berlin schützt auch das Bremische Architektengesetz die Berufsbezeichnung „Stadtplaner"; für Architekt und Stadtplaner werden zwei getrennte Listen geführt. Die dort Eingetragenen bilden die Architektenkammer.

Architektengesetz der ehemaligen DDR. 1. Im Vorgriff auf entsprechende Gesetze der neu zu bildenden Bundesländer erließ die Volkskammer der DDR am 19. 7. 1990 ein Architektengesetz, das mit seiner Veröffentlichung am 13. 8. 1990 in Kraft trat. Es gilt bis zum Erlaß eigener Gesetze noch in den Bundesländern Brandenburg, Mecklenburg-Vorpommern, Sachsen-Anhalt und Thüringen, während Sachsen bereits ein Architektengesetz erlassen hat. Im bisher zur DDR gehörenden Ostteil Berlins, das seit dem 3. 10. 1990 Teil des Landes Berlin ist, gilt das Architektengesetz des Landes Berlin.

2. Das Architektengesetz der ehemaligen DDR gilt für Bürger der ehemaligen DDR, die eine Berufsbezeichnung nach § 3 führen wollen, sowie für auswärtige Architekten, die in der ehemaligen DDR tätig werden wollen, § 1 Abs. 2.

3. Zu den drei herkömmlichen Formen der Architektentätigkeit – Architektur, Innenarchitektur und Garten- und Landschaftsarchitektur – tritt nach diesem Gesetz die Berufsaufgabe der „Stadtplanung" hinzu. Entsprechend lauten nach § 3 die Berufsbezeichnungen „Architekt", „Innenarchitekt", „Garten- und Landschaftsarchitekt" sowie „Architekt für Stadtplanung". Nach § 2 Abs. 3 ist den Fachrichtungen Architektur und Garten- und Landschaftsarchitektur auch die Ausarbeitung von städtebaulichen Plänen oder die Mitwirkung bei Landesplanung und Raumordnung zugeordnet.

4. In der Architektenliste ist nach § 3 zu vermerken, welcher Fachrichtung der eingetragene Architekt angehört und ob er freischaffend, gewerblich oder in Nebentätigkeit, ob er in einem privatrechtlichen Arbeits- oder in einem öffentlich-rechtlichen Dienstverhältnis arbeitet oder ob er nicht mehr tätig ist. Hochschullehrer können als teilweise freischaffend tätig eingetragen werden.

5. Voraussetzung für die Eintragung in die Architektenliste ist der erfolgreiche Abschluß an einer Universität oder Hochschule in einer der Fachrichtungen für Architektur, die in § 2 aufgezählt sind. Der Hochschulabschluß kann durch eine siebenjährige erfolgreiche praktische Tätigkeit ersetzt werden; wer eine Fachschule der DDR absolviert hat, und nachfolgend mindestens fünf Jahre praktisch tätig war, kann ebenfalls in die Liste eingetragen werden, wenn er dies innerhalb eines Jahres nach Inkrafttreten des Architektengesetzes, also bis spätestens 13. 8. 1991 beantragt. Dasselbe gilt für Hochschulabsolventen einer Fachrichtung des Bauingenieurwesens, die durch eine mindestens siebenjährige erfolgreiche praktische Tätigkeit in Berufsaufgaben der Architekten sowie durch Vorlage eigener Arbeiten den Erwerb entsprechender Fähigkeiten und Kenntnisse nachweisen können; die praktische Tätigkeit in den Berufsaufgaben darf nicht länger als drei Jahre zurückliegen. Auch wer sich ohne einen der genannten Abschlüsse auf dem Gebiet der Architektur besonders ausgezeichnet hat und diese Leistungen durch eigene Arbeiten belegen kann, darf in die Architektenliste eingetragen werden. Wer auf der Grundlage bisheriger Rechtsvorschriften bereits eine Zulassung als privater Architekt in der DDR besitzt, kann ebenfalls die Eintragung in die Architektenliste beantragen.

6. Zur Führung der Architektenliste sind nach § 6 vorläufige Eintragungsausschüsse in den Bezirken zu bilden; die Mitglieder sind wiederum nach §§ 8 und 9 vom jeweiligen Gründungsausschuß der (Bezirks-)Architektenkammer vorzuschlagen und vom fachlich zuständigen Leiter beim Regierungsbevollmächtigen für den Bezirk zu berufen; diese Zuständigkeiten sind nun allerdings auf die entsprechenden Organe der neuen Bundesländer übergegangen.

7. Auch die → Bauvorlageberechtigung ist wegen des Fehlens von Landesbauordnungen abweichend von den Regelungen der bisherigen Bundesländer im Architektengesetz geregelt; da sie Länderangelegenheit ist, ist auch diese Vorschrift ein Provisorium bis zum Erlaß entsprechender Gesetze der neugebildeten Bundesländer. Nach § 7 ist bauvorlageberechtigt, wer in die Architektenliste eingetragen ist. Die Bauvorlageberechtigung ist auf die Objekte der jeweiligen Fachrichtung beschränkt, für die der Architekt eingetragen ist.

8. Die aufgrund bisheriger Rechtsvorschriften erteilten Zulassungen für private Architekten behielten nach § 15 ihre Gültigkeit bis zur Eintragung in die Architektenliste nach § 5, wenn dies innerhalb von sechs Monaten nach Inkrafttreten, also bis spätestens 13. 2. 1991, beantragt worden ist.

Architektengesetz Hamburg. Das Hamburgische Architektengesetz vom 26. 3. 1991 (GVBl. 85) zuletzt geändert durch Gesetz vom 23. 4. 1996 (GVBl. 60) deckt sich im wesentlichen mit dem Regelinhalt der Architektengesetze der übrigen Bundesländer. Der Hamburgischen Architektenkammer gehören nach § 10 dieses Gesetzes alle in die Architektenliste eingetragenen freischaffenden Architekten, Innenarchitekten sowie Garten- und Landschaftsarchitekten und Stadtplaner als Pflichtmitglieder an; andere in die Architektenliste Eingetragene sind auf ihren Antrag als Mitglieder aufzunehmen. Die → Architekten-Anerkennungsrichtlinie ist umgesetzt.

Wegen berufsunwürdiger Handlungen haben sich die Mitglieder der Kammer in einem Ehrenverfahren zu verantworten, das vor dem Ehrenausschuß stattfindet. Der Eintragungsausschuß ist zwar Organ der Architektenkammer, jedoch personell von dieser unabhängig. Die Hamburgische Architektenkammer hat auch eine Ordnung über die öffentliche Bestellung und Vereidigung von Sachverständigen erlassen.

Architektengesetz Hessen. Das Hessische Architektengesetz vom 4. 10. 1977 (GVBl. 398ff.) zuletzt geändert durch Gesetz vom 25. 9. 1991 (GVBl. I 301) sieht neben den drei herkömmlichen Formen der Architektentätigkeit – Architekt, Innenarchitekt und Landschaftsarchitekt – die Berufsbezeichnung „Städtebauarchitekt" vor. Dieser Berufsbezeichnung ist nach § 2 Abs. 1 Ziffer 4 die Ausarbeitung von städtebaulichen Plänen oder die Mitwirkung bei Landesplanung und Raumordnung zugeordnet.

In der Architektenliste ist nach § 3 zu vermerken, welcher Fachrichtung der eingetragene Architekt angehört und ob er freischaffend oder freiberuflich in Nebentätigkeit, ob er in einem privatrechtlichen Arbeits- oder in einem öffentlich-rechtlichen Dienstverhältnis steht oder ob er nicht mehr tätig ist. Auch die Betätigung im Baugewerbe ist zu vermerken. Nach § 3a wird bei der Architektenkammer außerdem eine Liste der bauvorlageberechtigten Ingenieure geführt (Ingenieurliste).

Der Architektenkammer gehören alle in die Architektenliste eingetragenen Architekten als Pflichtmitglieder an. Für die Bauingenieure bestellt der Innenminister einen Beauftragten. Bei der Kammer ist ein Ehrenausschuß gebildet, der berufsunwürdige Handlungen der Mitglieder der Architektenkammer in einem Ehrenverfahren ahndet. Die Eintragung durch den Eintragungsausschuß (§ 15), dessen Mitglieder durch die Aufsichtsbehörde auf Vorschlag des Kammervorstands bestellt werden, ist in einer Durchführungsverordnung geregelt.

Architektengesetz Niedersachsen. Die Rechtsverhältnisse der Architekten sind in Niedersachsen durch das Gesetz über den Schutz der Berufsbezeichnung „Architekt" und die Errichtung einer Architektenkammer (Architektengesetz) vom 23. 2. 1970 (GVBl. 37) in der Fassung des Gesetzes vom 17. 7. 1990 (GVBl. 347) festgelegt.

Für die Eintragung in die Architektenliste ist eine entsprechende Ausbildung und eine mindestens zweijährige praktische Tätigkeit im Architektenberuf Voraussetzung. Acht Jahre praktische Tätigkeit als Architekt ermöglicht die Eintragung in die Architektenliste ohne die Berufsausbildung. Nach dem Gesetz wurde eine Architektenkammer errichtet, die im wesentlichen die gleichen Aufgaben wie in anderen Ländern hat. Außerdem ist ein Berufsgericht und für den Rechtsmittelzug ein Berufsgerichtshof errichtet worden.

Architektengesetz Nordrhein-Westfalen. Das Architektengesetz des Landes Nordrhein-Westfalen vom 4. 12. 1969 (GV. NW. 888, zuletzt geändert durch Gesetz vom 10. 1. 1989 (GV. NW. 44) regelt wie die anderen Architektengesetze zunächst die Verwendung der Berufsbezeichnung. Als Eintragungsvoraussetzungen in die Architektenliste wird, wie weitgehend in anderen Bundesländern, eine entsprechende Abschlußprüfung an einer Hochschule sowie eine mindestens zweijährige praktische Tätigkeit gefordert, § 4 Abs. 1a. Auch Lehrer der einschlägigen Fachrichtungen an Hochschulen können zugelassen werden.

Die → Architekten-Anerkennungsrichtlinie ist durch § 4 Abs. 1 Satz 3 berücksichtigt worden. Ohne Hochschulabschluß kann die Eintragung dann erfolgen, wenn der Sachverständigenauschuß dies in einem Gutachten befürwortet.

Durch das Gesetz ist gleichzeitig eine Architektenkammer als Körperschaft des öffentlichen Rechts eingerichtet worden, der alle eingetragenen Architekten angehören, § 7 ff. Die Berufspflichten des Architekten sind in § 14 a mit der gewissenhaften Berufsausübung, und der Pflicht, dem entgegengebrachten Vertrauen zu entsprechen, allgemein festgelegt; das nähere regelt eine Berufsordnung.

Gemäß § 21 ff. wurde ein Berufsgericht für Architekten beim Verwaltungsgericht in Düsseldorf und als Rechtsmittelinstanz das Landesberufsgericht für Architekten beim Oberverwaltungsgericht Münster eingerichtet. Zuständigkeit, Besetzung, Verfahren usw. sind in den §§ 22 bis 63 geregelt.

Architektengesetz Rheinland-Pfalz. Das Architektengesetz des Landes Rheinland-Pfalz vom 29. 3. 1974 (GVBl. 143) in der Fassung der Bekanntmachung vom 30. 3. 1993 (GVBl. 160) definiert neben den Berufsaufgaben des Architekten, Innenarchitekten und Landschaftsarchitekten auch die des Stadtplaners und schützt die Berufsbezeichnung „Stadtplaner" in § 3 Abs. 1. Die Eintragungsvoraussetzung der dem Hochschulabschluß nachfolgenden praktischen Tätigkeit (zwei Jahre) kann durch die Befähigung zum höheren bautechnischen Verwaltungsdienst ersetzt werden. In §§ 8 a ff ist die Eintragung einer → Architekten-GmbH geregelt.

Der Architektenkammer gehören alle in die Architektenliste eingetragenen Architekten, Innenarchitekten, Landschaftsarchitekten und Stadtplaner an. Der Eintragungsausschuß ist eine unabhängige Einrichtung und untersteht der Dienstaufsicht des Finanzministeriums, die auch die Aufsicht über die Architektenkammer führt. Das Berufsgericht ist dem Verwaltungsgericht Mainz angegliedert, das Landesberufsgericht dem Oberverwaltungsgericht Rheinland-Pfalz.

Architektengesetz Saarland. Nach dem saarländischen Architektengesetz vom 21. 6. 1972 (ABl. 369) in der Fassung der Bekanntmachung vom 19. 1. 1990 (ABl. 177) gehören alle in die Architektenliste Eingetragenen der Architektenkammer an. Der Eintragungsausschuß ist nach § 11 Abs. 1 Satz 3 ein Organ der Kammer. Die Rechtsaufsicht über die Architektenkammer wird – anders als in den anderen Bundesländern – nicht vom Innenministerium, sondern vom Minister für Umwelt geführt. Berufsunwürdige Handlungen werden vom Architektengericht des Saarlandes verfolgt, das von der Kammer an ihrem Sitz errichtet wurde. In zweiter Instanz entscheidet nach § 25 der Architektengerichtshof des Saarlandes. Die Mitglieder der Berufsgerichtsbarkeit werden vom Justizminister bestellt.

Architektengesetz Sachsen. Das sächsische Architektengesetz vom 19. 4. 1994 (GVBl. 765) regelt die Berufsaufgaben, den Schutz der Berufsbezeichnung, die Einrichtung der Architektenkammer und das Ehrenverfahren. Die Berufspflichten sind in einem ausführlichen Katalog dargestellt. Es werden getrennte Listen für Architekten und Stadtplaner geführt. Nach Abschluß der Ausbildung müssen die Einzutragenden eine mindestens zweijährige Tätigkeit im Beruf ausgeübt haben. Der Eintragungsausschuß ist ein Organ der Kammer, ebenso der Ehrenausschuß, der allerdings nur bis zur Schaffung von Berufsgerichten tätig sein wird.

Architektengesetz Schleswig-Holstein. Das Gesetz über die Führung der Berufsbezeichnungen Architekt und Beratender Ingenieur und über die Errichtung einer Architekten- und Ingenieurkammer des Landes Schleswig-Holstein (Architekten- und Ingenieurkammergesetz) vom 1. 12. 1980 (GVOBl. 342), in der Fassung vom 12. 7. 1995 (GOVBl. 275) legt sowohl die Berufsaufgaben der Architekten wie auch die der bauvorlageberechtigten Ingenieure fest. Die Vorschriften der → Architekten-Anerkennungsrichtlinie sind berücksichtigt worden. Pflichtmitglieder der Architekten- und Ingenieurkammer sind alle freischaffenden Architekten, Innenarchitekten, Landschaftsarchitekten und Stadtplaner sowie alle im Bauwesen freischaffend tätigen Ingenieure, die die Eintragungsvoraussetzungen erfüllen. Andere Architekten bzw. Ingenieure, also z. B. Angestellte, können als freiwillige Mitglieder aufgenommen werden. Für Stadtplaner wird eine eigene Liste geführt. Organe der Architektenkammer sind außer der Kammerversammlung und dem Vorstand auch der Eintragungsausschuß sowie der Ehrenausschuß. Gegen die Entscheidung des Ehrenausschusses im Ehrenverfahren kann der Betroffene Klage zum Verwaltungsgericht erheben. Weiter ist die Einrichtung eines Versorgungswerks für die Pflichtmitglieder geregelt.

Architekten-GmbH. Einige Architektengesetze wie z. B. das bayerische, das Berliner oder das rheinland-pfälzische, ermöglichen es Architekten, sich als Gesellschaft mit beschränkter Haftung (GmbH) zu organisieren, wenn einer oder mehrere in der Architektenliste des jeweiligen Landes eingetragene Architekten mindestens 51% der Geschäftsanteile halten. Die Abtretung von Geschäftsanteilen muß von der Zustimmung aller Gesellschafter abhängen. Der satzungsmäßige Geschäftszweck muß mit den Berufsaufgaben des Architekten identisch sein; baugewerbliche Tätigkeiten sind ausgeschlossen. Die Eintragung kann bei berufsbezogenen Vorstrafen, bei Konkurs über das Vermögen oder Abgabe der eidesstattlichen Versicherung des Geschäftsführers oder eines Gesellschafters abgelehnt werden. Der Gründungsvertrag muß notariell beurkundet werden. Der jeweilige Eintragungsausschuß entscheidet dann über die Eintragung.

Wesentlicher Vorteil für die beteiligten Architekten ist die Beschränkung der Haftung auf das Gesellschaftsvermögen, das mindestens 50.000,00 DM betragen muß; nur in einigen Ausnahmefällen haftet ein Geschäftsführer persönlich im Durchgriff.

Nach Z. 3.2.1 der Grundsätze und Richtlinien für Wettbewerbe (→ GRW 1995) darf eine Architekten-GmbH als juristische Person an Wettbewerben teilnehmen.

Näher: Fett, Die GmbH als Zusammenschluß freier Architekten und Beratender Ingenieure, DAB 1993, 251 ff., 429 ff., 652

Architektenkammer. Durch die → Architektengesetze der Bundesländer sind Architektenkammern geschaffen worden, die als Körperschaften des öffentlichen Rechts die ihrem Gebiet zugehörigen Architekten als Mitglieder, in manchen Ländern als Pflichtmitglieder erfassen. Die Architektenkammern dienen der Selbstverwaltung und der Interessenvertretung des Berufsstandes und unterliegen lediglich der Rechtsaufsicht durch das zuständige Ministerium. Sie finanzieren sich selbst durch Mitgliedsbeiträge. Die Kammern der Bundesrepublik sind in der von ihnen gegründeten → Bundesarchitektenkammer vertreten.

Oberstes Organ ist jeweils die von den Mitgliedern gewählte **Vertreterversammlung**. Sie bildet zu einzelnen Themenkreisen Ausschüsse und wählt den **Vorstand**, der ihre Beschlüsse verwirklicht. Auch über die Berufsordnung und andere Rechtsakte der Kammer beschließt die Vertreterversammlung. Die – in manchen Bundesländern rechtlich selbständigen – von der Vertreterversammlung besetzten Eintragungsausschüsse beschließen über die Neueintragung von Architekten. Für Verfahrensfehler haftet die Kammer dabei nach den Grundsätzen der Amtshaftung, § 839 BGB, Art. 34 GG (BGH NVwZ 1992, 298), wenn sie einem Bewerber zu Unrecht die Eintragung verweigert.

Architektenkammern sind nach § 13 Abs. 2 UWG berechtigt, sowohl gegen Kammermitglieder wie auch gegen Außenstehende wettbewerbsrechtliche Unterlassungsansprüche zu erheben (OLG Stuttgart, GRUR 1983, 460; OLG Koblenz ZfBR 1995, 204).

In den neuen Bundesländern Brandenburg, Mecklenburg-Vorpommern, Sachsen, Sachsen-Anhalt und Thüringen wurden Architektenkammern nach Maßgabe des → Architektengesetzes der ehemaligen DDR vom 19. 7. 1990 aufgebaut, für Architekten in Ostberlin ist die Architektenkammer Berlin zuständig.

Architektenrecht ist der Teil des → privaten Baurechts, der die Rechtsbeziehungen der Architekten mit dem Bauherrn betrifft, sowie ihr → Berufs- und → Standesrecht.

Vertragsabschluß, Haftung und allgemeine Rechtsgrundsätze ergeben sich aus dem BGB insbesondere aus den Vorschriften über den → Werkvertrag, §§ 631 ff. BGB, und dem AGBG. Die Leistungspflichten und die → Honorarberechnung sind in der → HOAI geregelt; Überschneidungen ergeben sich mit dem → Urheberrecht, dem Privatversicherungsrecht (→ Berufshaftpflichtversicherung) und dem → Wettbewerbsrecht.

Das Berufs- und das Standesrecht der Architekten ist in den → Architektengesetzen der Länder bzw. dazu ergangenen Berufsordnungen ausgestaltet und wird von Rechtsvorschriften der Europäischen Gemeinschaften beeinflußt. Es unterliegt der verfassungsrechtlichen Kontrolle.

Architektenvertrag. Der Architektenvertrag bildet die rechtliche Grundlage der Beziehungen zwischen dem Bauherrn und dem Architekten. Er ist ein → Werkvertrag im Sinn der §§ 631 ff. BGB und kommt schriftlich, mündlich oder durch schlüssiges Verhalten der Vertragsparteien zustande, wenn sie sich über den wesentlichen Vertragsinhalt geeinigt haben (→ Abschluß des Architektenvertrags, → Vertragsfreiheit). Über den ausdrücklich ausgehandelten und vereinbarten Inhalt hinaus können dem Architektenvertrag noch → Allgemeine Geschäftsbedingungen wie beispielsweise des → Einheitsarchitektenvertrags oder der → Vertragsmuster der → RBBau/RLBau zugrundegelegt werden.

Maßgeblich für den Inhalt des Architektenvertrags sind weiterhin die → HOAI, das Bürgerliche Gesetzbuch (BGB) und das Gesetz über → Allgemeine Geschäftsbedingungen (AGBG).

Ein Architektenvertrag kann einvernehmlich **aufgehoben** oder **abgeändert** werden; letzteres ist nur wirksam, soweit nicht gegen das in zahlreichen Bestimmungen der HOAI enthaltene Gebot, Honorarvereinbarungen **schriftlich bei Auftragserteilung** zu treffen, verstoßen wird (→ Schriftform; → Mindestsätze).

Architektenwettbewerb. 1. Durch öffentliche Auslobung oder persönliche Einladung rufen Bauherrn Architekten auf, sich an einem Architektenwettbewerb zu beteiligen. Damit soll für eine bestimmte Bauaufgabe in der **Konkurrenz** die beste Lösung gefunden werden. Der Architektenwettbewerb ist für die freien Architekten eines der wichtigsten Mittel, bekannt zu werden und zu Aufträgen zu kommen. Rechtlich gesehen handelt es sich um ein Preisausschreiben im Sinn der §§ 657, 661 BGB (OLG Düsseldorf BauR 1976, 135). Manche → **öffentlichen Auftraggeber** haben sich verpflichtet, bei größeren Bauvorhaben Architektenwettbewerbe auszuloben (z. B. Freistaat Bayern durch MB vom 11. 3. 1952, BayBSVI I 250, in der Fassung der MB vom 16. 3. 1964, MABl. 220).

2. Die Ausschreibung eines Architektenwettbewerbs begründet zwischen dem Auslober und den Wettbewerbsteilnehmern ein **vertragsähnliches Vertrauensverhältnis**, im Fall des beschränkten Wettbewerbs, zu dem eine begrenzte Zahl Teilnehmer geladen werden, volle vertragliche Beziehungen. Wenn der Auslober gegen das versprochene Wettbewerbsverfahren, insbesondere bei Zugrundelegung der → GRW 1995, verstößt, hat der betroffene Architekt **deshalb Abwehrrechte und Schadenersatzansprüche**. Gegen einen ggf. zu Unrecht erfolgten Aus-

schluß vom Wettbewerb kann er z. B. im Wege der → einstweiligen Verfügung vorgehen (LG Koblenz, BauR 1980, 478).

3. Ist das Verfahren schon abgeschlossen, hat der durch einen Verfahrensverstoß betroffene Architekt einen Schadensersatzanspruch gegen den Auslober. Er muß dafür – gegebenenfalls durch Sachverständigengutachten – nachweisen, daß er bei korrekter Einhaltung des Verfahrens einen der ausgesetzten Preise oder einen Ankauf errungen hätte (BGH BauR 1983, 90).

4. Der Schadensersatzanspruch des zu Unrecht im Verfahren ausgeschlossenen Bewerbers ist der Höhe nach durch den Preis begrenzt, den er bei ordnungsgemäßen Verfahren gewinnen hätte können. Ein Anspruch auf weitere Beauftragung besteht nämlich nicht ohne weiteres (OLG Frankfurt BauR 1986, 712). Im Fall eines beschränkten Architektenwettbewerbs sind dem Architekten die vergeblich gemachten Aufwendungen zu ersetzen (OLG Köln BauR 1982, 396).

5. Der Auslober ist bei einem nach den Grundsätzen und Richtlinien für Wettbewerbe (→ GRW 1995) ausgestalteten Architektenwettbewerb verpflichtet, einen Preisträger oder einen mit einem Ankauf Bedachten mit den weiteren Architektenleistungen zu **beauftragen**, wenn das Bauwerk tatsächlich errichtet werden wird (BGH BauR 1984, 196, NJW 1984, 1533); die Auswahl steht im Ermessen des Auslobers. Anders ist es dann, wenn nicht der Auslober, sondern ein Dritter, z. B. eine kommunale Bauträgergesellschaft, das Projekt realisieren soll. In diesem Fall ist der Auslober nur verpflichtet, sich ernsthaft darum zu bemühen, daß der Dritte den Preisträger mit den weiteren Architektenleistungen beauftragt (BGH BauR 1987, 341, NJW 1987, 2369).

6. „**Schwarze Wettbewerbe**" sind ohne Einhaltung der GRW 1995 und der HOAI durchgeführte Aufforderungen von Bauherrn an Architekten mit der vagen Aussicht auf eine Beauftragung, für geringe Pauschalhonorare Ideen für ein Bauvorhaben abzuliefern. Die Teilnahme verstößt gegen → Standesrecht.

7. Ähnlich kann die Rechtslage bei der Einholung konkurrierender „**Plangutachten**" sein, wenn sie nicht entsprechend der HOAI vergütet werden und bei denen der Bauherr in Aussicht stellt, daß der Gewinner den eigentlichen Architektenauftrag erhalte (Berufsgericht für Architekten beim OLG München, DAB 1988, BY 57).

Näher: Köttgen, Probleme zum Schadenersatzanspruch von Architekten aus Wettbewerben gem. den Grundsätzen und Richtlinien für Wettbewerbe (GRW 1952), ZfBR 1979, 219; Meyer/Reimer, Architektenwettbewerbe und Urheberrecht, BauR 1980, 291 ff.; Weinbrenner/Jochem, Der Architektenwettbewerb, Wiesbaden 1988; Becker, Geschichte der Architektur- und Städtebauwettbewerbe, Stuttgart 1992

Arglistige Täuschung → Anfechtung

Aufbewahrung von Unterlagen. Wenn es nicht vertraglich vereinbart wurde, muß der Architekt die von ihm gefertigten Unterlagen nicht aufbewahren. Angesichts der möglichen Haftung wegen → positiver Vertragsverletzung, deren → Verjährung erst nach 30 Jahren eintritt, empfiehlt es sich jedoch, die Unterlagen so lange aufzubewahren. Steuerrechtliche Aufbewahrungspflichten ergeben sich aus § 147 AO.

Aufrechnung. 1. Mit einer Forderung kann aufgerechnet werden, wenn dem Schuldner eine eigene, fällige Gegenforderung gegen den Gläubiger zusteht, die gleicher Art ist, § 387 BGB. Macht der Bauherr Schadenersatzansprüche gegen den Architekten geltend, so kann dieser mit einem eigenen, noch offenen Honoraranspruch aufrechnen (OLG Frankfurt SFH § 635 BGB Nr. 69). Aufrechnung ist noch im → Zivilprozeß möglich; sie kann auch nur für den Fall, daß das Gericht die eingeklagte Forderung tatsächlich für begründet erachtet, erklärt werden („hilfsweise Aufrechnung").

2. In → Architektenverträgen wird die Aufrechnung allerdings häufig durch → Allgemeine Geschäftsbedingungen ausgeschlossen bzw. nur auf unbestrittene oder rechtskräftig festgestellte Gegenforderungen beschränkt. Dieses **Aufrechnungsverbot** gilt im Konkurs des Bauherrn nicht mehr. Ist die Aufrechnung nur mit einer unbestrittenen Forderung als zulässig vereinbart worden, so ist auch die Aufrechnung mit einer rechtskräftig festgestellten Forderung umfaßt (BGH NJW 1989, 3215). Ein Aufrechnungsverbot schließt auch das → Zurückbehaltungsrecht aus, wenn dieses den Effekt der Aufrechnung hätte (BGH NJW 1974, 367, BauR 1974, 137). Der vertragliche Ausschluß von Aufrechnung und Zurückbehaltungsrecht schließt nicht ein Minderungsrecht des Bauherrn gegenüber

dem Honoraranspruch aus (OLG Frankfurt BauR 1974, 138), ebenso nicht die Verrechnung mit einem Schadersatzanspruch des Bauherrn (OLG Düsseldorf NJW-RR 1996, 84).

3. Auch wenn die Honorarforderung des Architekten bereits verjährt ist, kann er mit ihr gegenüber einem → Schadenersatzanspruch wegen Nichterfüllung des Bauherrn aus → Gewährleistung aufrechnen, wenn dieser in einem Zeitpunkt entstanden ist, zu dem die Honorarforderung noch nicht verjährt war, § 390 S. 2 BGB.

Auftrag wird in der HOAI der zwischen dem Bauherrn und dem Architekten geschlossene → Architektenvertrag genannt. Abweichend von diesem Sprachgebrauch regelt dagegen das BGB in den §§ 662 bis 676 als „Auftrag" die unentgeltliche Besorgung eines Geschäfts für einen anderen.

Auftraggeber des Architekten. In der → HOAI wird der Bauherr eines Bauvorhabens ebenso wie der Träger eines stadt- oder landschaftsplanerischen Projektes einheitlich, also auch bei Ingenieurleistungen, als „Auftraggeber" bezeichnet. Dieser Begriff ist dem im Recht des → Werkvertrags, §§ 631 ff. BGB verwendeten des „Bestellers" gleichzusetzen.

Auftragnehmer. Unabhängig von den Begriffen des Auftragsrechts (§§ 662 bis 676 BGB) verwendet die → HOAI für Architekten, Stadt- und Landschaftsplaner, Projektsteuerer, Gutachter und Ingenieure durchgehend den Begriff des „Auftragnehmers", um die Angehörigen dieser Berufe in ihrem Regelungsbereich einheitlich zu bezeichnen. In den Vorschriften über den → Werkvertrag, den §§ 631 bis 651 BGB, wird dagegen vom „Unternehmer" als dem Vertragspartner des „Bestellers" gesprochen.

Auftragserteilung → Abschluß des Architektenvertrags

Auftragsumfang → Umfang des Architektenvertrags

Ausbauverhältnis → GOA → Honorarzone

Ausführungsplanung. 1. Der mit der → Objektplanung beauftragte Architekt hat aus den Arbeitsergebnissen der → Entwurfs- und → Genehmigungsplanung (Leistungsphasen 3 und 4 des § 15 Abs. 2 HOAI) die ausführungsreife Lösung zu

Ausführungsplanung

erarbeiten, zeichnerisch darzustellen und textlich zu erläutern. Die Ausführungsplanung, die auch „Werkplanung" genannt wird, wird später in die Leistungsverzeichnisse umgesetzt (→ Vorbereitung der Vergabe); sie wird dem Bauunternehmer an die Hand gegeben und dient ihm als konkrete Handlungsanweisung für den Bau.

2. Im Einzelnen zählt § 15 Abs. 2 Nr. 5 HOAI folgende Teilleistungen zu den für die Ausführungsplanung erforderlichen:
- Durcharbeiten der Ergebnisse der Leistungsphasen 3 und 4 (stufenweise Erarbeitung und Darstellung der Lösung) unter Berücksichtigung städtebaulicher, gestalterischer, funktionaler, technischer, bauphysikalischer, wirtschaftlicher, energiewirtschaftlicher (z.B. hinsichtlich rationeller Energieverwendung und der Verwendung erneuerbarer Energien) und landschaftsökologischer Anforderungen unter Verwendung der Beiträge anderer an der Planung fachlich Beteiligter bis zur ausführungsreifen Lösung,
- zeichnerische Darstellung des Objekts mit allen für die Ausführung notwendigen Einzelangaben, zum Beispiel endgültige, vollständige Ausführungs-, Detail- und Konstruktionszeichnungen im Maßstab 1:50 bis 1:1, bei Freianlagen je nach Art des Bauvorhabens im Maßstab 1:200 bis 1:50, insbesondere Bepflanzungspläne, mit den erforderlichen textlichen Ausführungen,
- bei raumbildenden Ausbauten: detaillierte Darstellung der Räume und Raumfolgen im Maßstab 1:25 bis 1:1, mit den erforderlichen textlichen Ausführungen; Materialbestimmung,
- Erarbeiten der Grundlagen für die anderen an der Planung fachlich Beteiligten und Integrierung ihrer Beiträge bis zur ausführungsreifen Lösung,
- Fortschreibung der Ausführungsplanung während der Objektausführung.

3. § 15 Abs. 2 Nr 5 ordnet der Ausführungsplanung folgende → besonderen Leistungen zu:
- Aufstellen einer detaillierten Objektbeschreibung als Baubuch oder als Raumbuch zur Grundlage der Leistungsbeschreibung mit Leistungsprogramm; Prüfen der vom bauausführenden Unternehmen aufgrund der Leistungsbeschreibung mit Leistungsprogramm ausgearbeiteten Ausführungspläne auf Übereinstimmung mit der Entwurfsplanung,

- Erarbeiten von Detailmodellen,
- Prüfen und Anerkennen von Plänen Dritter nicht an der Pranung fachlich Beteiligter auf Übereinstimmung mit den Ausführungsplänen (zum Beispiel Werkstattzeichnungen von Unternehmen, Aufstellungs- und Fundamentpläne von Maschinenlieferanten), soweit die Leistungen Anlagen betreffen, die in den anrechenbaren Kosten nicht erfaßt sind.

4. § 15 Abs. 1 HOAI bewertet die Leistungsphasen 1 bis 4 mit zusammen 27% des Gesamthonorares nur unwesentlich höher als die Leistungsphase 5, die Ausführungsplanung. Die Gewichtung dieser Leistungsphase mit 25% des Gesamthonorars entspricht der besonders hohen Verantwortung des Architekten für die Leistung, insbesondere im Hinblick auf die Wirtschaftlichkeit des Vorhabens, die leichte Realisierbarkeit sowie die Integration der Fachplanungen der → Sonderfachleute. Die beiden zuletzt genannten Grundleistungen der Leistungsphase 5 zeigen die vielfache zeitliche und inhaltliche Überschneidung der Leistungsphasen der HOAI, hier insbesondere mit Leistungsphase 8.

Fehler in der Ausführungsplanung können sich als unwirtschaftliche Planung, als konkreter Mangel am Bauwerk, aber auch in Terminüberschreitungen auswirken.

5. Hat der Architekt innerhalb der ihm übertragenen Ausführungsplanung auch Elementpläne für Fertigbetonteile auf Übereinstimmung mit seinen, des Architekten, Ausführungsplänen zu prüfen, so kann er dafür keine zusätzliche Vergütung beanspruchen, wenn diese Leistungen mit ihrem Preis in den anrechenbaren Kosten erfaßt sind (BGH BauR 1985, 584).

6. Wenn ein notwendiges Detail vom Architekten überhaupt nicht geplant wurde, ist das ein Planungsfehler, bzw. steht diesem gleich. Ein Architekt, der eine Wannenisolierung nicht detailliert geplant hat, haftet für deren Undichtigkeit (VersR 1974, 261, BauR 1974, 63, 65; siehe auch → Haftung). Für den Anschluß seiner Planung an ein bestehendes Gebäude muß sich der Architekt bei der Ausführungsplanung aktuelle Bestandspläne beschaffen (OLG Celle BauR 1991, 243).

Ausländische Architekten aus anderen als EG-Mitgliedsstaaten können nach den → Architektengesetzen der Länder dann die Berufsbezeichnung „Architekt" oder Wortverbindungen bzw. ähnliche Bezeichnungen führen, wenn die Gegenseitigkeit gewährleistet ist, wenn also der Herkunftsstaat die entsprechenden Qualifikationen des Niederlassungsstaates anerkennt. Zum Beispiel besteht die Gegenseitigkeit der Schweiz, in der die Architektenzulassung mit den in der Bundesrepublik geltenden Voraussetzungen vergleichbar ist.

Ausländischer Bauherr. Ist der Bauherr eines Objekts, das in der Bundesrepublik errichtet werden soll, Ausländer, und hat der Architekt seinen Sitz im Inland, stellt sich die Frage, ob die HOAI auf das zwischen beiden bestehende Vertragsverhältnis anzuwenden ist. Die Antwort ergibt sich aus dem preisrechtlichen Charakter der HOAI: sie gilt unabhängig von den Besonderheiten der beteiligten Personen, also objektbezogen, und ist daher auch auf einen solchen Vertrag anzuwenden. Ein etwa notwendiger Honorarprozeß muß aber im Ausland geführt werden, wenn der Bauherr keinen Sitz im Inland hat und sein Heimatstaat Urteile nicht anerkennt, die am →Gerichtsstand des in der Bundesrepublik liegenden Erfüllungsorts erwirkt wurden, wie z. B. die Schweiz.

Liegt das Objekt im Ausland, so beantwortet sich die Frage des auf das Vertragsverhältnis anzuwendenden Rechts für den deutschen Architekten nach dem deutschen Internationalen Privatrecht. Danach geht eine etwaige Rechtswahl der Vertragsparteien gemäß Art. 27 EGBGB (BGBl. I 1986, 1142) vor; fehlt eine solche, kommt es nach Art. 28 EGBGB darauf an, zu welchem Staat das Vertragsverhältnis die engste Verbindung hat oder wo die charakteristische Leistung zu erbringen ist. In diesem Sinne werden reine Planungsleistungen eher dem inländischen Recht, die Objektüberwachung eher dem ausländischen zuzuordnen sein.

Näher: Wenner, Internationale Architektenverträge, insbesondere das Verhältnis Schuldstatut – HOAI, BauR 1993, 257; ders.: Zur Anwendung der HOAI im internationalen Rechtsverkehr, DAB 1994, 1107.

Außenanlagen → Freianlagen

Ausschreibung von Architektenleistungen → Preiswettbewerb

AVA → Allgemeine Geschäftsbedingungen → Einheitsarchitektenvertrag

B

Baden-Württemberg → Architektengesetz Baden-Württemberg

Bauaufsicht → Objektüberwachung

Baubetreuung im Sinn des § 34c Abs. 1 Nr. 2b Gewerbeordnung (BGBl. I 1978, 97) betreibt, wer in fremdem Namen und auf fremde Rechnung Bauvorhaben wirtschaftlich vorbereitet oder durchführt. Die Tätigkeit ist mit dem Berufsbild des → freischaffenden Architekten nicht vereinbar.
→ Bauträger → Standesrecht

Baucontrolling ist der aus dem gesamten Leistungsbild des mit der → Objektplanung beauftragten Architekten herausgelöste und verselbständigte Anteil von Tätigkeiten, die der wirtschaftlichen und termingerechten Verwirklichung eines Vorhabens dienen; diese Leistungen im Bereich der → Objektüberwachung sind nicht identisch mit der in § 31 HOAI geregelten → Projektsteuerung, die Aufgaben des Bauherrn beschreibt.
Näher: Böggering, Rechtsfragen des Baucontrolling, BauR 1983, 402 ff.; Will, Bauherrenaufgaben: Projektsteuerung nach § 31 contra „Baucontrolling", BauR 1984, 333 ff.; Heinrich, Baumanagement und die §§ 15, 31 HOAI, BauR 1986, 524; Heinrich, Der Baucontrollingvertrag, Düsseldorf 1989

Baugenehmigung → Genehmigungsplanung

Baugrundverhältnisse. 1. Im Rahmen seiner Planung, also während der Leistungsphasen 1–5 des § 15 Abs. 2 HOAI, muß der Architekt auch die **Standfestigkeit des Bodens** und die **Grundwasserverhältnisse** klären (OLG Celle BauR 1983, 483). Insbesondere im Zuge der → Ausführungsplanung muß der Architekt die Boden- und Wasserverhältnisse in den → Leistungsverzeichnissen bzw. im Bauvertrag so genau beschreiben, daß der zu beauftragende Bauunternehmer die Situation hinreichend beurteilen kann (BGH SF Z 2.414.0 Blatt 8). Der Architekt hat auch für die Folgen einzustehen, wenn er die Fundamentwanne zu niedrig konstruiert oder eine Abdichtung nicht detailliert durchgeplant hat (OLG Düsseldorf IBR 1991, 451).

2. Wenn der Bauherr aus Kostengründen auf Maßnahmen verzichten will, die der Fundierung des Bauwerks oder der Beherrschung des Grundwassers dienen, muß der Architekt nachhaltig und unmißverständlich auf die damit verbundenen Risiken hinweisen (BGH BauR 1981, 76 für eine Flachgründung; OLG Düsseldorf BauR 1985, 341 für Grundwassersicherung einer Tiefgarage).

3. Überträgt ein Architekt die Leistungen der Objektüberwachung nach § 15 Abs. 2 Nr. 8 HOAI an einen anderen Architekten oder Ingenieur (→ Unterauftrag), so ist dieser nicht mehr verpflichtet, zu prüfen, ob alle technischen Kriterien eines Bauvorhabens eingehalten sind, wie beispielsweise die Tragfähigkeit des Baugrundes. Die hierzu nötigen Feststellungen muß der planende Architekt im Rahmen der Leistungsphasen 3 und 5 des § 15 Abs. 2 HOAI erbringen und beim Bauherrn gegebenenfalls eine Baugrundbeurteilung oder eine Grundberatung nach § 92 HOAI durch einen Sonderfachmann anregen (LG Mainz, zitiert nach: Theis, Das aktuelle Rechtsproblem, DAB 1989, 928).

4. Der Architekt haftet dem Bauherrn für die mangelhafte Aufklärung und Beschreibung der Baugrundverhältnisse aufgrund seiner → Gewährleistung auf → Schadenersatz wegen Nichterfüllung; bezüglich eines etwa eingeschalteten Bodengutachters besteht möglicherweise → gesamtschuldnerische Haftung; gegenüber Nachbarn kommt auch die → Haftung gegenüber Dritten aus → unerlaubter Handlung in Betracht.

Näher: Jochem, Rechtssprechung zum Bauen im Erdreich, Der Architekt 1975, 98 ff.

Bauhandwerkersicherung nach § 648a BGB. Alternativ zur → Sicherungshypothek, § 648 BGB, gibt der neugeschaffene § 648a (BGBl. I 1993, 509) den Vertragspartnern des Bauherrn eine leichter zu handhabende Möglichkeit, ihr durch die Vorleistungspflicht bedingtes finanzielles Risiko zu mindern. Nach dieser Vorschrift kann der Architekt von einem privaten Bauherrn eine Sicherheit in Höhe seines voraussichtlichen Gesamthonorars verlangen. Die Sicherheit (§ 232 BGB) kann als selbstschuldnerische Bürgschaft, Hinterlegung, Verpfändung oder Hypothek geleistet werden. Kommt der Bauherr dem nicht innerhalb einer vom Architekten gesetzten angemessenen Frist nach, kann dieser sofort seine Leistungen einstellen und nach nochmaliger Fristsetzung mit Kündigungsandrohung den Vertrag durch → Kündigung beenden. Die Einlösung der Sicherheit ist erst möglich, wenn der Bauherr den Honoraranspruch anerkennt oder zur Zahlung verurteilt ist. Die Sicherung gilt auch für Landschaftsarchitekten. Gegenüber dem Bauherrn eines Einfamilienhauses oder → öffentlichen Auftraggebern kann sie nicht gefordert werden.

Näher: Breier, Die neue Bauhandwerkerversicherung nach § 648a BGB, DAB 1993, 1950.

Bauherr. Für den → „Auftraggeber" im Sinn der → HOAI und der → VOB Teil B sowie für den „Besteller" im Sinn des Rechts des Werkvertrags, §§ 631 ff. BGB, wird hier der Begriff des Bauherrn verwendet. Nach den Bauordnungen der Bundesländer ist Bauherr, wer auf seine Verantwortung eine bauliche Anlage entweder selbst oder durch andere vorbereitet oder ausführt. Dieser Bauherr im Sinn des → öffentlichen Rechts ist nicht notwendig auch der Auftraggeber des Architekten. Auch im Steuerrecht kann ein anderer Begriff des Bauherrn gelten.

Bauklasse → GOA → Honorarzone

Baukosten → Anrechenbare Kosten

Baukostengarantie. Wenn der mit der → Objektplanung beauftragte Architekt ausdrücklich zusagt, die von ihm entweder bei Vertragsabschluß oder nach Erstellung der ersten Pläne berechneten oder geschätzten Baukosten würden durch das gesamte Projekt nicht überschritten werden, und er werde bei einer Überschreitung der von ihm mitgeteilten Höchstgrenze der Baukosten den Mehrbetrag selbst tragen, gibt er eine Baukostengarantie ab. Diese Garantie ist allerdings – ebenso wie eine → Termingarantie – dem Berufsbild des → freischaffenden Architekten fremd, da er ohnehin für die → Wirtschaftlichkeit der Planung einsteht und das mit einer Garantie verbundene hohe Risiko nicht durch das Honorar abgesichert werden kann; üblich ist sie deshalb eher bei → Baubetreuern, → Bauträgern oder → Generalübernehmern, z. B. als Festpreiszusage. Allein aus der bloßen Erwähnung geschätzter Herstellungskosten im Architektenvertrag kann nicht auf eine Baukostengarantie des Architekten geschlossen werden (OLG Düsseldorf DAB 1994, 65).

Im Streitfall braucht der Bauherr, wenn er sich auf eine solche Garantie berufen kann, nur zu beweisen, daß die garantierte Summe überschritten worden ist. Umgekehrt müßte dann der Architekt zu seiner Entlastung beweisen, daß die Überschreitungen auf das Verhalten des Bauherrn oder jedenfalls auf Ereignisse aus dessen Risikosphäre zurückgehen (BGH BauR 1987, 119 L, NJW-RR 1987, 337). Das gilt zum Beispiel für Zusatzwünsche (OLG Düsseldorf BauR 1995, 411).

Näher: Beeg, Kosten- und Termingarantie durch den Architekten, BauR 1973, 71 ff.

Baukostenüberschreitung → Wirtschaftlichkeit der Planung → Baukostengarantie

Baukünstlerische Leistungen → Bau- und landschaftsgestalterische Beratung

Bauleiter. In einigen Bundesländern muß der Bauherr eines Vorhabens nach den Vorschriften der jeweiligen Landesbauordnung einen „verantwortlichen Bauleiter" im öffentlich-rechtlichen Sinn bestellen. Dieser hat jedoch eine andere Funktion als der Architekt, der mit der → Objektüberwachung beauftragt worden ist (BGH MDR 1967, 580), die für die umfassendere Tätigkeit gehalten wird (BGH NJW 1977, 893). Die verantwortliche Bauleitung kann deshalb nur dann als → besondere Leistung dem mit der Objektüberwachung betrauten Architekten übertragen werden, wenn sie über die Grundleistungen der Leistungsphase 8 des § 15 Abs. 2 HOAI hinausgeht.

Näher: Schmalzl, Haftung des „verantwortlichen Bauleiters" im Sinn der Landesbauordnungen, NJW 1970, 2265 ff.

Bauleitung → Objektüberwachung

Bauphysikalische Nachweise → Wärmeschutz → Sonderfachleute

Bauproduktenrichtlinie. Die Bauproduktenrichtlinie der EG vom 21. 12. 1988 (Nr. 89/106/EWG; Abl. EG Nr. L 40 S. 12 ff.) soll durch die Einführung einheitlicher technischer Regeln den ungehinderten Austausch von Bauprodukten fördern sowie deren einheitliche Verwendbarkeit in den Mitgliedsstaaten sicherstellen. Bei der Vergabe öffentlicher Bauaufträge ist sie soweit von Bedeutung, als die Auftraggeber bzw. die von diesen mit der Objektplanung beauftragten Architekten das von ihr initiierte europäische Normensystem als „technische Spezifikation" im Sinn des § 9 Nr. 4 VOB Teil A und als Bestandteil der Landesbauordnungen beachten müssen.

Die Richtlinie wendet sich also nicht unmittelbar an Einzelpersonen, sondern an die jeweiligen staatlichen Normgeber, für die sie Handlungsanweisungen aufstellt. Weiterhin verweist die Richtlinie auf die von der europäischen Normen-Organisation CEN entwickelten bzw. vorbereiteten Normen. Diese Normen enthalten „wesentliche Anforderungen" an Bauwerke und Bauprodukte; die Bauprodukte erhalten ein EG-Konformitätszeichen.

Entsprechend der Struktur des deutschen Bauwesens fällt die Zulassung neuer Baustoffe und Bauverfahren sowie schließlich das Verfahren zur Sicherung der Konformität aufgrund der innerhalb der EG geltenden Vorschriften in die Bundeskompetenz; dieser Teil der Richtlinie wurde in das Bauproduktegesetz vom 10. 8. 1992 (BGBl. I 1495) umgesetzt. Soweit die Verwendung von Bauprodukten angesprochen ist, wurden die Landesbauordnungen entsprechend geändert.

Näher: Anselmann, Europäisches Recht der Technik, Herausgeber DIN Deutsches Institut für Normung e.V., Berlin 1991; von Bernstorff/Runkel/Seyfert, Bauproduktengesetz, Köln 1992; Runkel, EG-Binnenmarkt für Bauprodukte das Bauproduktengesetz, ZfBR 1992, 199 ff.; Lichtenauer, Auswirkungen der Bauproduktenrichtlinie auf das Bauordnungsrecht, DAB 1993, 1245 ff.; Höllein, Bauprodukte und Bauarten in der Bayerischen Bauordnung, DAB 1995 BY 290 ff.

Baustellenrichtlinie. Auf der Grundlage der sozialpolitischen Ermächtigung des Art. 118a des EWG-Vertrages soll die „Richtlinie über die auf zeitlich begrenzte oder ortsveränderliche Baustellen anzuwendenden Mindestvorschriften für die Sicherheit und den Gesundheitsschutz" (92/57/EWG Abl. EG L 245 vom 26. 8. 1992, S. 6 ff.) europaweit einen bestimmten Mindeststandard der Arbeitssicherheit auf Baustellen erreichen. Die Richtlinie 92/57/EWG fordert – ähnlich wie früher einzelne Landesbauordnungen – zusätzlich zu den bisher vorhandenen Funktionsträgern und über die herkömmliche Aufteilung der Verantwortung hinaus die Beauftragung eines verantwortlichen

Bauleiters als „Koordinator", der entweder für Sicherheit oder Gesundheitsschutz oder für beide Bereiche zuständig sein soll.

Die Richtlinie selbst umschreibt lediglich die Funktionsbereiche der Koordinatoren in Abgrenzung zum traditionellen Bauleiter und zum Bauherrn sowie zu Arbeitgebern und anderen Personengruppen. Kern der Richtlinie ist der Anhang IV, der auf Art. 9a und Art. 10 Abs. 1a Z. 1 beruht und einen umfangreichen Katalog der Mindestvorschriften für Arbeitsstätten aufstellt. Soweit mitgliedsstaatliche Vorschriften oder solche von untergeordneten Körperschaften ein höheres Schutzniveau zugunsten der Arbeitnehmer fordern, bleiben diese Normen insoweit in Kraft.

Die Richtlinie sollte bis spätestens 31. 12. 1993 in nationales Recht umgesetzt sein; dies ist in der Bundesrepublik Deutschland wegen erheblicher Bedenken der Fachkreise gegen eine übermäßige Regulierung noch nicht geschehen.

Bausummenüberschreitung → Wirtschaftlichkeit der Planung → Baukostengarantie

Bautagebuch → Objektüberwachung

Bauträger. Nach § 34c Abs. 1 Nr. 2 Gewerbeordnung in der Fassung vom 1. 1. 1978 (BGBl. I 1978, 97) ist Bauträger, wer gewerbsmäßig Bauvorhaben als Bauherr im eigenen Namen auf eigene oder fremde Rechnung oder als Baubetreuer in fremden Namen und auf fremde Rechnung vorbereitet oder durchführt. Die Tätigkeit ist nach dem → Standesrecht mit der des → Freien Architekten nicht vereinbar. → Baubetreuer → Standesrecht → Freier Architekt

Bauüberwachung → Objektüberwachung

Bau- und landschaftsgestalterische Beratung. 1. Mit der Aufnahme von Leistungen für → Ingenieurbauwerke und Verkehrsanlagen in die HOAI durch die Dritte Änderungsverordnung der HOAI (Teil VII) ist für diese Bauwerke der architektonische Beitrag in § 61 HOAI normiert und zunächst als **baukünstlerische Beratung** bezeichnet worden. Durch die Vierte Änderungsverordnung der HOAI wurden die Definitionen erweitert und § 61 HOAI neu als **bau- und landschaftsgestalterische Beratung** überschrieben.

Die Leistungen sind nach vier Bereichen entsprechend den Planungs- und Verwirklichungsschritten als
- Mitwirken bei der Vorplanung,
- Darstellung des Planungskonzepts,
- Mitwirken bei der Angebotswertung,
- Mitwirkung bei der Objektüberwachung

in gestalterischer Hinsicht definiert. Auf **verkehrsplanerische Beratungen** (Teil VII a, § 61 a HOAI) bei der Planung von Freianlagen oder im Städtebau ist § 61 Abs. 1 bis 4 entsprechend anzuwenden.

2. Das Honorar kann nach § 61 Abs. 4 HOAI frei vereinbart werden, wenn der betreuende Architekt nicht gleichzeitig Grundleistungen für das Ingenieurbauwerk erbringt. Wird eine solche **freie Vereinbarung** nicht bei Auftragserteilung schriftlich getroffen, so ist das Honorar als → Zeithonorar nach § 6 HOAI zu berechnen; nach § 4 Abs. 4 HOAI gelten dann die → Mindestsätze.

Näher: Großcurth, Baukünstlerische Beratung – Anmerkungen zu § 61 HOAI, DAB 1989, 1053)

Bauvoranfrage → Vorentwurf

Bauvorlageberechtigung. 1. Zu den wesentlichen Befugnissen des objektplanenden Architekten gehört seine Berechtigung, der Baugenehmigungsbehörde seine Planungen zur Genehmigung vorzulegen. Diese Bauvorlageberechtigung ist in den Bauordnungen der Länder ausgestaltet. Mit diesen Reglementierungen soll im Gemeinschaftsinteresse gewährleistet werden, daß nur qualifizierte Planungen zur Genehmigung gelangen, also solche, die planerisch, technisch und wirtschaftlich einwandfrei sind, von denen keine Gefahren für die öffentliche Sicherheit ausgehen und die gut gestaltet sind. Damit soll nicht nur der einzelne, sondern auch die Volkswirtschaft insgesamt vor Fehlplanungen und unrationellen Bauvorhaben geschützt werden. Daß die Bauvorlageberechtigung an bestimmte Qualifikationsmerkmale gebunden wird, schränkt das Grundrecht der nicht gleichermaßen Qualifizierten auf freie Berufsausübung nach Art. 12 GG in verfassungsmäßiger Weise ein (BVerfG NJW 1970, 1591).

2. Die Bauvorlageberechtigung setzt nach den Bauordnungen aller Bundesländer die → **Eintragung in die Architektenliste**

voraus. Teilweise können aber auch andere berufliche Mindestqualifikationen, wie der erfolgreiche Abschluß eines Studiums an einer Hochschule oder Fachhochschule für Bauingenieurwesen, in Verbindung mit praktischer Erfahrung genügen. So können in Bayern nicht nur Architekten Bauvorlagen unterschreiben, sondern auch **Ingenieure,** die als Angehörige einer Fachrichtung des Bauingenieurwesens die Berufsbezeichnung Ingenieur zu führen berechtigt sind und in dieser Fachrichtung eine praktische Tätigkeit von mindestens drei Jahren ausgeübt haben, Art. 75 Abs. 1 und 2 BayBO i.d.F. vom 18. 4. 1994 (GVBl. 251). Diese Einbeziehung von Hochschulabsolventen der Fachrichtung Bauingenieurwesen verletzt nicht die verfassungsmäßigen Rechte der Architekten (BayVfGH BayVBl 1978, 207). Anders können beispielsweise in Baden-Württemberg nach Art. 90 Abs. 5 Landesbauordnung vom 6. 4. 1964 (GBl. 151) nur Architekten uneingeschränkt Bauvorlagen fertigen.

3. Eine **eingeschränkte Bauvorlageberechtigung** ist in den Landesbauordnungen für kleinere Objekte, z.B. Wohngebäude mit bis zu 2 Wohnungen, für die Personen vorgesehen, die ein entsprechendes Hochschulstudium absolviert, jedoch noch nicht die Voraussetzungen für die Eintragung in die Architektenliste erfüllen, oder die als Bauingenieure noch keine dreijährige praktische Tätigkeit ausgeübt haben. Dasselbe gilt für staatlich geprüfte Techniker der Fachrichtung Bautechnik sowie für Handwerksmeister des Bau- und Zimmererfachs, wie z.B. in Art. 75 BayBO.

4. Die **ehemalige DDR** hat im Vorgriff auf später von den neuen Bundesländern zu erlassende Gesetze die Bauvorlageberechtigung in § 7 des → Architektengesetzes der DDR vom 19. 7. 1990 geregelt; für Ostberlin gelten die Vorschriften des Landes Berlin.

Bauzeitverzögerung. 1. Oft verzögern sich die Bauarbeiten unvorhergesehen, wodurch dem Architekten ein erhöhter Aufwand an Personal- und Bürovorhaltung, aber auch an eigener Arbeitszeit entstehen kann. In der → HOAI ist für die → Objektplanung nur der Fall der → zeitlichen Trennung der Ausführung (§ 21 HOAI) geregelt, während in § 10 Abs. 5 Satz 2 → GOA für die Bauleitung eine besondere Entschädigungsmöglichkeit vorgesehen war (BGH BauR 1988, 739, NJW-RR 1988, 1295).

2. Dem Architekten steht deshalb ein Aufwendungsersatz bei nicht absehbarer, besonders langer Dauer der Bauausführung nur zu, wenn er dies vorher schriftlich vereinbart hat (OLG Hamm BauR 1986, 375, MDR 1985, 1031). Nach Vertragsabschluß kann eine solche Erhöhungsvereinbarung nicht mehr getroffen werden (OLG Hamm BauR 1986, 718). Die Verlängerung der Bauzeit rechtfertigt bei Vereinbarung eines → Pauschalhonorars nach den Grundsätzen des → Wegfalls oder der Änderung der Geschäftsgrundlage erst dann einen Mehraufwendungsanspruch des Architekten, wenn sie ganz erheblich ist (BGH SF Z 3.01, Bl. 311; ablehnend LG Heidelberg IBR 1994, 423).

3. Die Erstattung von Mehraufwendungen des Architekten bei Bauzeitverzögerungen wird beispielsweise im → Einheitsarchitektenvertrag, Ziffer 4.1, an den Nachweis der Mehrkosten geknüpft. Ist als Vorbedingung vereinbart, daß die Verzögerung oder Unterbrechung vom Bauherrn zu vertreten ist, so ist davon nicht der Fall erfaßt, daß der Bauunternehmer in Konkurs fällt (OLG Köln BauR 1990, 516), wohl aber die Willensbildung und weitere Mitwirkung des Bauherrn.

4. Ungewöhnlich lange dauernde Leistungen können die Überschreitung der → Höchstsätze rechtfertigen, § 4 Abs. 3 HOAI, wenn dies bei Auftragerteilung vereinbart wird.

Bayern → Architektengesetz Bayern

Beamtete Architekten können nach den meisten Architektengesetzen in die Architektenliste eingetragen werden und dürfen dann die Berufsbezeichnung „Architekt" führen. Soweit ihnen dies vom Dienstherrn als Nebentätigkeit gestattet ist, dürfen sie auch für private Bauherren Architektenleistungen erbringen. Ihre Mitwirkungsmöglichkeit bei → Architektenwettbewerben ist in den → GRW 1995 eingeschränkt. Wenn ein beamteter Architekt Leistungen in Nebentätigkeit für private Bauherrn erbringt, so kann er diese nach der → HOAI abrechnen und muß keinen Honorarabschlag hinnehmen, auch wenn er geringere Bürokosten hat (OLG Oldenburg BauR 1984, 541).

Bebauungsplan → Städtebauliche Leistungen

Beendigung des Architektenvertrags. Ein Architektenvertrag wird im Regelfall durch → Erfüllung beendet. Er kann aber auch einvernehmlich aufgehoben werden (Aufhebungsvertrag); dies kann mündlich oder schriftlich geschehen. Wenn ein Architekt in diesem Fall nicht ausdrücklich auf seine offene Resthonorarforderung abzüglich ersparter Aufwendungen für nicht erbrachte Leistungen verzichtet, wie sie bei einer Kündigung durch den Bauherrn besteht, bleibt ihm dieser Anspruch erhalten (OLG Hamm IBR 1994, 287). Sind sich die Parteien einig, den Vertrag nicht weiterführen zu wollen, ist von einer einvernehmlichen Vertragsaufhebung ohne Einigung über deren Rechtsfolgen auszugehen (OLG Karlsruhe BauR 1994, 116, NJW-RR 1993, 1368).

Einseitig kann der Architektenvertrag nur durch → Kündigung seitens des Architekten oder des Bauherrn aufgelöst werden und ist dann mit sofortiger Wirkung beendet.

Bei einem → Wechsel des Auftraggebers wird der Architektenvertrag mit dem anfänglichen Bauherrn beendet, auch wenn der Architekt mit ihm möglicherweise vereinbart hat, daß er für einen vom eintretenden Bauherrn verursachten Honorarausfall einsteht.

Geht ein Architektenbüro wegen des Todes des Architekten auf Erben über, die nicht Architekten sind, endet ein bestehender Architektenvertrag wegen Unmöglichkeit. Der Wegfall der Geschäftsgrundlage kann einen Architektenvertrag unwirksam machen.

Beratungspflichten → Vertragliche Pflichten des Architekten → Nebenpflichten

Berlin. In Berlin galt die HOAI aufgrund § 14 des Gesetzes über die Stellung des Landes Berlin im Finanzsystem des Bundes vom 4. 1. 1952 (Drittes Überleitungsgesetz, BGBl. I 1, zuletzt geändert am 30. 8. 1971, BGBl. I 1426). In Ostberlin war die HOAI mit Modifikationen anzuwenden (→ HOAI im Gebiet der ehemaligen DDR).

→ Architektengesetz Berlin → GOA

Berufsgericht → Standesrecht → Architektenkammer

Berufshaftpflichtversicherung. 1. Der Architekt kann sich für den Fall der Inanspruchnahme wegen Schäden, die bei seiner

Berufsausübung eintreten und aus denen der Bauherr Ansprüche gegen ihn geltend macht, durch Abschluß einer Architektenhaftpflichtversicherung („Berufshaftpflicht") versichern, entweder für ein einzelnes Objekt, oder auf Zeit für seine gesamte Berufstätigkeit. Die Versicherung richtet sich nach den Allgemeinen Haftpflichtbedingungen (**AHB**) sowie den Besonderen Bedingungen für die Haftpflichtversicherung von Architekten und Bauingenieuren (**BHB**).

2. Versichert sind diejenigen Personen- und Vermögensschäden, die auf **leicht fahrlässiges Handeln** des Architekten, seiner Angestellten oder seiner → freien Mitarbeiter zurückzuführen sind, zu den im Versicherungsschein festgelegten Summen, § 1 Abs. 1 und 2 BHB. Als Mitglied einer → Partnerschaft ist ein Mitglied für die von ihm übernommene Teilaufgabe versichert, wenn die Aufgaben nicht geteilt sind, nach seinem Anteil an der Partnerschaft, § 3 BHB.

3. Ausgeschlossen vom Versicherungsschutz sind:
– die Erfüllung des Vertrages selbst; jedoch ist der Schadenersatzanspruch des Bauherrn wegen Nichterfüllung versichert;
– Überschreitungen von Bauzeiten, Fristen und Terminen;
– die fehlerhafte Ermittlung und – beim Bau eines Vorhabens – die Überschreitung von Massen oder Kosten;
– Arbeitsunfälle im Betrieb des Architekten;
– Tätigkeit des Architekten als → Baubetreuer, → Bauträger, → Generalübernehmer usw.
– Auslandsschäden

4. Die Versicherungssummen stehen nur einmal zur Verfügung, § 1 Abs. 3 b und c BHB, wenn mehrere Verstöße zu einem einheitlichen Schaden führen bzw. gegenüber mehreren versicherten und entschädigungspflichtigen Personen. In § 1 Abs. 3a BHB war in ähnlicher Weise die Begrenzung auf die einmalige Zahlung der Versicherungssumme für den Fall vorgesehen, daß mehrere Verstöße auf einer gemeinsamen Fehlerquelle beruhten; diese Klausel ist jedoch unwirksam, da sie den Versicherungsnehmer unangemessen benachteiligt (BGH BauR 1991, 234 ff.).

5. Der Architekt muß einen möglichen Schadensfall unverzüglich der Versicherung anzeigen, § 5 Nr. 2 AHB. Andernfalls ist die Versicherung frei (OLG Saarbrücken BauR 1991, 494, VersR 1991, 872). Auch darf der Architekt den geltend gemach-

ten Anspruch nicht von sich aus anerkennen oder befriedigen, § 5 Nr. 5, § 6 AHB, oder einen Vergleich schließen (OLG Hamm VersR 1992, 307).

6. Beispiele:
- Die Berufshaftpflichtversicherung tritt für den Schaden des Bauherrn ein, wenn der Architekt im Rahmen der → Rechnungsprüfung, die ihm gem. § 15 Abs. 2 Nr. 8 HOAI obliegt, einen zulässigen Abzug nicht vorgenommen hat, oder wenn er dabei ein falsches Aufmaß übersehen hat (LG Tübingen, SFH § 4 AHB Nr. 4). Es handelt sich um einen typischen → Mangelschaden, der mit der fehlerhaften Leistung des Architekten zusammenhängt.
- Auch ein nachbarrechtlicher Schadensersatzanspruch des Nachbarn gegen den Bauherrn, den wiederum der Bauherr als Anspruch auf → Schadensersatz wegen Nichterfüllung gegen den Architekten geltend machen kann, gehört zu den versicherten Schäden nach den BHB (OLG Celle VersR 1980, 569).
- Hat eine vorgeschlagene Bauweise zu unnötigen Mehrkosten geführt, besteht Haftpflichtversicherungsschutz (für den Fall eines Statikers: BGH NJW 1981, 1780, BauR 1981, 488).

7. In einigen Bauordnungen der Länder ist festgelegt, daß der Architekt für die von ihm eingereichten Bauvorhaben ausreichend haftpflichtversichert sein muß. Die Mindestversicherungssummen sind beispielsweise nach Art. 70 Abs. 7 BayBO 1 Mio. DM für Personenschäden und 150 000 DM für Sach- und Vermögensschäden. Der Nachweis ist vor der → Architektenkammer zu führen.

Näher: Wussow, Die Serienschadenklausel in der Architektenhaftpflichtversicherung, BauR 1979, 204 ff.; Schmalzl, Die Haftpflichtversicherung des Architekten, BauR 1983, 489 ff.; Ruhkopf, Fragen zur Architekten-Haftpflichtversicherung, VersR 1979, 408; Schmalzl, Die Bedeutung des Anspruchs auf Schadenersatz wegen Nichterfüllung im Sinne des § 635 BGB für die Haftpflichtversicherung des Architekten und des Bauunternehmers, Festschrift Korbion, 1986, 371 ff.; Littbarski, Die Auswirkungen der Rechtssprechung zu den weitergehenden Mängeln des Haftpflicht- und Haftpflichtversicherungsrechtes, ebda., 269 ff.; Schmalzl, Die Berufshaftpflichtversicherung des Architekten und des Bauunternehmers, München 1989; Awik,

Erläuterungen zu den Besonderen Bedingungen und Risikobeschreibungen für die Berufshaftpflichtversicherung von Architekten und Ingenieuren, DAB 1992, 2015 ff.

Berufsrecht bezieht sich für Architekten einerseits auf die Zulassung zum Beruf; diese wird in den → Architektengesetzen als → Eintragung in die Architektenliste an bestimmte Voraussetzungen, für die auch die → Architekten-Anerkennungsrichtlinie des Rates der Europäischen Gemeinschaft gilt, geknüpft. Aus der Sicht des Verfassungsrechts schränken Zulassungsvoraussetzungen das Recht der freien Berufswahl nach Art. 12 Abs. 1 GG ein und dürfen nur zum Schutz hochrangiger Gemeinschaftsgüter erlassen werden (BVerfG NJW 1970, 1591). Andererseits regelt das Berufsrecht die Berufsausübung, sei es durch die Ausgestaltung der → Bauvorlageberechtigung, sei es durch mit Sanktionen bewehrte Verhaltensgebote, nämlich das → Standesrecht der Architekten.

Besondere Haftpflichtbedingungen (BHB) → Berufshaftpflichtversicherung

Besondere Leistungen. 1. Nach § 2 Abs. 1 HOAI gliedern sich die Leistungen des Architekten in → Grundleistungen und → besondere Leistungen, soweit → Leistungsbilder geschaffen wurden. Diese besonderen Leistungen ergänzen, erweitern oder ersetzen die regelmäßig zu erbringenden Grundleistungen um solche Arbeiten, die nur unter bestimmten Umständen für ein Bauvorhaben erforderlich sind. In § 15 Abs. 2 HOAI werden so dem ausführlichen Katalog der Grundleistungen, die nach allgemeiner Auffassung unabhängig von der Größe des Objekts anfallen, jeweils besondere Leistungen zugeordnet, z. B. die Bestandsaufnahme, eine Betriebs-, Kosten-, Nutzenanalyse, Mitwirkung bei der Beschaffung der nachbarlichen Zustimmung, Aufstellung von vergleichenden Kostenübersichten, Erstellung eines Zahlungsplanes oder Erstellen von Bestandsplänen. Auch die Herstellung eines Architekturmodells ist in diesem Sinn eine besondere Leistung, ebenso die Bauvoranfrage, wenn sie nicht von den Grundleistungen des § 15 Abs. 2 Nr. 1 und 2 erfaßt ist (so OLG Düsseldorf BauR 1995, 270, NJW-RR 1995, 276). Planungsänderungen dagegen sind keine Besonderen Leistungen, sondern isolierte neue Aufträge (OLG Hamm BauR 1994, 535).

Besondere Leistungen 56

2. Besondere Leistungen sind außer in § 15 Abs. 2 HOAI für die Objektplanung auch in den
- § 15 Abs. 4 für Umbauten und Modernisierungen,
- § 37 für Flächennutzungspläne,
- § 40 für Bebauungspläne,
- § 45 für Landschaftspläne,
- § 47 für Grünordnungspläne und
- § 48 für Umweltverträglichkeitsstudien

aufgeführt. Die jeweiligen Aufzählungen sind nicht abschließend; die Zuordnung zu den Leistungsphasen ist nicht verbindlich, § 2 Abs. 3 HOAI. Zum Beispiel gelten wohnungswirtschaftliche Verwaltungsleistungen im Sinn der II. Berechnungsverordnung als Besondere Leistungen, wenn sie neben Architektenleistungen vergeben werden (OLG Hamm BauR 1993, 761; BauR 1994, 797, NJW-RR 1994, 985), ebenso die bauphysikalischen Nachweise für den Wärmeschutz (OLG Düsseldorf, BauR 1991, 797).

3. Die **Honorierung** richtet sich nach § 5 Abs. 4 HOAI. Der Umfang der besonderen Leistung muß zunächst im Verhältnis zu den Grundleistungen einen **nicht unwesentlichen Arbeits- und Zeitaufwand** verursachen, also eine gewisse Relevanzschwelle überschreiten. Bei Vertragsverhältnissen, auf die das bis zum 31. 12. 1990 geltende Recht anzuwenden ist, mußte das Honorar außerdem vor Ausführung der Leistungen schriftlich vereinbart werden, da sonst der Honoraranspruch entfiel. Diese strenge Anknüpfung an den Zeitpunkt vor der Leistungserbringung ist durch die Vierte Änderungsverordnung der HOAI aufgehoben worden. Es reicht aber nicht, wenn im Architektenvertrag Zeithonorare für alle möglichen Fälle der Vergütung nach Zeitaufwand vereinbart sind (OLG Hamm BauR 1993, 633, ZfBR 1993, 225, NJW-RR 1993, 1175). Die Vereinbarung muß vielmehr die konkret zu erbringende Besondere Leistung bezeichnen. Werden besondere Leistungen im Sinn des § 5 HOAI i. V. m. § 15 Abs. 2 HOAI isoliert von Grundleistungen vergeben, wie z. B. die Bauvoranfrage oder die bloße Bestandsaufnahme, so führt dies zu einer Vergütungspflicht, auch wenn dies nicht schriftlich vereinbart wurde (LG Hildesheim, zitiert nach Hartmann, HOAI, Teil 9 Kapitel 5 Nr. 1).

4. Die Höhe des berechneten Honorars hat sich an **vergleichbaren Grundleistungen** zu orientieren, § 5 Abs. 4 Satz 2

HOAI. Das gilt auch, wenn Grundleistungen oder ihre Teile durch besondere Leistungen ersetzt werden, § 5 Abs. 5 HOAI. Ist beides nicht der Fall, so ist das Honorar nach § 5 Abs. 4 Satz 3 als → Zeithonorar nach § 6 HOAI zu berechnen.

5. Steht dem Architekten für erbrachte Besondere Leistungen nach § 5 Abs. 1 S. 1 HOAI kein Honorar zu, weil es an einer Vereinbarung fehlt, scheiden auch Ansprüche aus ungerechtfertigter Bereicherung oder aus Geschäftsführung ohne Auftrag aus (OLG Hamm a. a. O.).

Näher: Weyer, Probleme bei der Honorarberechnung für besondere Leistungen nach der HOAI, Festschrift für Locher, Düsseldorf 1990

Bestandspläne → Objektbetreuung und Dokumentation

Bestandsaufnahme → Grundlagenermittlung

Besteller ist nach dem Recht des → Werkvertrags, §§ 631 ff. BGB, derjenige, für den ein Werk hergestellt wird, im → Architektenvertrag also der Bauherr, dem der Architekt als Vertragspartner gegenübersteht; dieser wird im BGB als „Unternehmer" bezeichnet – derjenige, der die Herstellung des Werkes verspricht.

Betriebstechnische Anlagen → Anrechenbare Kosten

Bewehrungsabnahme 1. Ohne ausdrückliche Vereinbarung ist der mit der → Objektplanung beauftragte Architekt im Rahmen der → Objektüberwachung nicht verpflichtet, die Bewehrung, also die in den Beton einzubringenden, exakt berechneten und zu positionierenden Stahlteile auf **Übereinstimmung mit den Plänen des Tragwerkplaners** zu prüfen und für den Bauherrn abzunehmen. Dieser unausgesprochene – und umstrittene – Grundsatz ist durch Aufnahme der entsprechenden Teilleistung in den Katalog der Grundleistungen der Objektüberwachung, § 15 Abs. 2 Nr. 8 HOAI, eingeschränkt worden. Bei Architektenverträgen, die nach dem 1. 1. 1991 abgeschlossen wurden, muß der Architekt nun die Ausführung **von Tragwerken nach § 63 Abs. 1 Nr. 1 und 2 HOAI**, also solche mit sehr geringem oder geringem Schwierigkeitsgrad, auf Übereinstimmung mit dem Standsicherheitsnachweis überwachen. Damit ist zugleich umgekehrt klargestellt, daß er dies bei den übrigen Tragwerken nicht tun muß.

Werden **Betonfertigteile** nicht auf der Baustelle, sondern fabrikmäßig hergestellt, dann gehört es ebenfalls nicht zu den Pflichten des bauüberwachenden Architekten, dort die richtige Größe und Lage der Bewehrung zu prüfen (OLG Stuttgart NJW-RR 1989, 1428).

Näher: Olshausen, Zur Leistungsverpflichtung des Objektplaners nach § 15 HOAI im Zusammenhang mit der Überwachung und Abnahme der Bewehrungsarbeiten, BauR 1987, 365 ff.; Hartmann: Prüfen der Bewehrung – Bestandteil der Leistungsphase 8?, DAB 1988, 1213; Motzke: Überwachung und Abnahme der Bewehrung – eine Aufgabe des Architekten?, BauR 1988, 534; Glück/Matheiß/Witsch: Nochmals zum Thema Überwachung und Abnahme von Bewehrungsarbeiten, BauR 1988, 550; Pöschl, Bewehrungskontrolle, DAB 1989, 1156.

Beweislast. Wer sich in einem → Zivilprozeß auf ihm günstige, aber nicht erwiesene Tatsachen beruft, muß ihr Vorliegen durch Urkunden, Zeugen, Sachverständige oder anders beweisen. Bei typischen Geschehensabläufen ist der Beweis des ersten Anscheins möglich, kann aber durch die Behauptung von abweichenden Besonderheiten des Einzelfalls entkräftet werden.

Nach der Rechtsprechung **kehrt sich die Beweislast um**, wenn eine Schadensursache aus dem Gefahrenbereich kommt, für den der Anspruchsgegner die Verantwortung trägt, also bei Ansprüchen auf Schadensersatz wegen Nichterfüllung, § 635 BGB, oder aus positiver Vertragsverletzung. Entsprechend § 282 BGB muß, wenn der Anspruchsteller eine objektive Pflichtwidrigkeit des Gegners nachgewiesen hat, dieser den **Entlastungsbeweis** führen.

Dasselbe gilt, wenn der Bauherr wegen der Verletzung von Aufklärungs-, Hinweis- und Beratungspflichten gegenüber dem Bauunternehmer in Beweisnot gerät; in diesem Fall ist der planende Architekt dafür beweispflichtig, daß ein bestimmter Mangel nicht auf seiner Leistung beruht (BGH NJW 1973, 1688).

Vereitelt ein Beteiligter die Beweisführung des Gegners, indem er z. B. die Durchführung eines Beweistermins am eigenen Gebäude verweigert, wird er als „beweisfällig" angesehen und er kann sich nicht mehr auf die Mängel berufen (OLG Düsseldorf BauR 1985, 209).

Beweissicherung → Selbständiges Beweisverfahren

BGB → Privatrecht

Bindungswirkung der Honorarschlußrechnung. 1. In der Schlußrechnung des Architekten sieht die Rechtsprechung zugleich eine endgültige Erklärung, wie und in welcher Höhe er seine noch ausstehende Vergütung berechnet; da der Architekt über das gesamte hierzu erforderliche Wissen verfügt, ist er nicht nur der Höhe nach, sondern auch hinsichtlich der einzelnen Ansätze an diese Schlußrechnung gebunden. Damit sind nachträgliche Erhöhungen bzw. das „Nachschieben" ausgeschlossen. Diese Bindungswirkung wird mit den besonderen Verhältnissen am Bau sowie dem Grundsatz von → Treu und Glauben begründet. Dies galt für die → GOA (BGH NJW 1978, 319, BauR 1978, 64) ebenso wie bei der → Honorarberechnung nach der HOAI (BGH BauR 1985, 582, NJW-RR 1986, 18). Der BGH hat sie jetzt allerdings dahingehend eingeschränkt, daß es auf den Einzelfall ankommt und die Interessen des Bauherrn und des Architekten gegeneinander abzuwägen sind (BGH BauR 1993, 236 und 239, ZfBR 1993, 66 u. 68, NJW 1993, 659 u. 661).

2. Selbst wenn die Architektenschlußrechnung nicht prüfbar im Sinn von § 8 HOAI ist (→ Prüfbarkeit der Honorarschlußrechnung), tritt die Bindungswirkung ein (OLG Hamm NJW-RR 1988, 717, BauR 1989, 351). Anders ist dies nur, wenn sich der Bauherr sofort auf die fehlende Prüfbarkeit berufen hat (BGH BauR 1993, 236; OLG Düsseldorf, BauR 1994, 146). Auch wenn sich der Architekt in einzelnen Positionen seiner Schlußrechnung getäuscht hat, so daß diese wegfallen, kann er die Beträge nicht mit anderen – vergessenen oder übersehenen – Positionen auffüllen (BGH NJW 1987, 319, BauR 1978, 64). Ein nicht näher spezifizierter Vorbehalt, daß Nachforderungen bei sofortiger Bezahlung des Rechnungsbetrages fallen gelassen werden, verhindert die Bindungswirkung der Schlußrechnung nicht (BGH BauR 1990, 382, ZfBR 1990, 189, SFH § 1 HOAI Nr. 3, NJW-RR 1990, 725).

Näher: Rieble, Bindungswirkung einer nicht prüfbaren Architektenschlußrechnung, BauR 1989, 45 ff.; Pöschl, Die Honorarschlußrechnung des Architekten – Prüffähigkeit und Bindungswirkung, DAB 1988, 125.

Bodengutachten → Baugrundverhältnisse

Brandenburg → DDR (ehem.)

Bremen → Architektengesetz Bremen

Bürgerliches Gesetzbuch → Privatrecht

Bürgerliches Recht → Privatrecht

Bürokosten → Nebenkosten

Bundesarchitektenkammer. Die Bundesarchitektenkammer (BAK) ist keine Körperschaft öffentlichen Rechts, sondern ein eingetragener Verein mit Sitz in Bonn, in dem sich die → Architektenkammern der Bundesländer zusammengeschlossen haben, um ihre Politik zu koordinieren, zusammenzufassen und die Interessen der Architekten im Bundestag und den Bundesministerien – insbesondere Wirtschafts- und Bauministerium – zu vertreten. Bei den Europäischen Gemeinschaften ist sie als Mitglied des 1990 gegründeten Architects Council of Europe (ACE) vertreten. Die BAK ist Herausgeberin des Deutschen Architektenblatts (DAB), dessen Regionalausgaben zugleich offizielle Organe der Länderarchitektenkammern sind. Die BAK empfiehlt den Architekten den von ihr herausgegebenen → Einheitsarchitektenvertrag.

C

CAD → EDV-Leistungen

Culpa in contrahendo → Vorvertragliches Vertrauensverhältnis

Controlling → Baucontrolling → Projektsteuerung

D

DDR (ehem.). Im Gebiet der ehemaligen DDR, also in den neuen Bundesländern Brandenburg, Mecklenburg-Vorpommern, Sachsen, Sachsen-Anhalt und Thüringen sowie im bisher zur DDR gehörenden Ostteil Berlins, das jetzt Teil des Landes Berlin ist, galten vom 3. 10. 1990 bis zum 31. 12. 1992 die Vorschriften der HOAI mit verschiedenen Abweichungen. Architekten sind noch nach dem → Architektengesetz der DDR zuzulassen, außer in Ostberlin (→ Architektengesetz Berlin) und Sachsen (→ Architektengesetz Sachsen).

Deckungszusage → Berufshaftpflichtversicherung

Degression → Honorartafel

Dienstleistungshaftungsrichtlinie. Über die Regelung der Auftragserteilung durch die → Dienstleistungsrichtlinie hinaus will der Rat der Europäischen Gemeinschaften auch die Haftung derjenigen, die Dienstleistungen anbieten, durch eine Richtlinie im Bereich der Europäischen Gemeinschaften regeln. Der Vorschlag der EG-Kommission (ABl. EG C 12 v. 18. 1. 1991, 8 ff.) ist – unter anderem aufgrund einer vorgeschlagenen zehnjährigen Gewährleistungsfrist – äußerst umstritten. Seit 1993 ruht das Normsetzungsverfahren.

Dienstleistungskoordinierungsrichtlinie (DKR). 1. Die DKR (Richtlinie des Rates der EG vom 18. 6. 1992 Nr. 92/50/EWG, ABl. EG L 209 vom 24. 7. 1992, S. 1 ff.) enthält den Auftrag an die Mitgliedsstaaten der → Europäischen Gemeinschaft, die Vergabe von Dienstleistungsaufträgen durch öffentliche Auftraggeber so auszugestalten, daß Anbieter aus dem EG-Ausland nicht gegenüber inländischen diskriminiert werden. Neben den Bauleistungen und Lieferungen hat die EG damit das gesamte Spektrum öffentlicher Aufträge ihren Regeln unterworfen. Als **öffentliche Auftraggeber** im Sinn der DKR gelten der Bund, die Länder, die Bezirke, Landkreise und Gemeinden und ihre Untergliederungen und Zusammenschlüsse sowie alle anderen Körperschaften des öffentlichen Rechts. Weiter sind darunter Einrichtungen nicht gewerblicher Art zu verstehen, die zu dem besonderen Zweck gegründet wurden, „im Allgemeininteresse liegende Aufgaben zu erfüllen" und die vom Staat, von Gebietskörperschaften oder anderen Einrichtungen des öffentlichen Rechts finanziert oder beherrscht werden, unabhängig von ihrer Rechtsform. Das sind z. B. Einrichtungen des Gesundheitswesens, der Bildung, der Wohnungsversorgung, des Sports, der Entsorgung u. a. (Art. 1 b DKR i. V. m. Anhang I der Baukoordinierungsrichtlinie, ABl. EG Nr. L 199 vom 9. 8. 1993, S. 54 ff.).

Auch Auftraggeber aus dem Bereich der „Sektoren" – Wasser-, Energie-, Verkehrs- und Telekomversorgung – gelten unabhängig von ihrer Rechtsform als öffentliche Auftraggeber; ihre Dienstleistungsaufträge sind mit der → Sektorenkoordinierungsrichtlinie (SKR) ähnlich wie in der Dienstleistungskoordinierungsrichtlinie geregelt.

2. In Anhang I A DKR und SKR sind unter Kategorie 12 Architektenleistungen als Dienstleistungen genannt, deren Vergabe durch öffentliche Auftraggeber in der Richtlinie reglementiert sind:

– Architektur, technische Beratung und Planung; integrierte technische Leistungen; Stadt- und Landschaftsplanung; zugehörige wissenschaftliche und technische Beratung; technische Versuche und Analysen.

Voraussetzung für die Anwendung der Vorschriften der DKR oder der SKR auf Architektenaufträge ist, daß sie einen bestimmtem Honorarbetrag, den **Schwellenwert,** überschreiten. Das sind 200 000 ECU bei herkömmlichen öffentlichen Auftraggebern (Art. 7 DKR) und 400 000 ECU bei Sektoren-Auftraggebern, und, soweit diese Telekom-Unternehmen sind, 600 000 ECU (Art. 14 SKR). Bei der Aufteilung eines Gesamtauftrags in „Lose", also in abgegrenzte Teile einer als einheitlich beschreibbaren Leistung, fordert Art. 7 Abs. 4 Satz 2 DKR, daß der Auftraggeber auch diese Teilaufträge EG-weit bekanntmacht. Das kommt bei der Aufteilung eines Auftrags in einen Planungsteil (Leistungsphasen 1 bis 5 des § 15 Abs. 2 HOAI) und einen Realisierungsteil (Leistungsphasen 6 bis 9 des § 15 Abs. 2 HOAI) in Betracht. Diese Regel fehlt in der SKR, wo nur ein allgemeines Verbot aufgestellt ist, die Richtlinie zu umgehen.

3. Das wichtigste Prinzip der Vergabevorschriften der EG, mit denen die Diskriminierung ausländischer Anbieter unterbunden werden soll, ist das der **Transparenz des Vergabe-**

verfahrens. Ein beabsichtigter Auftrag muß im Amtsblatt der EG (Supplement) bekanntgemacht werden, Art. 15 ff. DKR bzw. Art. 20 SKR; wie bei der Vergabe von Bau- oder Lieferaufträgen stehen drei Vergabeverfahren mit bestimmten Fristen zur Auswahl, das Offene, das Nichtoffene und das Verhandlungsverfahren. Sie entsprechen der Öffentlichen und der beschränkten Ausschreibung bzw. der Freihändigen Vergabe der herkömmlichen Verdingungsordnungen → VOB und → VOL. Wegen der starken Bedeutung der Qualifikation des Architekten und des gestalterisch und technisch geprägten Inhalts seiner Leistungen kommt für diese nur **das Nichtoffene oder das Verhandlungsverfahren** (Art. 11 DKR bzw. Art. 20 SKR) in Betracht. Außerdem lassen sich Architektenleistungen nicht über ihren Preis vergleichen, der sich nach der HOAI bestimmt (siehe → Preiswettbewerb).

Die Geltung dieser staatlichen Gebührenordnung ist durch die Richtlinien nicht eingeschränkt worden. Nach Art. 36 DKR bzw. Art. 34 SKR gelten die Zuschlagskriterien nämlich „unbeschadet einzelstaatlicher Vorschriften über die Vergütung von bestimmten Dienstleistungen", letztere haben also Vorrang. Damit ergibt sich aber das Problem, nach welchen Maßstäben ein Auftrag vergeben werden soll. Das soll die Verdingungsordnung für freiberufliche Leistungen (→ VOF) lösen.

4. Auch die Durchführung von → **Architektenwettbewerben** ist als mögliche Vorstufe zur Auftragserteilung in den beiden Richtlinien mit Mindestanforderungen geregelt (Art. 13 DKR, Art. 23 SKR). Die Schwellenwerte sind hier entweder aus dem Honorar des späteren Architektenauftrags oder, z. B. bei Ideenwettbewerben, aus der Preissumme zu berechnen. Die Zulassung zur Teilnahme darf nicht auf das Gebiet eines Mitgliedstaates oder einen Teil davon beschränkt werden; das Preisgericht muß unabhängig sein.

5. Die Richtlinien sind in Art. 189 EG-Vertrag als Handlungsanweisung an die Mitgliedsstaaten definiert. Dementsprechend hätte die DKR bis zum 30. 6. 1993, der Dienstleistungsteil der Sektorenrichtlinie bis 30. 6. 1994 in das Recht der Bundesrepublik umgesetzt werden müssen. Da dies nicht geschehen ist, gelten die Bestimmungen der Richtlinie unmittelbar (EuGH NVwZ 1990, 649 „Costanzo ./. Stadt Mailand" und bezüglich der Sektorenauftraggeber EuGH NJW 1991, 3086

„Foster ./. British Gas"; siehe zu den Rechtsfolgen Schabel/Zellmeier-Neunteufel, Rechtsprechung des Europäischen Gerichtshofs zur Vergabe öffentlicher Bau- und Lieferaufträge, BauR 1993, 557). Die Bundesrepublik ist wegen der fehlenden Umsetzung außerdem vom Europäischen Gerichtshof gerügt worden (EuGH vom 2. 5. 1996, Rs. 253/95). Für die Bauherrn bedeutet die **unmittelbare Wirkung der Richtlinie,** daß sie ihre über den jeweiligen Schwellenwerten liegenden Architekten- und Ingenieuraufträge schon jetzt im Amtsblatt der EG ausschreiben müssen. Die unmittelbare Wirkung der Richtlinie hat aber auch zur Folge, daß ein Interessent, Bewerber oder Bieter, der sich in seinen Rechten verletzt fühlt, das Vergabeverfahren nach den → Rechtsmittelrichtlinien überprüfen lassen kann.

6. Bei der Vergabe von Architektenaufträgen, deren Honorarsumme unterhalb der Schwellenwerte liegt, müssen öffentliche Auftraggeber die EG-Richtlinien nicht beachten, wohl aber das Diskriminierungsverbot des EG-Vertrags.

Dienstvertrag ist der in den §§ 611 bis 630 BGB geregelte Vertragstyp, der im Gegensatz zum → Werkvertrag nicht erfolgsorientiert ist, sondern durch den sich der eine Teil zur Leistung bestimmter Dienste, der andere zur Zahlung der Vergütung verpflichtet. Die Dienste müssen zwar je nach Vertragszweck qualifiziert sein; sie sind aber in der Regel zeitabhängig zu erbringen. Jedem Arbeitsverhältnis liegt ein Dienstvertrag zugrunde. Ein → Architektenvertrag, auch wenn nur die → Objektüberwachung als → Einzelleistung übertragen wurde, ist kein Dienstvertrag, sondern ein → Werkvertrag (BGH NJW 1982, 438, BauR 1982, 79). Anders ist dies, wenn der Architekt nur mit einer Beratung oder nur mit der → Objektbetreuung beauftragt wurde (OLG Hamm NJW-RR 1995, 400). Die Vertragsparteien haften gegenseitig aus → Verschulden; die Verjährungsfrist beträgt 30 Jahre.

DIN-Normen → Regeln der Technik

DIN 276 → Anrechenbare Kosten

Dokumentation → Objektbetreuung und Dokumentation

Duldungsvollmacht → Vollmacht des Architekten

E

EDV-Leistungen. Der Computereinsatz im Architekturbüro, ob als bloße Textverabeitung oder auch in Gestalt des computergestützten Zeichnens, CAD, ist Sache des Architekten und hat auf seine Vergütung keinen Einfluß. Nur im Zusammenhang mit städtebaulichen und landschaftsplanerischen Leistungen können EDV-Leistungen nach § 36 und 44 HOAI als → Nebenkosten im Sinn von § 7 Abs. 3 HOAI berechnet werden, entweder bei der Nutzung eigener Daten oder auch einer Datenbank. Die Vergütung muß allerdings bei Auftragserteilung schriftlich vereinbart worden sein. Eine derartige Vergütungsvereinbarung kann den Honoraranspruch des Architekten mindern, § 36 Satz 2 HOAI. Stellt der Architekt seine Ausführungsplanung dem Bauherrn als CAD-Planung in Diskettenform zur Verfügung, so kann er hierfür eine besondere Vergütung vereinbaren, da die Fachplaner damit eine erhebliche Arbeitserleichterung an die Hand bekommen.

Urheberrechte können bei CAD-Leistungen nicht nur bezüglich der Architektenplanung bestehen, sondern auch für den Mitarbeiter, der die Anlage bedient, sowie den Hersteller des Programms.

Ehrengericht → Standesrecht → Architektenkammer

Ehrenausschuß → Standesrecht → Architektenkammer

Eigenleistungen des Auftraggebers → Anrechenbare Kosten

Eigenplanung der Behörden. Der Bund, die Länder und viele Gemeinden unterhalten – wie größere Firmen – eigene Bauabteilungen bzw. Baubehörden, die Architektenleistungen für den eigenen Baubedarf nicht nur an freischaffende Architekten vergeben, sondern auch – mindestens teilweise – selbst erbringen. Diese Betätigung auf einem Sektor, der traditionell den → Freien Berufen zugeordnet ist, darf allerdings den Grundsatz der Subsidiarität der Staatstätigkeit nicht verletzen.

Eingabeplanung → Genehmigungsplanung

Einheitsarchitektenvertrag ist das von der → Bundesarchitektenkammer herausgegebene und empfohlene, vom Bundeskartellamt angemeldete und im Bundesanzeiger veröffentlichte → **Vertragsmuster** für Architektenverträge über die → Objektplanung (BAnz. 1994 Nr. 152, 8512). Es beinhaltet in seinem besonderen, im einzelnen mit dem Bauherrn zu besprechenden und auszuhandelnden Teil die konkreten Honorarvereinbarungen und Bestimmungen zur Leistungszeit, zur → Gewährleistungsfrist und zum → Zurückbehaltungsrecht; in der Anlage enthält es Allgemeine Vertragsbedingungen (**AVA**), die → Allgemeine Geschäftsbedingungen im Sinn des AGBG darstellen, und ein Formular für eine → **Vollmacht** zu Verhandlungen mit den zuständigen Behörden und den Nachbarn (→ Vorvertrag).

Die Bundesarchitektenkammer empfiehlt weiter ein Vertragsmuster für einen **Vorplanungsvertrag,** der nur die Leistungen bis einschließlich Leistungsphase 2 des § 15 Abs. 2 HOAI umfaßt. Nach diesem Vertragsmuster soll der Bauherr nicht berechtigt sein, die Vorplanung ohne Einverständnis des Architekten weiter zu verwenden; Nutzungsrechte an → Urheberrechten sollen damit nicht übertragen werden.

Die Vertragsmuster werden entsprechend den Änderungen der Gesetze und Verordnungen und der Rechtsprechung regelmäßig überarbeitet; als Verhaltensempfehlung an die Mitglieder der → Architektenkammern müssen sie nach → Wettbewerbsrecht von der Kartellbehörde genehmigt werden.

Einrichtungsgegenstände und integrierte Werbeanlagen sind in § 3 Nr. 8 und 9 HOAI definiert. Beschränkt sich der Auftrag des Architekten auf diese Leistungen, so kann nach § 26 HOAI das Honorar bei Auftragserteilung als → Pauschalhonorar frei vereinbart werden. Fehlt es an einer solchen Vereinbarung, so ist das Honorar als → Zeithonorar nach § 6 HOAI zu berechnen; in diesem Fall ist § 4 Abs. 4 HOAI anzuwenden, so daß nur die → Mindestsätze des § 6 Abs. 2 HOAI in Ansatz gebracht werden dürfen. Sind die Leistungen dagegen Teil eines Auftrags über die → Objektplanung, so sind sie für die → Honorarberechnung lediglich bei den → anrechenbaren Kosten zu berücksichtigen.

Einstweilige Verfügung ist eine gerichtliche Anordnung, die in einem summarischen Verfahren nach den §§ 916 ff. ZPO als Beschluß oder Urteil ergeht, wenn zu besorgen ist, daß durch eine Veränderung des bestehenden Zustands die Verwirklichung des Rechtes einer Partei vereitelt oder wesentlich erschwert wird, § 935 ZPO, oder wenn eine schnelle Regelung zur Sicherung eines Anspruchs nötig erscheint, § 940 ZPO. Verfügungsanspruch und Verfügungsgrund müssen – in der Regel durch Unterlagen und eidesstattliche Erklärungen – glaubhaft gemacht werden, § 920 Abs. 2 ZPO; Beweise werden also nicht erhoben. Die Grundsätze der → Beweislast gelten aber entsprechend. Das Verfahren ist ein → Zivilprozeß. Im Architektenrecht kommt die einstweilige Verfügung vor allem in Fragen der Teilnahme an → Architektenwettbewerben, zur Verhinderung von Verletzungen des → Urheberrechts, zur Eintragung einer → Sicherungshypothek oder im Streit um Unterlagen in Betracht.

Eintragung in die Architektenliste. 1. Nur wer in die Architektenliste eines der Bundesländer eingetragen ist, darf sich in der Bundesrepublik Deutschland als Architekt bezeichnen. Die uneingeschränkte → Bauvorlageberechtigung hängt davon ebenso ab wie die Möglichkeit, an → Architektenwettbewerben teilzunehmen. Führt jemand ohne Berechtigung die Berufsbezeichnung „Architekt" oder verwendet eine Wortverbindung, so wird dies aufgrund der Architektengesetze als Ordnungswidrigkeit verfolgt. Auch die → Architektenkammern können auf der Grundlage des → Wettbewerbsrechts Unterlassung fordern.

2. Die Eintragung ist nach den → Architektengesetzen der einzelnen Bundesländer abhängig von einem **ständigen Aufenthalt** im jeweiligen Bundesland, der durch Wohnsitz, Niederlassung oder überwiegende Beschäftigung nachzuweisen ist. Weiter ist ein **Hochschul- bzw. Fachhochschulabschluß** in der angestrebten Fachrichtung erforderlich sowie zwei, teilweise drei Jahre **praktische Tätigkeit** im Architektenberuf nach Abschluß des Examens. Diese darf bei Antragstellung nach einzelnen Architektengesetzen nicht länger als acht Jahre zurückliegen. Ein Bewerber, der bereits eine langjährige praktische Tätigkeit in der Architektur ausgeübt hat (teils werden acht, teils zehn Jahre gefordert) und anhand eigener Arbeiten die ei-

ner Ausbildung entsprechenden Kenntnisse nachweist, kann ebenfalls als Architekt eingetragen werden. Die Kammern haften für die Korrektheit des Eintragungsverfahrens gegenüber einer fälschlich zurückgewiesenen Bewerber (BGH NVwZ 1992, 298).

3. Ausländische Architekten, die einem EG-Mitgliedsstaat angehören, haben einen Anspruch auf Eintragung, soweit sie die genannten Voraussetzungen erfüllen (→ Architekten-Anerkennungsrichtlinie), andere Ausländer nur dann, wenn mit ihrem Heimatstaat die Gegenseitigkeit von Anerkennungen gewährleistet ist.

4. Die Mitgliedschaft von → Beamten als Architekten in den Architektenkammern ist unterschiedlich geregelt. → Freiberuflich tätige Architekten, die zugleich als Professoren an Universitäten oder an Fachhochschulen lehren, können für die Eintragung in die Architektenliste in einigen Bundesländern beiden Berufsgruppen – Beamten und Freischaffenden – zugeordnet werden. Anders in Schleswig-Holstein: dort führt die Stellung als Fachhochschulprofessor zur Löschung in der Liste der freischaffenden Architekten (OVG Lüneburg BauR 1989, 495).

5. Läßt sich ein Architekt zusätzlich in einem anderen Bundesland nieder, muß er sich auch dort in die Architektenliste eintragen lassen (BVerwG DAB 1994, BY 149; OLG Koblenz ZfBR 1995, 204).

6. Die Eröffnung des Konkursverfahrens über das Vermögen eines Architekten führt zu seiner Streichung aus der Architektenliste (z.B. VGH Mannheim, NVwZ-RR 1990, 304), nicht aber, wenn ein Architekt seine Beiträge zur Architektenkammer nicht bezahlt (VGH Mannheim IBR 1994, 513).

Einzelleistung. 1. § 15 HOAI beschreibt mit neun → Leistungsphasen die Gesamtleistung des Architekten für die → Objektplanung. Die Leistungsphasen bauen aufeinander auf; die späteren sind aus den früheren weiterzuentwickeln. Teilweise überschneiden sich auch die Leistungsphasen. Die Prozentsätze, mit denen in § 15 Abs. 1 HOAI die Leistungsphasen bewertet werden, spiegeln das unterschiedliche Gewicht der einzelnen Phasen innerhalb des Zusammenhangs eines einheitlichen Architektenauftrags wieder. Werden diese Zusammenhänge und Gleichgewichte dadurch außer Kraft gesetzt, daß Leistungsteile isoliert an den Architekten in Auftrag gegeben werden, so kann dies unter bestimmten Voraussetzungen dadurch kompensiert werden, daß der Prozentsatz für die einzelnen, isoliert vergebenen Leistungsphasen erhöht wird.

2. Wird so bei Gebäuden die → **Vorplanung** oder die → **Entwurfsplanung** als Einzelleistung in Auftrag gegeben, so können hierfür nach § 19 Abs. 1 HOAI höhere als die in § 15 Abs. 1 HOAI vorgesehenen Prozentsätze vereinbart werden – für Vorplanung 10% statt 7%; für die Entwurfsplanung 18% statt 10%. Werden Vorplanung und Entwurfsplanung allerdings gemeinsam, aber ohne die übrigen Leistungsphasen in Auftrag gegeben, so findet § 19 HOAI keine Anwendung.

3. Für die → **Objektüberwachung** von Gebäuden als Einzelleistung kann statt der sich aus § 15 Abs. 1 Nr. 8 HOAI ergebenden 31% des Gesamthonorars nach § 19 Abs. 4 HOAI ein Prozentsatz der → anrechenbaren Kosten vereinbart werden, der sich nach den Honorarzonen II bis V von 2,1 über 2,3 2,5 bis 2,7 staffelt. Da die → Honorartafeln in Bezug auf die anrechenbaren Kosten degressiv abgestuft sind, kommt die Vergünstigung des § 19 Abs. 4 allerdings erst bei relativ hohen Baukosten zum Zug. Unterhalb dieser Schwellen kann der erhöhte Bearbeitungsaufwand durch eine Erhöhung der Mindestsätze berücksichtigt werden.

4. Die Honorare für die Vorplanung oder Entwurfsplanung von → **Freianlagen** können bei einzelner Auftragserteilung von 10 auf 15% bzw. von 15 auf 25% erhöht werden. Auch bei der Objektplanung für → **raumbildenden Ausbau** können 10% statt 7% für die Vorplanung und 25% statt 14% für die Entwurfsplanung vereinbart werden.

5. Anders als bei anderen Erhöhungsmöglichkeiten des Architektenhonorars muß die Erhöhung für Einzelleistungen der Vorplanung, Entwurfsplanung oder Objektüberwachung nicht schriftlich bei Auftragserteilung vereinbart werden; dies kann auch geschehen, wenn die Einzelleistungen bereits erbracht sind.

Energieeinsparung → Vorplanung → Entwurfsplanung → Ausführungsplanung

Entgangener Gewinn → Kündigung → Schadenersatz

Entwurfsplanung. 1. Der erste Schwerpunkt der Architektenleistung bei der → Objektplanung ist der Entwurf, dessen einzelne Leistungsschritte bzw. -bestandteile in § 15 Abs. 2 Nr. 3 HOAI als Grundleistungen aufgeführt sind. Die Entwurfsplanung wird auch als System- und Integrationsplanung bezeichnet und umfaßt nach der HOAI:
- Durcharbeiten des Planungskonzepts (stufenweise Erarbeitung einer zeichnerischen Lösung) unter Berücksichtigung städtebaulicher, gestalterischer, funktionaler, technischer, bauphysikalischer, wirtschaftlicher, energiewirtschaftlicher (z. B. hinsichtlich rationeller Energieverwendung unter Verwendung erneuerbarer Energien) und landschaftsökologischer Anforderungen unter Verwendung der Beiträge anderer an der Planung fachlich Beteiligter bis zum vollständigen Entwurf,
- Integrieren der Leistungen anderer an der Planung fachlich Beteiligter,
- Objektbeschreibung mit Erläuterung von Ausgleichs- und Ersatzmaßnahmen nach Maßgabe der naturschutzrechtlichen Eingriffsregelung,
- zeichnerische Darstellung des Gesamtentwurfs, zum Beispiel durchgearbeitete, vollständige Vorentwurfs- und/oder Entwurfszeichnungen (Maßstab nach Art und Größe des Bauvorhabens; bei Freianlagen: im Maßstab 1:500 bis 1:100, insbesondere mit Angaben zur Verbesserung der Biotopfunktion, zu Vermeidungs-, Schutz- Pflege- und Entwicklungsmaßnahmen sowie zur differenzierten Bepflanzung; bei raumbildenden Ausbauten: im Maßstab 1:50 bis 1:20 insbesondere mit Einzelheiten der Wandabwicklungen, Farb-, Licht- und Materialgestaltung), gegebenenfalls auch Detailpläne mehrfach wiederkehrender Raumgruppen,
- Verhandlungen mit Behörden und anderen an der Planung fachlich Beteiligten über die Genehmigungsfähigkeit,
- Kostenberechnung nach DIN 276 oder nach dem wohnungsrechtlichen Berechnungsrecht,
- Kostenkontrolle durch Vergleich der Kostenberechnung mit der Kostenschätzung
- Zusammenfassen aller Entwurfsplanungen.

2. Als → besondere Leistungen sind dieser Leistungsphase zugeordnet:

- Analyse der Alternativen/Varianten und deren Wertung mit Kostenuntersuchung (Optimierung),
- Wirtschaftlichkeitsberechnung,
- Kostenberechnung durch Aufstellen von Mengengerüsten oder Bauelementkatalog,
- Ausarbeiten besonderer Maßnahmen zur Gebäude- und Bauteiloptimierung, die über das übliche Maß der Planungsleistungen hinausgehen, zur Verringerung des Energieverbrauchs sowie der Schadstoff- und CO_2-Emissionen und zur Nutzung erneuerbarer Energien unter Verwendung der Beiträge anderer an der Planung fachlich Beteiligter. Das übliche Maß ist für Maßnahmen zur Energieeinsparung durch die Erfüllung der Anforderungen gegeben, die sich aus Rechtsvorschriften und den allgemein anerkannten Regeln der Technik ergeben.

3. Wird die Entwurfsplanung als → Einzelleistung in Auftrag gegeben, kann ein höherer Prozentsatz als der in § 15 Abs. 1 HOAI bezeichnete in Auftrag vereinbart werden, § 19 HOAI.

Fehlt dem Entwurf nach objektiver Betrachtungsweise die zu erwartende gestalterische Qualität, so kann der Bauherr zur → Minderung des Architektenhonorars berechtigt sein (OLG Hamm NJW-RR 1989, 470). Strittig ist, ob es zur Leistung eines Architekten gehört, die Kostenberechnung auch dann zu erbringen, wenn der Auftrag endet, bevor diese Leistung innerhalb der Leistungsphase 3 des § 15 Abs. 2 HOAI erforderlich wird (→ Honorarberechnung).

Entwurfsverfasser → Urheberrecht → Bauvorlageberechtigung

Erfolgshonorar ist vereinbart, wenn die Zahlung eines zusätzlichen Geldbetrags neben dem nach HOAI berechneten Honorar vom Eintritt einer vertraglich genau festgelegten Bedingung abhängen soll. Es gleicht damit einer Prämie.

1. Die HOAI sah in § 29 ausdrücklich die Möglichkeit vor, ein Erfolgshonorar für → rationalisierungswirksame besondere Leistungen zu vereinbaren. Auch ohne weitere gesetzliche Regelung konnte schriftlich ein Erfolgshonorar für den Fall vereinbart werden, daß es der mit der → Objektplanung beauftragte Architekt erreichte, daß ein bestimmter, zunächst geschätzter Baukostenbetrag oder eine vorweg als nötig angesehene be-

stimmte Bauzeit unterschritten wird. Das Erfolgshonorar durfte jedoch nicht den → Höchstsatz des Gesamthonorars überschreiten (OLG München IBR 1995, 344).

2. Die Fünfte Änderungsverordnung der HOAI hat nun mit § 5 Abs. 4a ermöglicht, ein Erfolgshonorar für kostensenkende Besondere Leistungen zu vereinbaren. Es kann bis zu 20% der eingesparten Kosten betragen; der Leistungsstandard darf nicht vermindert werden. Als Beispiele nennt die Begründung (BR-Drucksache 399/95, S. 2):
- Varianten der Ausschreibung
- die Konzipierung von Alternativen
- die Reduzierung der Bauzeit
- die systematische Kostenplanung und -Kontrolle
- die verstärkte Koordinierung aller Fachplanungen
- die Analyse zur Optimierung der Energie- und sonstigen Betriebskosten.

Das Erfolgshonorar muß vor Ausführung der Besonderen Leistungen schriftlich vereinbart werden. Nachdem Ausgangswerte für die Bemessung der Einsparung vorliegen müssen, dürfte der richtige Zeitpunkt zwischen Leistungsphase 7 und 8 des § 15 Abs. 2 HOAI liegen.

Erfüllung ist die vollständige, termingerechte, in technischer, gestalterischer und wirtschaftlicher Hinsicht mangelfreie Erbringung der Architektenleistung, §§ 631 Abs. 1, § 633 Abs. 1 BGB, mit der das Schuldverhältnis erlischt, § 362 Abs. 1 BGB.

Das Architektenwerk besteht nicht im fertigen Bauwerk, sondern in seinem Entstehenlassen.

1. Vor der Abnahme kann der Bauherr vom Architekten → Nachbesserung – der Begriff ist gleichbedeutend mit dem im Gesetz verwendeten der Mängelbeseitigung – verlangen, wenn sie nicht einen unverhältnismäßigen Aufwand erfordert; gerät der Architekt damit in Verzug, so kann der Bauherr den Mangel auch selbst beseitigen und Ersatz der erforderlichen Aufwendungen verlangen, § 633 Abs. 2 und 3 BGB (Ersatzvornahme). Er kann dem Anspruch des Architekten auf → Abschlagszahlungen die Einrede des nicht erfüllten Vertrags, § 320 BGB, entgegenhalten, die ihm ein → Zurückbehaltungsrecht am geforderten Honorar gibt.

2. Nach der Abnahme modifiziert sich der Anspruch des Bauherrn auf Erfüllung; ihm stehen dann die Rechte aus → Gewährleistung zu.

Erfüllungsgehilfe. Im Rahmen seiner eigenen vertraglichen → Haftung hat der Architekt nach § 278 BGB auch für seine → angestellten oder → freien Mitarbeiter einzustehen, ebenso für die Architekten oder Sonderfachleute, die er vertraglich im Rahmen eines → Unterauftrags heranzieht. Das Verschulden des Erfüllungsgehilfen wird dann einem eigenen des Architekten gleichgesetzt, ohne daß sich dieser dem Bauherrn gegenüber entlasten könnte. Dies kann dann nur im Innenverhältnis zwischen dem Architekten und dem Erfüllungsgehilfen geschehen. Umgekehrt kann der Architekt als Erfüllungsgehilfe des Bauherrn im Rahmen von dessen vertraglichen Beziehungen zu anderen Personen gelten (→ Haftung gegenüber Dritten; → Gesamtschuldnerische Haftung) oder der Statiker ist gegenüber dem Architekten Erfüllungsgehilfe des Bauherrn (OLG Frankfurt NJW-RR 1990, 1469). Werden im → Zivilprozeß zwischen dem Bauherrn und dem Architekten Feststellungen getroffen, die für dieses Innenverhältnis wichtig sind, kann der Architekt seinen Erfüllungsgehilfen durch → Streitverkündung in den Rechtsstreit einbeziehen.

Ersparte Aufwendungen → Kündigung

Europäische Gemeinschaft Die Europäische Gemeinschaft besteht aus der Europäischen Wirtschaftsgemeinschaft, die am 23. 3. 1957 in Rom von sechs Staaten gegründet (Römische Verträge, BGBl. II 766) und die durch Einbeziehung der Europäischen Gemeinschaft für Kohle und Stahl und der EURATOM erweitert wurde (Einheitliche Europäische Akte vom 28. 2. 1986, BGBl. II 1102). Ihre Mitglieder sind Belgien, Dänemark, Deutschland, Finnland, Frankreich, Griechenland, Großbritannien, Irland, Italien, Luxemburg, Niederlande, Österreich, Portugal, Schweden und Spanien. Auf der Grundlage des Unionsvertrags, vom 7. 2. 1992 (BGBl. II, S. 1253, „Maastricht-Vertrag", geändert durch Beitrittsvertrag vom 24. 6. 1994, BGBl. II 2022 i. d. F. des Beschlusses vom 1. 1. 1995, Abl. EG L 1, S. 1 ff.) soll aus ihr die Europäische Union werden. Die Europäische Gemeinschaft soll den freien Verkehr von Perso-

Fälligkeit des Architektenhonorars

nen, Waren, Dienstleistungen und Kapital unter den Mitgliedstaaten und damit den Gemeinsamen Markt durchsetzen, Art. 2 EG-Vertrag. Dieses Ziel der Schaffung eines einheitlichen Binnenmarktes wird durch die wesentlichen Grundfreiheiten des EG-Vertrags wie das Verbot der Diskriminierung von EG-Ausländern, Art. 6 EG-Vertrag, den freien Warenverkehr, Art. 30, die Freizügigkeit, Art. 48, Niederlassungsfreiheit, Art. 52 die Dienstleistungsfreiheit, Art. 59, und den freien Kapitalverkehr, Art. 67, angestrebt. Sie gelten für die Mitgliedsstaaten unmittelbar (primäres EG-Recht). Differenzierter greift die EG in einzelne Bereiche durch Richtlinien des Rates ein (sekundäres EG-Recht), die nach Art. 189 EG-Vertrag von den Mitgliedstaaten zu bestimmten Zeitpunkten in nationales Recht umgesetzt werden müssen. Durch die Richtlinien über die gegenseitige Anerkennung von Qualifikationen (→ Architektenanerkennungsrichtlinie, → Allgemeine Diplomanerkennungsrichtlinie), die Öffnung des öffentlichen Auftragswesens (→ Dienstleistungskoordinierungsrichtlinie, → Sektorenrichtlinie, → Rechtsmittelrichtlinien) und die Vereinheitlichung nationaler Rechtsvorschriften (→ Bauproduktenrichtlinie; → Baustellensicherheitsrichtlinie; → Dienstleistungshaftungsrichtlinie; → Richtlinie über mißbräuchliche Klauseln in Verbraucherverträgen) ist die Tätigkeit von Architekten betroffen. Der Europäische Gerichtshof sichert die Wahrung des EG-Rechts bei der Anwendung des EG-Vertrags.

F

Fälligkeit des Architektenhonorars tritt dann ein, sobald die Leistungen vertragsgemäß fertiggestellt und eine → prüfbare Honorarschlußrechnung überreicht worden ist. Die → Abnahme ist zwar in § 641 BGB als Fälligkeitsvoraussetzung für den → Werkvertrag vorgeschrieben, wird aber nach allgemeiner Auffassung wegen der Besonderheiten des Architektenvertrags für das Architektenhonorar nicht gefordert (BGH BauR 1986, 596, NJW-RR 1986, 1279, ZfBR 1986, 232; BGH NJW-RR 1988, 401). Bei vorzeitiger Vertragsbeendigung, also → Kündigung seitens eines Vertragsteils oder bei Vertragsaufhebung, ist die Fertigstellung keine Fälligkeitsvoraussetzung.

Die Fälligkeit löst den Lauf der → Verjährungsfrist des Honoraranspruches aus. → Abschlagszahlungen werden mit Stellung der Abschlagsrechnungen nach Fertigstellung der zugrundeliegenden, nachgewiesenen Teilleistungen fällig, § 8 Abs. 2 HOAI. Hat der Architekt eine Honorarforderung eingeklagt, die noch nicht fällig ist, wird die Klage als „zur Zeit unbegründet" abgewiesen (BGH BauR 1995, 126).

Näher: Rath-Piendl, Fälligkeit und Verjährung von Honoraransprüchen der Architekten, DAB 1991, 1979).

Fahrlässigkeit → Verschulden

Fahrtkosten → Nebenkosten

Fertigstellung des Architektenwerks → Abnahme des Architektenwerks → Fälligkeit des Architektenhonorars

Fertigteile im Sinn des § 28 HOAI sind industriell in Serienfertigung hergestellte Konstruktionen oder Gegenstände für Bauwerke. Wenn ihre Entwicklung und Herstellung von dem Architekten geplant bzw. überwacht wird, der mit der Objektplanung eines Gebäudes beauftragt ist, erfolgt keine besondere Honorierung, da diese Teile in den → anrechenbaren Kosten berücksichtigt werden. Im anderen Fall, also außerhalb einer konkreten Objektplanung, kann entweder bei Auftragserteilung schriftlich ein → Pauschalhonorar vereinbart werden; andernfalls ist ein → Zeithonorar zu berechnen.

Siehe auch → Bewehrungsabnahme → Rationalisierungswirksame besondere Leistungen

Festhonorar. 1. Mit der Fünften HOAI-Novelle wurde in § 4a die Möglichkeit geschaffen, ein Honorar unabhängig von den sich letztlich ergebenden Herstellungskosten zu vereinbaren. Mindestens die Kostenfeststellung, möglicherweise aber auch schon der Kostenanschlag bleiben damit ohne Einfluß auf die Honorarberechnung. Damit wird die bisher uneingeschränkte Anbindung des Honorars an die Kosten durchbrochen, ebenso das Verbot der → Mindestsatzunterschreitung bzw. der → Höchstsatzüberschreitung, da das Festhonorar ja im Ergebnis unter bzw. über den Mindest- bzw- Höchstsätzen liegen kann, die sich aus den endgültigen Kosten ergeben würden. § 4a HOAI widerspricht damit der Ermächtigungsgrundlage,

Festhonorar 76

dem → GIA, das nur die in § 4 Abs. 3 HOAI genannten Ausnahmen vorsieht.

2. Ein Festhonorar nach § 4a HOAI muß schriftlich bei Auftragserteilung, also vor Ausführung der Leistungen vereinbart werden. Die Grundlage der Festschreibung des Honorars soll nach § 4a HOAI eine nachprüfbare Kostenermittlung des Objekts sein, und zwar Kostenberechnung oder der Kostenanschlag. Da diese erst im Zuge der Leistungsphase 3 bzw. 7 des § 15 HOAI Abs. 2 erarbeitet werden, kann ein Auftrag mit Festhonorar frühestens nach deren Erbringung, also ab Leistungsphase 4 erteilt werden. Das wiederum setzt voraus, daß die Leistungsphase 1 bis 3 unter üblichen Bedingungen in Auftrag gegeben wurden, möglicherweise auch an einen anderen Architekten. Damit unterstellt das Festhonorar eine Zweiteilung des Architektenauftrags.

3. Mit einem Festhonorar nach § 4a HOAI gehen beide Parteien wie beim → Pauschalhonorar das Risiko ein, daß bei unerwarteten Kostenentwicklungen eine normale Abrechnung für den einen oder anderen günstiger verlaufen würde. Das Risiko des Architekten wird durch § 4a Satz 2 und 3 HOAI gemildert: demnach sollen Mehrleistungen, die auf Veranlassung des Bauherrn erforderlich werden, zusätzlich honoriert werden; für Mehraufwendungen aufgrund einer nicht vom Architekten zu vertretenden Bauzeitverlängerung soll ein zusätzliches Honorar vereinbart werden können. Mehrleistungen, die nicht im Auftrag erfaßt sind, sind allerdings ohnehin als → Planungsänderungen oder → Zusatzleistungen vergütungspflichtig. → Bauzeitverzögerungen können dagegen ohne einen Honorarausgleich zu einer erheblichen Belastung des Architekten führen, wenn sie nicht auf dem Verstoß gegen → Mitwirkungspflichten des Bauherrn beruhen. Damit gibt § 4a Satz 3 HOAI eine Möglichkeit, ein Honorar die für während Planungspausen unnötig vorgehaltene Leistungen – Personal- und Sachkosten zusätzlich zum Festhonorar zu vereinbaren, zum Beispiel in Form von Monatspauschalen für die Zeit der unterbrochenen Planung.

Entgegen Motzke/Wolff, Praxis der HOAI, 2. Auflage, § 4a (S. 80) gilt § 4a HOAI Satz 3 nur für das Festhonorar im Sinn des Abs. 1 und nicht auch für alle übrigen Honorarformen; andernfalls wäre die Bestimmung in § 21 HOAI eingefügt worden.

Finanzierungsberatung bei der Verwirklichung eines Vorhabens gehört ohne einen ausdrücklichen Auftrag des Bauherrn nicht zu den Leistungspflichten des mit der → Objektplanung beauftragten Architekten (BGH NJW 1973, 237). Er muß aber frühzeitig den wirtschaftlichen Rahmen der Planung abstecken (BGH BauR 1991, 366, ZfBR 1991, 104, NJW-RR 1991, 664, SFH § 15 HOAI Nr. 5). Übernimmt es der Architekt, sich für den Bauherrn um öffentliche Fördermittel zu bemühen, ist er verpflichtet, diese sachgerecht und rechtzeitig zu beantragen (BGH IBR 1996, 247).

Flächennutzungsplan → Städtebauliche Leistungen

Formularvertrag → Vertragsmuster → Allgemeine Geschäftsbedingungen

Freianlagen werden von Garten- und Landschaftsarchitekten, im Zusammenhang mit der Gebäudeplanung aber von Hochbauarchitekten gestaltet. Es handelt sich um „planerisch gestaltete Freiflächen und Freiräume sowie entsprechend gestaltete Anlagen in Verbindung mit Bauwerken oder in Bauwerken", § 3 Nr. 12 HOAI. Auf diese Leistungen sind die §§ 10 bis 27 HOAI anzuwenden.

2. Wie bei der → Objektplanung von Gebäuden ist das Honorar nach den → **anrechenbaren Kosten** des Objektes zu bestimmen. Diese ergeben sich aus § 10 Abs. 2, 3 und 4a HOAI. In § 10 Abs. 4a werden bestimmte Bauwerke bzw. Anlagen aufgezählt, deren Kosten in die anrechenbaren Kosten eingehen sollen, wenn der Architekt sie plant oder ihre Ausführung überwacht. § 10 Abs. 6 nimmt für Freianlagen ausdrücklich die Kosten des Gebäudes, die in § 10 Abs. Nr. 1 bis 4 und 6 bis 12 genannten Kosten sowie den Unter- und Oberbau von Fußgängerbereichen im Sinn von § 14 Nr. 4 HOAI aus.

3. § 14 HOAI stellt eine Objektliste zur Einordnung des Objektes in die → **Honorarzonen** auf; die zweite Spalte des § 15 Abs. 1 HOAI weist für die Freianlagen die Prozentsätze aus, mit denen die einzelnen → Leistungsphasen des § 15 Abs. 2 HOAI bewertet werden. § 17 HOAI schließlich enthält die besondere → **Honorartafel** für Grundleistungen bei Freianlagen, wobei die Abweichungen des § 16 Abs. 1 und 2 HOAI bei Objekten unter dem Mindestbetrag der anrechenbaren Kosten (hier:

Freier Architekt

40 000 DM) sowie über dem Höchstbetrag (hier: 3 Mio DM) entsprechend anzuwenden sind.

4. Besonders erwähnt die HOAI in § 18 den Fall **einheitlicher Auftragserteilung für Gebäude und Freianlagen an denselben Architekten**: in diesem Fall sind die Honorare getrennt zu berechnen, es sei denn, daß für einen der beiden Leistungsteile weniger als DM 15 000 anrechenbare Kosten vorliegen. Eine abweichende Vereinbarung ist nichtig, wenn dadurch der sich bei getrennter Berechnung ergebende Mindestsatz für einen Leistungsteil unterschritten werden würde.

5. Nach § 20 Satz 2 HOAI sind auf die Leistungen für Freianlagen § 20 Satz 1 und § 21 Satz 1 und 2 HOAI entsprechend anzuwenden, so daß bei **Alternativentwürfen** das Honorar der Vor- oder Entwurfsplanung herabzustufen ist; bei **zeitlicher Trennung der Ausführung** ist eine getrennte Honorarabrechnung für die einzelnen Abschnitte möglich.

Näher: Franken, Planungshonorar für Freianlagen bei vorhandenem Baumbestand, DAB 88, 1587.

Freier Architekt → Freischaffender Architekt

Freie Mitarbeiter des Architekten erbringen in weitgehender persönlicher und wirtschaftlicher Unabhängigkeit, frei von einer Bindung an den Ort, die Zeiteinteilung und die Organisation des Architekturbüros eigenverantwortlich und weisungsunabhängig Leistungen für ein konkretes und abgegrenztes Projekt des auftraggebenden Architekten.

Entsprechen die Tätigkeitsmerkmale eines Mitarbeiters aber denen eines Angestellten, ist er also persönlich abhängig und weisungsgebunden, in den Betrieb integriert und an feste Arbeitszeiten gebunden, so liegt ein **Arbeitsverhältnis** vor. Ein Mitarbeiter des Architekten gilt dann als Arbeitnehmer; das Vertragsverhältnis ist in diesem Fall dem → Arbeitsrecht unterworfen. Die Bezeichnung des Vertrags ist bei der Unterscheidung zwischen freiem Mitarbeiter und Arbeitnehmer ohne Bedeutung; entscheidend sind allein die objektiven Verhältnisse.

Häufig wird eine Zwischenform praktiziert, wenn der Mitarbeiter aufgrund wirtschaftlicher, aber nicht persönlicher Abhängigkeit eine **arbeitnehmerähnliche Stellung** einnimmt; ein Rechtsstreit ist dann anders als beim echten freien Mitarbeiter vor den Arbeitsgerichten zu führen, § 5 Abs. 1 Satz 2 3. Alternative ArbGG.

Auf die Leistungen eines freien Mitarbeiters in einem Architekturbüro ist die HOAI anzuwenden (BGH BauR 1985, 582; a. A. OLG Düsseldorf BauR 1984, 671 L). Er ist dann ähnlich wie bei einem → Unterauftrag verpflichtet. Bei engerer Bindung wird die Vergütung z. B. mit Monatspauschalen oder nach Stundensätzen (OLG Oldenburg IBR 1996, 252) für zulässig gehalten. Bei Arbeitnehmern oder arbeitnehmerähnlichen Personen richtet sich die Vergütung nach den Bestimmungen des Dienstvertrags.

Näher: Kunz/Kunz, Freier-Mitarbeiter-Vertrag oder Festanstellung? DAB 1993, 1480 ff.

Freischaffender Architekt ist die traditionelle Bezeichnung desjenigen Architekten, der weder gewerblich, noch angestellt, noch als Beamter tätig ist. Der Begriff soll die unabhängige und treuhänderische Stellung deutlich machen. Auf ihn treffen die Merkmale der Freiberuflichkeit zu, z. B. die Freiheit von der Pflicht, → Gewerbesteuer zu bezahlen. Wer als freier Architekt in die Architektenliste eingetragen ist, darf sich nicht baugewerblich betätigen (BVerfG NJW-RR 1994, 153).

G

Gartenarchitekt → Landschaftsarchitekt

Gebäude sind nach einer Definition des BGH unbewegliche, mit dem Erdboden verbundene, durch Verwendung von Arbeit und Material hergestellte Sachen, die von Menschen betreten werden können. Ihre Planung ist Gegenstand der Abschnitte II. und III. der HOAI.

Gegenseitigkeit → Ausländische Architekten aus anderen als EG-Mitgliedsstaaten

Genehmigungsplanung. 1. Im Rahmen der → Objektplanung entwickelt der Architekt die in § 15 Abs. 2 Nr. 4 HOAI beschriebenen Grundleistungen der Genehmigungsplanung aus dem Entwurf (§ 15 Abs. 2 Nr. 3) weiter; Schwerpunkt dieser → Leistungsphase ist es allerdings, das Genehmigungsverfahren

Genehmigungsplanung

durch Formulierung der Anträge, Zusammenfassung der Unterlagen und deren Einreichung zu betreiben und zu begleiten. Dafür muß der Architekt hinreichende Kenntnisse im Bauplanungs- und Bauordnungsrecht haben (BGH SFH § 254 BGB Nr. 3, NJW 1985, 1692) und die Behördenpraxis kennen (LG Göttingen BauR 1996, 139).

2. Die Genehmigungsplanung ist durch folgende einzelnen Leistungen beschrieben:
- Erarbeiten der Vorlagen für die nach den öffentlich-rechtlichen Vorschriften erforderlichen Genehmigungen oder Zustimmungen einschließlich der Anträge auf Ausnahmen und Befreiungen unter Verwendung der Beiträge anderer an der Planung fachlich Beteiligter sowie noch notwendiger Verhandlungen mit Behörden,
- Einreichen dieser Unterlagen,
- Vervollständigen und Anpassen der Planungsunterlagen, Beschreibungen und Berechnungen unter Verwendung der Beiträge anderer an der Planung fachlich Beteiligter,
- bei Freianlagen und raumbildenden Ausbauten: Prüfen auf notwendige Genehmigungen, Einholen von Zustimmungen und Genehmigungen.

3. Als besondere Leistungen sind dieser Leistungsphase zugeordnet:
- Mitwirken bei der Beschaffung der nachbarlichen Zustimmung,
- Erarbeiten von Unterlagen für besondere Prüfverfahren,
- Fachliche und organisatorische Unterstützung des Bauherrn im Widerspruchsverfahren, Klageverfahren oder ähnliches,
- Ändern der Genehmigungsunterlagen infolge von Umständen, die der Auftragnehmer nicht zu vertreten hat.

4. Auch diese Leistungsphase zeigt die Orientierung des Architektenvertrages an einem zu erbringenden „Werk": wenn die beantragte **Baugenehmigung** mehrmals **verweigert** worden ist und der Auftraggeber deswegen die Architektenleistungen nicht abnimmt und sogar den Architektenvertrag gekündigt hat, steht dem Architekten kein Honoraranspruch für die von ihm hergestellten Planungen der Leistungsphasen 1 bis 4 des § 15 Abs. 2 HOAI zu (OLG Düsseldorf BauR 1986, 469), es sei denn, der Bauherr hat ausdrücklich eine letztlich nicht genehmigungsfähige Bebauung gefordert. Verweigert die Gemeinde

rechtswidrig ihr Einvernehmen mit dem Bauantrag des Architekten, behält dieser seinen Honoraranspruch (OLG München IBR 1995, 386; OLG Rostock IBR 1995, 483).

Näher: Maser, Die Haftung des Architekten für die Genehmigungsfähigkeit seiner Planung, BauR 1994, 305 ff.

Generalübernehmer wird genannt, wer im eigenen Namen die Planungs- und Bauleistungsverträge für das Bauvorhaben des Bauherrn abschließt, wenn diesem das Baugrundstück bereits gehört. Die Tätigkeit als Generalübernehmer ist → gewerbliche Tätigkeit und deshalb nicht mit dem Berufsbild des → freischaffenden Architekten vereinbar.

Gerichtsstand ist die örtliche Zuständigkeit eines Gerichts für die Durchführung eines → Zivilprozesses; er ergibt sich aus den §§ 12 ff. ZPO. Die Klage zum unzuständigen Gericht wird als unzulässig abgewiesen.

Gerichtsstand der Architektenhonorarklage ist stets das Gericht des Wohn- oder Geschäftssitzes des Bauherrn, §§ 12, 13 ff. ZPO. Nach § 29 ZPO ist es aber auch möglich und kann für den Architekten erheblich günstiger sein, das Gericht des **Erfüllungsorts** i. S. d. § 269 Abs. 1 BGB anzurufen. Erfüllungsort für den Honoraranspruch ist nach einer Auffassung der Ort des Architekturbüros, wie es beim Rechtsanwalt der Kanzleiort ist, weil dort der „Schwerpunkt" des Vertragsverhältnisses liege (AG Lübeck MDR 1981, 233; LG München I, NJW-RR 1993, 212); andere Gerichte sehen **den Ort des zu errichtenden Bauwerks** als einheitlichen Erfüllungsort für die beiderseitigen Verpflichtungen an (z. B. OLG Stuttgart BauR 1977, 72). Sind nur Planungsleistungen in Auftrag gegeben, die der Architekt in seinem Büro erbringt, soll es an dieser „Ortsbezogenheit" fehlen (LG Tübingen BauR 1991, 793 und 795, OLG Köln NJW-RR 1994, 986).

Nach den Bestimmungen des Übereinkommens vom 27. 9. 1968 über die Zuständigkeit und Vollstreckung gerichtlicher Entscheidungen in Zivil- und Handelssachen (EuGVÜ, BGBl. 1972 II, S. 774) ist bei einem ausländischen Bauherrn dessen Sitz im Ausland der richtige Klageort, selbst wenn das Bauwerk im Inland zu planen war (OLG München, BauR 1986, 242; EuGH NJW 1987, 1131; LG Kaiserslautern NJW 1988, 652).

Gerichtsstand der Klage des Bauherrn gegen den Architekten. Für Klagen gegen den Architekten ist zunächst nach §§ 12 ff. ZPO das Gericht zuständig, in dessen Bezirk der Architekt wohnt bzw. sein Büro führt. Da dieser Gerichtsstand nicht notwendig mit dem Ort des Bauwerks übereinstimmt und im Architektenhaftungsprozeß aber häufig Feststellungen am Bauwerk selbst getroffen werden müssen, und da der Architekt auch seine Leistungen in der Regel am Ort des Bauwerks zu erfüllen hat, kann die Klage auch dort erhoben werden (OLG Stuttgart BauR 1977, 72; a.A.: OLG Nürnberg BauR 1977, 70).

Wenn allerdings dem Architekten nicht Planung und Ausführung, sondern lediglich die Leistungsphasen 1 bis 5 HOAI oder weniger übertragen waren, kann der Ort des Bauwerks kein Kriterium für den Gerichtsstand sein, da die **Planung**sleistungen im Büro des Architekten erbracht werden, nicht aber auf der Baustelle (LG Baden-Baden BauR 1982, 606).

Näher: Kürschner, Zur Bedeutung des Erfüllungsortes bei Streitigkeiten aus Bauverträgen für die internationale Zuständigkeit und das nach IPR anzuwendende materielle Recht, ZfBR 1986, 259; Kartzke, Internationaler Erfüllungsortsgerichtsstand bei Bau- und Architektenverträgen, ZfBR 1994, 1 ff.

Gerichtsstandsvereinbarung ist die vertragliche Absprache über den Ort, an dem ein → Zivilprozeß geführt werden soll. Sie kann im voraus nur von Kaufleuten und Körperschaften des öffentlichen Rechts geschlossen werden. Andernfalls ist die Vereinbarung unwirksam, § 38 Abs. 1 ZPO. Umgehungsversuche, etwa durch Vereinbarung eines nicht mit dem tatsächlichen übereinstimmenden Erfüllungsortes der Vertragsleistung, sind unwirksam. Nach Entstehen einer Streitigkeit können sich die Parteien dagegen durchaus auf einen bestimmten Gerichtsstand einigen, § 38 Abs. 3 ZPO.

Gesamtschuldnerische Haftung. 1. Wenn sowohl der Architekt wie auch der Bauunternehmer aus ihren jeweiligen Tätigkeitsbereichen für denselben am Bauwerk auftretenden Mangel auf Schadensersatz in Geld haften, sind sie **Gesamtschuldner** des dem Bauherrn zustehenden Anspruches, § 421 BGB. Dieser kann den Schadensersatz nach seiner freien Wahl von jedem der beiden Gesamtschuldner, insgesamt selbstverständlich nur einmal, verlangen. Für die jeweils übernommenen Vertragsleistungen dagegen besteht kein Gesamtschuldverhältnis.

2. Der Bauunternehmer kann gegen einen Schadenersatzanspruch des Bauherrn gegebenenfalls einwenden, der Bauherr habe den Mangel oder Schaden dadurch mit zu verantworten, daß der Architekt ihn durch fehlerhafte Planung verursacht hat; dieser ist → **Erfüllungsgehilfe des Bauherrn** mit der Folge, daß dem Bauherrn nach § 278 BGB das Verschulden des Architekten zuzurechnen ist (BGH BauR 1971, 265). Der Vorwurf des Bauunternehmers, der Architekt habe ihn ungenügend beaufsichtigt, führt jedoch zu keiner **Entlastung** auf Kosten des Architekten (BGH NJW 1971, 752; LG Berlin BauR 1976, 130).

3. Hat der Bauherr für die **Planungsphase und die Ausführungsphase zwei verschiedene Architekten** beauftragt, so kann sich der planende Architekt nicht in gleicher Weise darauf berufen, daß der bauüberwachende Architekt Erfüllungsgehilfe des Bauherrn sei, da die „richtige" Überwachungsleistung keine Pflicht des Bauherrn gegenüber dem planenden Architekten ist, anders als die Pflicht der Bereitstellung „richtiger" Pläne gegenüber dem Bauunternehmer (BGH BauR 1989, 97, NJW-RR 1989, 86).

4. In ihrem Innenverhältnis haben die Gesamtschuldner gegeneinander einen **Ausgleichsanspruch,** wenn einer die Schadensersatzleistungen allein erbracht hat, § 426 BGB. Dieser Ausgleichsanspruch richtet sich nach dem Haftungsanteil, also dem Maß an Verschulden der Beteiligten. Er ist unabhängig von Einreden, die dem in Anspruch genommenen Gesamtschuldner gegen den Bauherrn zustehen oder zustehen würden, zum Beispiel der Abnahme (OLG Braunschweig BauR 1991, 355). Nach Erfahrungswerten ist die Quote beim Bauunternehmer regelmäßig erheblich höher als beim Architekten, da in seiner Sphäre der (Planungs-)Mangel erst in die Wirklichkeit umgesetzt wird; erst der Verstoß des Bauunternehmers gegen die Regeln der Baukunst oder der Technik verwirklicht den Mangel. Schließt einer der Gesamtschuldner mit dem Bauherrn einen Vergleich über die Schadensregulierung, so wirkt dieser auch zugunsten des anderen (OLG Köln BauR 1993, 744).

5. Die gesamtschuldnerische Haftung wirkt sich vor allem dann aus, wenn Bauunternehmer und Architekt für ihre **Leistungen unterschiedliche Gewährleistungsfristen** vereinbart

Gesamtschuldnerische Haftung 84

haben, insbesondere also, wenn im Bauvertrag die → VOB Teil B vereinbart ist, die eine zweijährige Gewährleistungsfrist für Mängel des Bauunternehmers vorsieht, während der Architekt die Einrede der → Verjährung erst fünf Jahre nach → Abnahme des Architektenwerks erheben kann. In diesen Fällen muß der Architekt zunächst allein gegenüber dem Bauherrn für die Mängelbeseitigung einstehen und kann erst dann intern gegenüber dem Bauunternehmer seinen Ausgleichsanspruch durchsetzen. Dieser Ausgleichsanspruch verjährt zwar erst 30 Jahre nach seinem Entstehen, ist aber häufig durch Insolvenz des Bauunternehmers gefährdet oder nicht mehr realisierbar.

6. Wegen dieses Risikos kann in Architektenverträgen vereinbart werden, daß der Architekt nur im Falle des Unvermögens des Bauunternehmers für Aufsichts- und Prüfungsfehler haften soll (→ Haftungsbeschränkung). Die Verjährung **dieser „subsidiären Haftung"** beginnt allerdings erst dann, wenn das Unvermögen des Bauunternehmers feststeht (BGH BauR 1987, 343, NJW 1987, 1743). Eine nur auf die „Quote" des Architekten beschränkte Haftung kann von ihm nicht in → Allgemeinen Geschäftsbedingungen bestimmt werden (OLG Düsseldorf IBR 1994, 246).

7. Auch zwischen dem **Architekten** einerseits **und dem Tragwerksplaner oder dem Geologen** andererseits kann in einigen Fällen gesamtschuldnerische Haftung eintreten. Der Tragwerksplaner hat zwar lediglich für die Standfestigkeit seines Tragwerkes einzustehen, der Geologe für die Richtigkeit seiner Baugrundbeurteilung. Fehler in beiden Bereichen können sich jedoch auf das Bauwerk auswirken und sich dort mit Fehlern des Architekten überschneiden. Der Tragwerksplaner braucht die Planung des Architekten nicht auf ihre allgemeine Gebrauchstauglichkeit hin zu überprüfen; nur offensichtliche Fehler oder sich aufdrängende Bedenken muß er dem Bauherrn mitteilen (OLG Köln BauR 1986, 714).

Beispiele:
– Neben dem Tragwerksplaner haftet auch der Architekt für Schäden, die aufgrund nicht vorgesehener Dehnungsfugen am Bauwerk eingetreten sind (OLG Düsseldorf BauR 1973, 252).
– Hat ein Flachdach eine Mulde, in der sich so viel Regenwasser sammelt, daß dies zum Einsturz des Daches führt, so

haftet hierfür überwiegend der Tragwerksplaner, da sein Tragwerk ungenügend ist; der Architekt ist allerdings beteiligt, weil er die Muldenbildung ermöglicht hat (OLG Celle, BauR 1985, 244).
- Rißbildungen, die auf fehlerhafte Konstruktion des Bauwerks zurückzuführen sind, fallen in den alleinigen Verantwortungsbereich des Tragwerksplaners; ebenso die fehlerhafte Auflagerung von Stahlträgern (OLG Stuttgart BauR 1975, 431) sowie die plastische Verformung einer weit gespannten Betonrippendecke (BGH VersR 1964, 830; so OLG Köln BauR 1988, 241).
- Anders wiederum die Planung von Wärmedämmungsmaßnahmen, die vorwiegend Aufgabe des Architekten ist. Der Tragwerksplaner muß sie nur insoweit berücksichtigen, als sie Auswirkungen auf das Tragwerk haben kann (OLG Köln SFH § 278 BGB Nr. 7).

8. Im Verhältnis des Architekten und des Tragwerksplaners zum Bauherrn können beide bezüglich des jeweils anderen den Einwand geltend machen, der andere sei Erfüllungsgehilfe des Bauherrn; dieser haftet dann wegen Mitverschuldens aus § 278, 254 BGB. Die Bereitstellung „richtiger" Planung seitens des Bauherrn ist Vertragspflicht gegenüber dem Tragwerksplaner; umgekehrt muß der Bauherr auch dem Architekten gegenüber dafür einstehen, daß der vom Bauherrn eingeschaltete Tragwerksplaner seine Leistungen „richtig" erbringt.

9. Auch für die Auswahl der den → Baugrundverhältnissen entsprechenden Fundamente eines Bauwerks haftet nicht der Tragwerksplaner, sondern der Architekt allein, wenn er keinen Geologen eingeschaltet hat. Im Verhältnis des **Bodengutachters** und des Architekten zum Bauherrn soll nach einer Entscheidung des OLG Köln (SFH § 635 BGB Nr. 55) der Architekt voll für eine falsche Bauwerksgründung einstehen, auch wenn diese auf einer Fehlberatung des Geologen beruht (anders OLG Köln BauR 1992, 804, SFH § 635 BGB Nr. 82, NJW-RR 1992, 1500).

Näher: Kaiser, Die gesamtschuldnerische Haftung des Architekten neben anderen Baubeteiligten ZfBR 1985, 101 ff.; Knake, Die Ausgleichspflicht unter Gesamtschuldnern, BauR 1985, 270 ff.; Beigel, Gesamtschuldnerschaft von Architekt und Bauherr gegenüber dem Bauunternehmer?, BauR 1987, 626 ff;

Geschäftsgrundlage

Motzke, Abgrenzung der Verantwortlichkeit zwischen Bauherrn, Architekt, Ingenieur und Sonderfachleuten, BauR 1994, 47 ff..

Geschäftsgrundlage → Wegfall oder Änderung der Geschäftsgrundlage

Gesellschaft bürgerlichen Rechts → Partnerschaft

Gesellschaft mit beschränkter Haftung → Architekten-GmbH → Partnerschaft

Gestalterische Überwachung → Künstlerische Oberleitung

Gewährleistung. Nach § 633 BGB muß der Architekt sein „Werk so herstellen, daß es die zugesicherten Eigenschaften hat und nicht mit Fehlern behaftet ist, die den Wert oder die Tauglichkeit zu dem gewöhnlichen oder dem nach dem Vertrage vorausgesetzten Gebrauch aufheben oder mindern". Dieser gesetzlich festgelegte Qualitätsanspruch wird bis zur → Abnahme des Architektenwerks durch die Erfüllung der → vertraglichen Pflichten des Architekten verwirklicht. Nach der Abnahme hat der Bauherr gegen den Architekten die Ansprüche aus der Gewährleistung, es sei denn, ein Mangel bestand schon bei der Abnahme und der Bauherr hat sich die Rechte daraus nicht vorbehalten.

1. Die Gewährleistungsansprüche geben dem Bauherrn zunächst das Recht aus den §§ 633 bis 635 BGB, → **Nachbesserung**, also Beseitigung der Mängel zu fordern. In der Regel nützt die Nachbesserung einer mangelhaften Planung dem Bauherrn aber nichts mehr, da diese bereits baulich umgesetzt worden ist und sich als Mangel des Bauwerks selbst verkörpert hat; das Bauwerk selbst ist jedoch nicht Leistungsinhalt des Architektenvertrags.

2. Ist die Nachbesserung dagegen – was selten der Fall ist – noch möglich und sinnvoll, ist sie zudem nicht mit einem unverhältnismäßigen Aufwand verbunden, und wird sie vom Architekten auch nicht von vorneherein verweigert, so muß ihm der Bauherr eine Frist für ihre Durchführung setzen, § 634 Abs. 1 Satz 1 BGB. Nach deren fruchtlosem Ablauf kann er die Rückgängigmachung des Vertrags, genannt → **Wandelung**, oder die Herabsetzung des des Werklohns, im Gesetz

als → **Minderung** bezeichnet, verlangen, § 634 Abs. 1 Satz 3 BGB.

3. Da die Rechte der Wandelung und der Minderung den Besonderheiten des Architektenwerks als eines geistigen Werks – der Architekt schuldet nicht das Bauwerk selbst, sondern sein Entstehenlassen – nicht gerecht werden, haben sie nur geringe praktische Bedeutung. Wichtiger ist deshalb der Anspruch des Bauherrn auf → **Schadenersatz wegen Nichterfüllung,** § 635 BGB, der allerdings Verschulden des Architekten voraussetzt, und der **statt** der Wandelung oder der Minderung gefordert werden kann.

4. Die **Frist** für die Ausübung der Gewährleistungsrechte beträgt bei Architektenleistungen nach § 638 BGB fünf Jahre von ihrer → Abnahme durch den Bauherrn. Danach kann der Architekt die Einrede der → **Verjährung** erheben. In Ausnahmefällen grober Fehler bei der Objektüberwachung oder -betreuung wird teilweise sogar eine 30-jährige Verjährungsfrist angenommen (OLG Celle NJW-RR 1995, 1486; OLG Hamm BauR 1995, 579; NJW-RR 1995, 400).

5. Die Gewährleistungsansprüche schließen andere Anspruchsgrundlagen aus, wie die Haftung aus einem → vorvertraglichen Vertrauensverhältnis, wegen → Anfechtung oder wegen → Wegfalls oder Änderung der Geschäftsgrundlage, soweit derselbe Sachverhalt bzw. Mangel zugrundeliegt.

Gewährleistung des Bauunternehmers → Objektüberwachung → Objektbetreuung und Dokumentation

Gewerbesteuer. Angehörige freier Berufe sind als Inhaber großer Architekturbüros nach § 18 Abs. 1 Nr. 1, 3 EStG nur dann nicht gewerbesteuerpflichtig, wenn sie aufgrund ihrer Fachkenntnisse leitend und eigenverantwortlich tätig sind. Die Abgrenzung dieser Definition gegenüber unternehmerischer Tätigkeit ist bei großen Architekturbüros umstritten. Als „**Leitung**" im Sinn des § 18 Abs. 1 Nr. 1 EStG wird es angesehen, wenn der Inhaber die Organisation der Tätigkeitsbereiche, die Durchführung der Arbeiten, grundsätzliche Entscheidungen und die Überwachung des Ablaufs festlegt und in der Hand hat. „**Eigenverantwortlichkeit**" setzt eine persönliche Teilnahme des Berufsträgers an der praktischen Arbeit in ausreichendem Umfang voraus, damit er vor allem die fachliche Verantwortung für die ordnungsgemäße Ausführung des in Auftrag genommenen Werk bzw. der übernommenen Dienstleistung tragen kann (BFH NJW 1990, 343).

Gewerbliche Betätigung → Standesrecht → Baubetreuung → Bauträger → Generalübernehmer

GIA (Gesetz zur Regelung von Ingenieur- und Architektenleistungen). 1. Das Gesetz zur Regelung von Ingenieur- und Architektenleistungen vom 4. 11. 1971 (BGBl. I 1745) ist als Art. 10 Bestandteil des Gesetzes zur Verbesserung des Mietrechts und zur Begrenzung des Mietanstiegs sowie zur Regelung von Ingenieur- und Architektenleistungen (gebräuchliche Abkürzung: **MRVG**). Das MRVG sollte durch Änderungen des Mietrechts, aber auch des Architekten- und Ingenieurrechtes den durch Nachfragedruck und den Anstieg der Grundstücks- und Baupreise verzerrten Wohnungsmarkt beruhigen, Auswüchse beschneiden und durch die Honorarregelung mittelbar den Preisanstieg dämpfen. Aufgrund der §§ 1 und 2 GIA wurde die Bundesregierung ermächtigt, durch Rechtsverordnung mit Zustimmung des Bundesrats eine Honorarordnung für Leistungen der Ingenieure und der Architekten zu erlassen. Dies ist durch die → **HOAI** geschehen.

2. Nach der Aufhebung des § 4 Abs. 2 HOAI durch das Bundesverfassungsgericht (NJW 1982, 373, BauR 1982, 74, ZfBR 1982, 35) wurde das GIA durch das Änderungsgesetz vom 12. 11. 1984 (BGBl. I, 1337) insoweit geändert, daß die jeweiligen Absätze 3 Nr. 1 von §§ 1 und 2 nun ausdrücklich bestimmen, daß die Mindestsätze nur in Ausnahmefällen und nur durch schriftliche Vereinbarung unterschritten werden können.

3. Im Gebiet der ehemaligen **DDR** gilt das GIA seit dem 3. 10. 1990 mit der Maßgabe, daß die Worte „bei Erteilung des Ingenieurauftrages" in § 1 Abs. 3 Nr. 3 GIA bzw. „bei Erteilung des Architektenauftrages" in § 2 Abs. 3 Nr. 3 GIA bis zum 31. 12. 1992 nicht galten (Gesetz zu dem Vertrag vom 31. 8. 1990 zwischen der Bundesrepublik Deutschland und der Deutschen Demokratischen Republik über die Herstellung der Einheit Deutschlands – Einigungsvertragsgesetz – und der Vereinbarung vom 18. 9. 1990 vom 23. 9. 1990, BGBl. II, 885 ff., 997, Art. 1 i. V. m. Art. 3 und 8 des Einigungsvertrags i. V. m. Anlage I, Kapitel V Abschnitt III, Ziffer 2). Diese Ausnahme vom

Gleichlaut mit der in der BRD und Westberlin geltenden Fassung ermöglichte die Anpassung von in der bisherigen DDR abgeschlossenen Architektenverträgen an die Bestimmungen der HOAI. Die Umstellungsmöglichkeit ist im Einigungsvertrag a. a. O für die HOAI detailliert ausgeführt.

GmbH → Architekten-GmbH → Partnerschaft

GOA 1950 – Gebührenordnung für Architekten. 1. Die bis zum Inkrafttreten der → HOAI am 1. 1. 1977 gültige Gebührenordnung für Architekten (GOA 1950) war als Anlage zur preisrechtlichen Verordnung PR Nr. 66/50 vom 13. 10. 1950 vom seinerzeitigen Wirtschaftsminister aufgrund des § 2 des Preisgesetzes vom 10. 4. 1948 (WiGBl. 27) erlassen worden und galt zuletzt in der Fassung der Änderungsverordnung vom 23. 7. 1974 (BAnz. Nr. 134 v. 24. 7. 1974). In der Freien Stadt Berlin galt entsprechend und gleichlautend die Berliner Verordnung über die Gebühren von Architekten vom 9. 4. 1951 in der Fassung der Änderungsverordnung vom 23. 7. 1974.

2. § 1 der Verordnung PR Nr. 66/50 vom 13. 10. 1950 setzte fest, daß die nach der GOA 1950 ermittelten Entgelte für Architektenleistungen **Höchstpreise** waren. Nur im Falle außergewöhnlicher Leistungen bzw. solcher von ungewöhnlich langer Dauer, die der Architekt nicht zu vertreten hatte, konnten danach im Einzelfall höhere Gebühren vereinbart werden.

3. Die GOA gliederte sich in sechs Abschnitte, die zunächst allgemeine Bestimmungen (I.) und dann den Kernbereich des Architektenhonorars, nämlich die Gebühren für bauliche Leistungen (II.) regelten. Der Abschnitt III. galt Gutachten und Schätzungen, der IV. Abschnitt den Gebühren für städtebauliche Leistungen. Der Abschnitt V. regelte Gebühren für Leistungen nach Zeit und der VI. die Nebenkosten.

4. Grundlage der Architektengebühr war die Kostenanschlagssumme sowie zunächst sieben, später nach Streichung des von Wohnbauten des öffentlich geförderten sozialen Wohnungsbaus sechs **Bauklassen,** die nach einer Beispielsliste oder nach dem Ausbauverhältnis zu berechnen waren. Das Leistungsbild der Architektenleistung enthielt in § 19 Abs. 1f) die „**künstlerische Oberleitung**". Die Umsatzsteuer war in den sich aus der Gebührenordnung ergebenden Beträgen enthalten, wurde ihre Zahlung zusätzlich zu den Sätzen der GOA verein-

Grünordnungsplan

bart, lag darin eine Höchstsatzüberschreitung mit der Folge der → Nichtigkeit.

5. Durch § 57 Abs. 1 HOAI a. F. (jetzt § 101 Abs. 1 HOAI) wurde die GOA ausdrücklich aufgehoben, durch § 57 Abs. 2 HOAI a. F. (jetzt § 101 Abs. 2 HOAI) die Berliner Verordnung über die Gebühren von Architekten. Von der GOA zur HOAI wurde durch die → Übergangsregelung des § 59 Abs. 1 Satz 2 und Abs. 2 HOAI a. F. (jetzt § 103 Abs. 1 Satz 2 u. Abs. 2 HOAI) übergeleitet. Die Rechtsprechung zur GOA wird in manchen Fragen zur Auslegung der HOAI herangezogen.

Grünordnungsplan → Landschaftsplanung

Grundlagenermittlung. Bevor die Planung eines Objekts – ob Gebäude, Freianlage oder raumbildender Ausbau – beginnen kann, muß der Architekt die Vorgaben ermitteln und klären. Dies geschieht durch die Grundleistungen der Leistungsphase 1 des § 15 Abs. 2 HOAI:
- Klären der Aufgabenstellung,
- Beraten zum gesamten Leistungsbedarf,
- Formulieren von Entscheidungshilfen für die Auswahl anderer an der Planung fachlich Beteiligter,
- Zusammenfassen der Ergebnisse.

Als → besondere Leistungen können
- Bestandsaufnahme,
- Standortanalyse,
- Betriebsplanung,
- Aufstellen eines Raumprogramms,
- Aufstellen eines Funktionsprogramms,
- Prüfen der Umwelterheblichkeit,
- Prüfen der Umweltverträglichkeit

zusätzlich übertragen werden.

Grundleistungen sind nach § 2 Abs. 2 HOAI die Leistungen, die „im allgemeinen erforderlich" sind, um einen Auftrag ordnungsgemäß zu erfüllen. Sie sind in den jeweiligen → Leistungsbildern verschiedener Tätigkeitsbereiche des Architekten, untergliedert nach → Leistungsphasen, aufgezählt. Daneben können → besondere Leistungen vereinbart werden. Ist eine einzelne Grundleistung nach ausdrücklicher Absprache nicht erbracht worden, so ist ihr Anteil an der Leistungsphase vom Gericht zu schätzen (OLG Frankfurt, BauR 1982, 600) → Teilleistungen.

Grundstücksvertiefung → Baugrundverhältnisse → Unerlaubte Handlung → Haftung gegenüber Dritten

GRW 1995. 1. Das Verfahren bei der Durchführung von → Architektenwettbewerben ist durch die **Grundsätze und Richtlinien für Wettbewerbe auf den Gebieten der Raumplanung, des Städtebaus und des Bauwesens** (GRW 1995; Bundesanzeiger Nr. 64 vom 30. 3. 1996, S. 3922 ff.) geregelt. 1952 war die erste Verfahrensordnung für Wettbewerbe (GRW 1952) vom Bund Deutscher Architekten (BDA) in Zusammenarbeit mit dem Deutschen Städtetag aufgestellt worden und stellte einen freiwilligen Verhaltenskodex des Städtetags und seiner Mitglieder auf der Ausloberseite dar. An den seit 1960 betriebenen Vorarbeiten für eine Neugestaltung waren unter der Federführung der Bundesarchitektenkammer und des Bundesministers für Raumordnung, Bauwesen und Städtebau die Bundesvereinigung der kommunalen Spitzenverbände, der Gesamtverband Gemeinnütziger Wohnungsunternehmen, der Deutsche Industrie- und Handelstag und der Bundesverband der Deutschen Industrie beteiligt. 1977 wurde die Neufassung unter dem Titel „GRW 1977" bekanntgemacht. Die Vorgaben der → Dienstleistungskoordinierungsrichtlinie der EG machten eine grundlegende Überarbeitung nötig, die 1995 abgeschlossen wurde.

2. Für Vorhaben des Bundes hat der Minister für Raumordnung, Bauwesen und Städtebau die GRW 1995 als verbindlich erklärt (Bekanntmachung vom 9. 1. 1996, abgedruckt im BAnz., a. a. O.); ebenso soll dies in den Bundesländern für ihren eigenen Bereich und als Empfehlung für die Bezirke, Landkreise, Gemeinden und die der Landesaufsicht unterstehenden Körperschaften, Anstalten und Stiftungen des öffentlichen Rechts geschehen.

3. Die GRW 1995 schreiben für Architektenwettbewerbe die Einhaltung eines bestimmten, sehr genau beschriebenen Verfahrens vor. Dies dient der Rechtssicherheit und dem Vertrauen in die Korrektheit des Verfahrens. Umgekehrt werden auch die Interessen der Auslober z. B. durch die genaue fachliche Abgrenzung des Teilnehmerkreises und auch durch das Auswahl-

verfahren, das eine optimale Entscheidungsfindung ermöglicht, berücksichtigt.

4. **Gegenstand** von Architektenwettbewerben sind vorwiegend Entwürfe für Bauwerke; jedoch auch stadtplanerische Wettbewerbe oder solche für Freianlagen, z. B. Gartenschauen, werden häufig veranstaltet. Regional- und Landschaftsplanung kann ebenso wie die Gestaltung von Innenräumen Gegenstand von Wettbewerben sein. In der Regel geht es um den Entwurf für ein konkretes Vorhaben, das gebaut werden soll (Realisierungswettbewerb); es ist aber auch möglich, nur Ideen als Vorstadium der Willensbildung zur Entscheidungshilfe einzuholen (Ideenwettbewerb). Der Wettbewerb kann in einer oder mehreren Stufen durchgeführt werden. Architekten aller EG-Mitgliedstaaten und, soweit die Bundesrepublik insoweit Verpflichtungen übernommen hat, auch solche aus dem Europäischen Wirtschaftsraum, dem Gebiet des GATS oder weiterer Staaten, können teilnehmen. Die Teilnehmer müssen – außer bei kooperativen Verfahren – anonym bleiben.

5. Die bisher am häufigsten angewendete Form ist der **offene Wettbewerb.** Nach den GRW 1977 war es noch möglich, den Zulassungsbereich je nach Umfang und Bedeutung der Bauaufgabe örtlich zu beschränken, also z. B. auf einen oder mehrere Regierungsbezirke oder Bundesländer. Nach der Vorgabe der → Dienstleistungskoordinierungsrichtlinie der EG ist dies nicht mehr möglich; jeder Architekt aus der EG kann teilnehmen. Der offene Wettbewerb kann in zwei Bearbeitungsphasen geteilt werden, in denen zunächst grundsätzliche Lösungsansätze und nach einer Auswahl durch das Preisgericht von mindestens 25 Teilnehmern konkrete Lösungen der Aufgabe erwartet werden.

6. **Beschränkte Wettbewerbe** können als begrenzt offene, Einladungs- oder als kooperative Verfahren ausgelobt werden.

Der **begrenzt offene Wettbewerb** soll den nach den GRW 1977 überwiegend angewendeten offenen, aber räumlich beschränkten Wettbewerb ersetzen. Als Ausgleich für die Öffnung des Zulassungsbereichs kann dabei die Teilnehmerzahl reduziert und ein unangemessener Aufwand vermieden werden. Die Auswahl wird statt durch ein Auswahlgremium über die fristgerechte Abgabe der Bewerbung, die Teilnahme an einem Kolloquium und, sofern notwendig, durch Losziehung getroffen; am eigentlichen Wettbewerb sollen dann mindestens 25 Architekten teilnehmen. Beschränkte Wettbewerbe sind auch innerhalb eines Verhandlungsverfahrens nach der → VOF unter den ausgewählten Bewerbern möglich.

Einladungswettbewerbe werden bei Vorhaben ausgelobt, die eine große Bearbeitungstiefe erfordern, insbesondere bei hohem Anteil an Ingenieurtechnik oder bei interdisziplinären Wettbewerben. Hier wählt ein unabhängiges Auswahlgremium die Teilnehmer am Wettbewerb aus; es sollen mindestens 3, höchstens 7 Architekten, die über besonders hohe Kompetenz verfügen, eingeladen werden.

In **Koopartiven Verfahren** ist dem anonymen Wettbewerb ein Meinungsaustausch zwischen allen Beteiligten in Form von Kolloquien vorgeschaltet, in dem der Auslober das Wettbewerbsprogramm entsprechend den gewonnenen Erkenntnissen weiterentwickeln kann.

Schließlich sind noch **vereinfachte Verfahren** möglich, in denen eine Aufgabe nur grundsätzlich abgeklärt, Planungsgrundlagen ermittelt oder Lösungsansätze für die weitere Bearbeitung entwickelt werden sollen.

In einem Anhang sind noch mit wenigen, sehr offen gefaßten Bestimmungen zwei Besondere Verfahren geregelt: Bei einfach zu beschreibenden Bauaufgaben können **kombinierte Wettbewerbe** als Realisierungswettbewerbe ausgelobt werden, bei denen Architekten und bauausführende Unternehmen zusammenarbeiten. Der wirtschaftliche Vergleich findet aufgrund einer Leistungsbeschreibung mit Leistungsprogramm nach der → VOB Teil A statt.

Außerdem gibt es die Möglichkeit des zweiphasigen **Investorenwettbewerbs.** Hier wird ein Bauherr für eine bestimmte Aufgabe auf einem ihm zu überlassenden Grundstück und die geeignete Planung dafür gesucht.

6. Am Wettbewerbsverfahren sind der Auslober, also der spätere Bauherr, die Teilnehmer, das Preisgericht, etwa beigezogene Sachverständige und die Vorprüfer beteiligt. Die Wettbewerbsausschüsse der jeweils örtlich zuständigen Architektenkammern wirken bei der Vorbereitung und Durchführung des Wettbewerbs beratend mit, u.a. bei der Prüfung der Teilnahmeberechtigung und bei der Entscheidung über Ausnahmen von den Regelverfahren. Als Preise werden Geldbeträge ausgesezt. Ihre Höhe richtet sich nach dem Honorar, das für die ge-

forderte Leistung nach der HOAI unter Berücksichtigung des § 19 für → Einzelleistungen zu bezahlen wäre.

7. Nach der Wahl des Wettbewerbsverfahrens, der Formulierung der Aufgabe, der Bestimmung des Preisgerichts, der Sachverständigen und der Vorprüfer sowie der Festlegung der Preise und der Bearbeitungszeit wird der Wettbewerb ausgelobt. Dies hat bei Wettbewerben im Rahmen von Vergaben nach der VOF mindestens im Amtsblatt der EG mit den im Anlage I der GRW 1995 festgelegten Mindestangaben zu geschehen, in der Regel aber (auch) in den gängigen Architekturzeitschriften. Inhaltliche Rückfragen einzelner Teilnehmer werden gemeinsam beantwortet, gegebenenfalls ist ein Kolloquium abzuhalten. Nach der Abgabe der Arbeiten findet unter Wahrung der Anonymität die Vorprüfung und dann die zu protokollierende Preisgerichtssitzung statt, in der in mehreren Stufen die Preisträger, die Sonderpreise und die Ankäufe ermittelt werden. In Anlage III der GRW 1995 ist ein Regelablauf dafür vorgegeben. Bei Bedarf ist eine Überarbeitungsphase einzuschalten. Mit der Bekanntgabe des Ergebnisses, der Prüfung der Teilnahmeberechtigung und – nach Möglichkeit – einer Ausstellung der Arbeiten endet das Verfahren.

8. Der Auslober hat bei Realisierungswettbewerben die weitere Planung einem oder mehreren Preisträgern unter Würdigung der Empfehlungen des Preisgerichts zu übertragen, bei Einladungswettbewerben in der Regel dem ersten Preisträger. Die Beauftragung soll mindestens bis zur → Ausführungsplanung, § 15 Abs. 2 Nr. 5 HOAI, reichen. Ein Verstoß gegen diese Pflicht kann Schadensersatzansprüche auslösen (→ Architektenwettbewerb). Bei unveränderter Aufgabenstellung wird der zuerkannte Preis auf das spätere Honorar angerechnet. Die Arbeiten der übrigen Preisträger darf der Auslober nur verwenden, wenn er ihnen eine entsprechende Vergütung unter Anrechnung des Preisgeldes gewährt.

GSB. Das **Gesetz zur Sicherung von Bauforderungen** vom 1. 6. 1909 (RGBl. I 449) schützt Baubeteiligte vor der zweckwidrigen Verwendung von Baugeld durch den, dem dieses Geld anvertraut wurde, also z. B. Bauträger. Baugeld in diesem Sinn sind Darlehen, die für die Finanzierung des Vorhabens vom Bauherrn aufgenommen, im Grundbuch gesichert und an den Bauträger als Kaufpreis weitergegeben wurden. Er schließt seinerseits Verträge mit Bauunternehmern und Architekten ab und ist Schuldner ihrer Werklohnansprüche. Da Architekten mit ihren Leistungen unmittelbar zur Herstellung eines Gebäudes beitragen und dessen Wert erhöhen, zählen auch ihre Honorarforderungen zu den geschützten Bauforderungen (BGH BauR 1991, 237).

Verwendet ein Bauträger ihm anvertrautes Baugeld für andere Zwecke als das Vorhaben seines Bauherrn, verstößt er gegen die Schutzpflicht nach § 1 GSB. Das ist eine → Unerlaubte Handlung im Sinn von § 823 Abs. 2 BGB. Wenn dann die Bauhandwerker und der Architekt z.B. bei Konkurs des Bauträgers ihre Ansprüche nicht mehr realisieren können – mit dem Bauherrn haben sie ja in diesem Fall keine Vertragsbeziehungen – müssen z.B. die Geschäftsführer des Bauträgers selbst mit ihrem Privatvermögen für den verursachten Schaden einstehen, der in der ausgefallenen Werklohnforderung besteht.

Gutachten. 1. Zu vielen Fragenkreisen aus dem Bauwesen kann der Architekt als Gutachter herangezogen werden, beispielsweise zur Beurteilung der Qualität einer Bauleistung, zur Feststellung von Mängeln und ihren Ursachen oder auch zur Verantwortlichkeit der Baubeteiligten für Mängel oder Schäden. Die Leistung von Kollegen kann also auch Gegenstand der Begutachtung durch einen Architekten sein. Ein Gutachten unterscheidet sich vom bloßen Rat dadurch, daß es den zu beurteilenden Sachverhalt logisch geordnet darstellen und diesen dann unter eingehender Begründung der Argumente beurteilen muß. In der Regel ist ein Gutachten schriftlich zu erbringen. Die Tätigkeit des Architekten als Schiedsgutachter oder die bloße Zustandsfeststellung fallen nicht unter § 33 HOAI. Auch die bau- und landschaftsgestalterische Beratung im Sinne von § 61 HOAI oder andere Beratungs- und Gutachterleistungen auf dem bauphysikalischen, bautechnischen oder vermessungstechnischen Bereich sind keine gutachterlichen Tätigkeiten im Sinn von § 33 HOAI.

2. Das **Honorar** für Gutachterleistungen kann nach § 33 HOAI frei vereinbart werden; dies hat bei Auftragserteilung schriftlich zu geschehen. Andernfalls ist ein → Zeithonorar gemäß § 6 HOAI nach den dortigen → Mindestsätzen zu bezahlen. Andere Vergütungsregelungen, z.B. nach dem Gesetz über

die Entschädigung von Zeugen und Sachverständigen (ZuSEG in der Fassung der Bekanntmachung vom 1. 10. 1969, zuletzt geändert durch Gesetz vom 14. 6. 1989, BGBl. I 1026) oder aus einer konkreten Vereinbarung im Zusammenhang mit Schiedsrichtertätigkeit gehen § 33 HOAI vor.

H

Haftpflichtversicherung → Berufshaftpflichtversicherung

Haftung des Architekten. Die Verantwortung des Architekten für die übernommenen Leistungen und für eigenes Handeln gegenüber dem Bauherrn und anderen Beteiligten wird umfassend als seine „Haftung" bezeichnet. Sie ist nach den folgenden Gesichtspunkten zu beschreiben.

1. Art und Umfang der Architektenhaftung ergibt sich entsprechend dem zeitlichen Ablauf der Architektenleistung aus den jeweiligen **Leistungspflichten** und den **Anspruchsgrundlagen.** Diese leiten sich aus den Leistungsbildern der HOAI, aus dem Recht des → Werkvertrags, aus dem BGB und aus allgemeinen, von der Rechtssprechung erarbeiten Grundsätzen her.

– Bereits **vor Abschluß des Architektenvertrags** besteht nach der Rechtssprechung ein → vorvertragliches Vertrauensverhältnis zwischen den späteren Vertragspartnern, das sie verpflichtet, in ihrem Verhalten auf die Interessen des anderen Rücksicht zu nehmen. In dieser Phase haftet der Architekt aus Verschulden bei Vertragsabschluß.

– **Während der Erbringung der Vertragsleistungen** bis zur → Abnahme muß der Architekt die von ihm übernommenen → vertraglichen Pflichten termingerecht erfüllen und dabei als → Sachwalter des Bauherrn tätig sein. Er muß eine etwa gegebene → Baukostengarantie oder → Termingarantie einhalten. Ein Verstoß gegen die im Vertrag, in der HOAI oder im BGB nicht ausdrücklich beschriebenen Nebenpflichten kann die Haftung wegen → **positiver Vertragsverletzung** begründen.

– **Nach der Abnahme** stehen dem Bauherrn die Ansprüche aus → Gewährleistung zu; der Architekt steht jedoch auch noch für → nachvertragliche Pflichten ein.

Der Architekt haftet für die Erfüllung seiner vertraglichen Pflichten und im Rahmen der Gewährleistung bereits aus dem bloßen Verfehlen des vertraglich geschuldeten Leistungsziels oder der Nichteinhaltung einer Garantie. Für Haftung aus der Verletzung vor- und nachvertraglicher Pflichten, aus → Verzug, aus positiver Vertragsverletzung und auf Schadenersatz wegen Nichterfüllung ist Voraussetzung, daß dem Architekten → **Verschulden** vorzuwerfen ist.

Dasselbe gilt für die Haftung aus → **unerlaubter Handlung,** die nur eingreift, wenn keine der erwähnten Anspruchsgrundlagen vorliegt.

2. Unter dem Gesichtspunkt des Architektenwerks und der Interessensphäre des Bauherrn stellt sich die Haftung als das Einstehen für die technische und die gestalterische Qualität der Leistung sowie für die → Wirtschaftlichkeit der Planung dar. Die Architektenleistung darf insbesondere keinen → **Mangel** aufweisen. → **Mangelschäden und Mangelfolgeschäden** betreffen Vermögenswerte des Bauherrn im näheren und entfernteren Umfeld der Bauleistung.

3. Nach der **Rechtsfolge** der Haftungstatbestände ist eine weitere Unterscheidung zu treffen: Die vertraglichen Hauptpflichten, ebenso eine etwa übernommene Garantie, sind zunächst auf → **Erfüllung** ausgerichtet; Inhalt der Gewährleistungsrechte des Bauherrn können → **Nachbesserung** oder → **Wandelung** bzw. → Minderung sein; alle anderen Ansprüche, auch wegen Nichterfüllung, Verzug und aus unerlaubter Handlung, richten sich auf → **Schadensersatz**. Alle genannten Ansprüche unterliegen der → Verjährung.

4. Aus dem Bezug der Architektenleistung auf verschiedene Personen ist weiter nach den Rollen der an einem Vorhaben Beteiligten zu unterscheiden.

– Anspruchsberechtigter muß nicht allein der Bauherr sein, sondern auch die (Architekten-) → **Haftung gegenüber Dritten** kommt in Betracht.
– Eigene Angestellte, → freie Mitarbeiter oder durch → Untervertrag verpflichtete Hilfspersonen können haftungsrechtlich als → **Erfüllungsgehilfen** gelten.
– Architekt und Sonderfachleute können untereinander durch → **gesamtschuldnerische Haftung** verbunden sein.
– Unter bestimmten Bedingungen deckt die → **Berufshaftpflichtversicherung** des Architekten entstandene Schäden; der Bauherr hat aber gegen sie keinen eigenen Anspruch.

5. Die sich aus den Leistungspflichten und den Anspruchsgrundlagen ergebende Haftung des Architekten ist möglicherweise durch vertragliche Regelungen eingeschränkt. Solche → **Haftungsbeschränkungen** können einzelvertraglich oder durch → Allgemeine Geschäftsbedingungen vereinbart sein.

6. Gravierende Mängel oder Pflichtverletzungen des Architekten berechtigen den Bauherrn schließlich zur → **Kündigung** des Architektenvertrags.

Näher: Morlock, Die Haftung des Architekten im Rahmen der Leistungsphasen 1–4 des § 15 HOAI, DAB 1990, 945 ff.; ders.: Die Haftung der Architekten im Rahmen der Leistungsphasen 6–9 des § 15 HOAI DAB 1990, 749 ff.

Haftung gegenüber Dritten. Vertragliche Beziehungen hat der Architekt bei einem Bauvorhaben zwar nur mit dem Bauherrn, Haftungstatbestände gegenüber weiteren Personen können sich jedoch unabhängig davon aufgrund tatsächlichen Verhaltens aus gesetzlichen Vorschriften, insbesondere wegen → unerlaubter Handlung, ergeben.

- Da der Bauherr in der Regel technischer Laie ist, ist es Sache des Architekten, bei der Planung und Ausführung auch die Belange der **Nachbarn** zu beachten. Kommt es z. B. durch falsche Situierung der Baugrube, wegen Grundwasserverlusten oder unsachgemäßen Arbeiten zu einer Vertiefung im Nachbargrundstück und damit zu Schäden, so hat der betroffene Nachbar einen unmittelbaren Anspruch gegen den Architekten aus den §§ 823 Abs. 2 i. V. m. 909 BGB (BGH BauR 1983, 177; bei Duldungspflicht des Nachbarn siehe BGH BauR 1987, 717, NJW 1987, 2808), es sei denn, der Architekt hatte nur die Planung ab Erdgeschoß übertragen bekommen (OLG Köln ZfBR 1994, 22, NJW-RR 1994, 89).
- Auch gegenüber dem späteren **Mieter** eines Gebäudes ist der Architekt zu Umsicht und Sorgfalt verpflichtet (BGH BauR 1987, 116); verschuldete Bauwerksmängel stellen insoweit eine → unerlaubte Handlung dar (BGH NJW 1991, 562, BauR 1991, 111).
- Bei der Vergabe von Bauleistungen haftet neben dem Bauherrn auch der Architekt dafür, daß das Ausschreibungsverfahren ordnungsgemäß durchgeführt wird und daß die **Bieter** nicht aussichtslose Angebote fertigen, die gar nicht

zum Zug kommen können. Wurde das Ausschreibungsverfahren schuldhaft falsch durchgeführt, so haftet auch der Architekt dem Bieter für seinen Schaden. Umgekehrt ist es legitim, wenn der Architekt im Vergabeverfahren Bedenken gegen einen Bieter äußert, mit dem er schlechte Erfahrungen gemacht hat; der Architekt muß dies im Rahmen der Prüfung nach §§ 24 und 25 → VOB Teil A tun; ein Schadenersatzanspruch steht dem abgewiesenen Bieter nicht zu (OLG Oldenburg, BauR 1984, 539).
- Auch gegenüber den mit dem Bauherrn vertraglich verbundenen **Bau-** bzw. **Ausbaufirmen** kann der Architekt haften, beispielsweise nach § 179 BGB als Vertreter ohne → Vollmacht wegen der Vergabe von Zusatzaufträgen, wenn sie vom Bauherrn nicht genehmigt werden.
- Der Architekt muß gegenüber der finanzierenden **Bank** dafür einstehen, daß er Baufortschrittsanzeigen wahrheitsgemäß formuliert. Behauptet er einen höheren als den tatsächlichen Bautenstand und kommt es zu einem Vermögensverfall des Bauträgers oder des Bauherrn, so kann die Bank ihren aus zu früher Kreditvergabe oder Zahlung entstandenen Schaden gegenüber dem Architekten geltend machen (OLG Hamm BauR 1987, 119 LS; BB 1986, 2159; OLG Köln BauR 1988, 252 LS).
- Der Wert eines Grundstückes hängt davon ab, was mit ihm baulich geschieht. Liegt auf dem Grundstück, für das der Architekt plant bzw. auf dem zu bauen ist, eine Hypothek, so sind Wertminderungen, die der Architekt veranlaßt, also beispielsweise Abbruchmaßnahmen oder die Vorbereitung von Umbauten Beeinträchtigungen der **Hypothekengläubiger**. Möglicherweise haftet der Architekt diesen gegenüber (BGH NJW 1976, 189 und OLG Karlsruhe, BauR 1987, 585; hier allerdings bei Vorliegen eines Auskunftsvertrages)

Näher: Bindhardt, Die Voraussetzungen der Haftung des Architekten für die Zahlungsfähigkeit des Bauherrn, BauR 1981, 326 ff.; ders.: Pflichten und Verantwortung des Architekten gegenüber den Nachbarn seines Bauherrn, BauR 1983, 422 ff.; ders.: Zur Haftung des Architekten für Drittschäden, BauR 1984, 581 ff.

Haftungsausschluß → Haftungsbeschränkung

Haftungsbeschränkung. 1. Die → Haftung des Architekten wird in verschiedenen → Vertragsmustern dahingehend beschränkt, daß der Ersatz leicht fahrlässig herbeigeführter Schäden nach oben durch die jeweils für Sach- und Personenschäden festgelegten Versicherungssummen der → Berufshaftpflichtversicherung begrenzt wird. In der Rechtssprechung werden solche Beschränkungen der Architektenhaftung allerdings sehr eng ausgelegt.
- Die Haftungsbeschränkung für leicht fahrlässig herbeigeführte Schäden ist zulässig, wenn eine Haftpflichtversicherung besteht und wenn der Auftraggeber an der Festlegung der Haftungsbeträge mitgewirkt hat (BGH BauR 1986, 112).
- Die Beschränkung läßt die Ansprüche des Bauherrn aus unerlaubter Handlung unberührt, die bei Beschädigung von im Gebäude lagernden Sachen des Bauherrn gegeben sind (BGH BauR 1975, 286, NJW 1975, 1315).
- Die Beschränkung der Haftung auf den „unmittelbaren Schaden an dem Bauwerk" kann nur solche Fälle betreffen, in denen Schäden und Folgeschäden am Bauwerk tatsächlich überhaupt entstanden sind; ist dagegen gar nicht nach den Plänen des Architekten gebaut worden, greift diese Klausel nicht ein (BGH Betrieb 1972, 431; WM 1972, 540).
- Unwirksam ist ferner die Klausel in Vertragsmustern, nach der die Ansprüche des Bauherrn gegen den Architekten innerhalb von zwei Jahren, beginnend mit der Abnahme oder der ersten Benutzung des Bauwerks, verjähren sollten (BGH BauR 1987, 113).
- Unwirksam ist auch die mittelbare Fristverkürzung durch vertraglichen Ausschluß gesetzlicher Fristenhemmungen, oder durch Vorverlegung des gesetzlichen Fristbeginns.
- Die Beschränkung der Haftung auf den vom Architekten „nachweislich schuldhaft verursachten Schaden" verstößt gegen §§ 11 Nr. 10a AGBG und Nr. 15a und ist deshalb unwirksam (BGH BauR 1990, 488).
- Ebenso kann der Architekt seine Haftung als Gesamtschuldner in Vertragsmustern nicht auf die Quote beschränken, die ihn neben anderen Gesamtschuldnern trifft (OLG Düsseldorf IBR 1994, 246).

Näher: Bindhart, Haftungsbeschränkungen in Architektenverträgen, BauR 1971, 80 ff. und Kaiser, Die Bedeutung des

AGB-Gesetzes für vorformulierte vertragliche Haftungs- und Verjährungsbedingungen im Architektenvertrag, BauR 1977, 313 ff.

Hamburg → Architektengesetz Hamburg

Handelsrecht → Privatrecht

Haustechnik → Technische Ausrüstung

Hemmung der → **Verjährung** eines Anspruchs tritt ein, wenn die Parteien Stundung der Forderung vereinbaren, § 202 BGB, oder wenn sich der Architekt auf den Vorwurf einer mangelhaften Leistung hin im Einverständnis mit dem Bauherrn der Prüfung des Mangels unterzieht, § 639 Abs. 2 BGB. Als „Prüfung" in diesem Sinn gilt es auch, wenn der Architekt die Mängelrüge an einen durch Unterauftrag eingeschalteten Sonderfachmann weiterleitet oder seine Berufshaftpflichtversicherung einschaltet (BGH NJW 1983, 163), oder wenn es einen Mangel des Bauunternehmers prüft, bei dem auch sein eigener Fehler in Betracht kommt (BGH NJW 1978, 2393). Anders als nach einer Unterbrechung der Verjährung beginnt im Falle der Hemmung nicht die gesamte Verjährungsfrist neu zu laufen, sondern ihr Ablauf wurde „angehalten", der Hemmungszeitraum also nicht in die Frist eingerechnet.

Herausgabepflicht. 1. Aufgrund der Funktion des Architekten als → Sachwalter des Bauherrn hat er nicht nur werkvertragliche, sondern auch Pflichten aus dem Auftragsrecht wahrzunehmen. Deshalb muß er Bauunterlagen wie beispielsweise Pläne, Bescheide, Leistungsverzeichnisse, Schriftverkehr, statische Berechnungen, Verträge und anderes nach § 667 BGB an den Bauherrn herausgeben. Dies hat nach Abschluß seiner vertraglichen Leistungen, also nach Abnahme zu geschehen. Die Herausgabepflicht nach § 667 BGB verjährt nach § 195 BGB in 30 Jahren.

2. Soweit Unterlagen ohnehin im **Eigentum des Bauherrn** stehen, beruht dessen Herausgabeanspruch auf § 985 BGB. Seine eigene Korrespondenz mit dem Bauherrn braucht der Architekt aber nicht herauszugeben. Der Bauherr ist verpflichtet, die Bauunterlagen, die der Architekt nicht mehr bei sich aufbewahren möchte, entgegenzunehmen. Schweigt der Bauherr

längere Zeit auf nachweisbare Angebote des Architekten, die Unterlagen abzuliefern, muß er sich dies zurechnen lassen; er hat damit den Architekten aus der Herausgabepflicht entlassen. Solange der Architekt noch offene Honoraransprüche gegen den Bauherrn hat, steht ihm ein → Zurückbehaltungsrecht an den Bauunterlagen zu, § 273 BGB.

Hessen → Architektengesetz Hessen

Hinweispflicht → Vertragliche Pflichten des Architekten

HOAI. 1. Die früher gültige Gebührenordnung für Architekten (→ GOA) ist 1950 aufgrund der Ermächtigung des Preisgesetzes als Verordnung PR Nr. 66/50 über die Gebühren für Architekten vom 13. 10. 1950 (BAnz. Nr. 216 vom 8. 11. 1950) erlassen worden und war damit Bestandteil des Preisrechts. Eine Neubearbeitung wurde seit Ende der 50er Jahre diskutiert. Die grundsätzliche Möglichkeit zur Neuschaffung einer Honorarordnung wurde 1971 durch das Gesetz zur Regelung von Ingenieur- und Architektenleistungen von 4. 11. 1971 (BGBl. I 1745, 1749 → GIA) geschaffen.

2. Nach langen Diskussionen zwischen Architektenverbänden und → öffentlichen Auftraggebern wurde am 17. 9. 1976 die HOAI erlassen (BGBl. I 2805). Sie trat zum 1. 1. 1977 in Kraft und regelte zunächst lediglich die Leistungen der Architekten, Innenarchitekten, Garten- und Landschaftsarchitekten, der Stadtplaner und Gutachter sowie schließlich statische Leistungen. Durch sie wurde die GOA sowie die entsprechende Berliner Verordnung aufgehoben.

3. Durch die Erste Verordnung zur Änderung der Honorarordnung für Architekten und Ingenieure vom 17. 7. 1984 (BGBl. I 948) wurden zahlreiche neue Leistungsbilder in die HOAI aufgenommen, nämlich landschaftsplanerische Leistungen (Teil VI), Leistungen bei Ingenieurbauwerken und Verkehrsanlagen (Teil VII), Leistungen bei der technischen Ausrüstung (Teil IX), Leistungen für thermische Bauphysik (Teil X), Leistungen für Schallschutz und Raumakustik (Teil XI), Leistungen für Bodenmechanik, Erd- und Grundbau (Teil XII) sowie Leistungen für Vermessung (Teil XIII).

4. Mit der Zweiten Verordnung zur Änderung der HOAI vom 10. 6. 1985 (BGBl. I 961) wurde die veränderte Fassung des

Gesetzes zur Regelung von Ingenieur- und Architektenleistungen (→ GIA vom 12. 11. 1984, BGBl. I 1337) in die HOAI umgesetzt und der durch die Entscheidung des Bundesverfassungsgerichts vom 20. 10. 1981 (NJW 1982, 373, BauR 1982, 74) teilweise für nichtig erklärte § 4 Abs. 2 HOAI bezüglich der Mindestsätze neu gefaßt.

5. Die Dritte Verordnung zur Änderung der HOAI vom 17. 3. 1988 (BGBl. I 359) änderte den Abschnitt VI über die landschaftsplanerischen Leistungen umfassend. Die Leistungen der Innenarchitektur wurden durch die Einfügung der § 14a und 14b und die Neufassung des § 25 anders geregelt; statt „Innenräumen" wird seither der Begriff „raumbildende Ausbauten" gebraucht. Die §§ 10 und 12 wurden erweitert und der Teil V, städtebauliche Leistungen, neu gefaßt sowie verschiedene Vorschriften anderer Abschnitte neu formuliert.

6. Durch die Vierte Verordnung zur Änderung der HOAI vom 13. 12. 1990 (BGBl. I 2707, ber. BGBl. I 1991, 227), die zum 1. 1. 1991 in Kraft getreten ist, wurden die Architektenhonorare durch lineare Erhöhungen der Werte der → Honorartafeln und der → Zeithonorare an die wirtschaftliche Entwicklung angepaßt.

In verschiedenen Vorschriften, zum Beispiel bei → besonderen Leistungen (§ 5 Abs. 4 HOAI), bei – Umbauten und Modernisierungen (§ 24 HOAI) oder bei → raumbildenden Ausbauten (§ 25 HOAI), wurde die strenge Anknüpfung des Honoraranspruchs an seine schriftliche Vereinbarung **bei Auftragserteilung** gelockert.

Leistungsbeschreibungen und Honorare für → städtebauliche und → landschaftsplanerische Leistungen sind differenzierter als bisher geregelt; die Honorartafeln für städtebauliche Leistungen (§§ 38 und 41 HOAI) wurden von drei auf fünf → Honorarzonen umgestellt.

In den §§ 48 bis 49d HOAI sind jetzt für Umweltverträglichkeitsstudien, für landschaftspflegerische Begleitpläne und für Pflege- und Entwicklungspläne neue Definitionen und Honorarbestimmungen eingeführt und neue Honorartafeln geschaffen. Auch die baukünstlerische Beratung für Ingenieur- und Verkehrsbauten (§ 61 HOAI) ist als → bau- und landschaftsgestalterische Beratung neu gefaßt worden.

7. Die Fünfte Verordnung zur Änderung der HOAI vom

21. 9. 1995 (BGBl. I 1174) ist am 1. 1. 1996 in Kraft getreten. Mit ihr sind wieder die → Honorartafeln und die → Zeithonorare erhöht worden, ebenso die Honorarsätze nach § 19 Abs. 4 HOAI. Mit einem neuen § 4a ist die Möglichkeit gegeben, das Honorar als → Festhonorar von den tatsächlichen Baukosten abzukoppeln. § 5 Abs. 4a regelt neu die Vereinbarung eines → Erfolgshonorars bei Kostensenkungen. Die Stufen der → Anrechenbaren Kosten in § 10 Abs. 2 HOAI sind von bisher zwei auf drei erweitert worden; in die Leistungsbilder des § 15 Abs. 2 Nr. 2 und 3 wurden Besondere Leistungen zur Energieeinsparung eingefügt, in die der Nr. 3, 7 und 8 Grundleistungen der Kostenkontrolle.

HOAI im Gebiet der ehemaligen DDR. Nach dem Gesetz zu dem Vertrag vom 31. 8. 1990 zwischen der Bundesrepublik Deutschland und der Deutschen Demokratischen Republik über die Herstellung der Einheit Deutschlands – **Einigungsvertragsgesetz** – und der Vereinbarung vom 18. 9. 1990 vom 23. 9. 1990 (BGBl. II 885 ff.), Art. 1 i. V. m. Art. 3 und 8 des Einigungsvertrags i. V. m. Anlage I, Kapitel V Abschnitt III, Ziffer 3 gilt die HOAI auch im Gebiet der bisherigen DDR. Soweit
- der beauftragte Architekt bzw. Ingenieur seinen Geschäftssitz im Gebiet der ehemaligen DDR hatte,
- das Objekt, für das die Leistungen zu erbringen sind, im Gebiet der ehemaligen DDR lag und
- der Architekten- bzw. Ingenieurvertrag zwischen dem 3. 10. 1990 und dem 31. 12. 1992 abgeschlossen wurde,

galten folgende Abweichungen von der HOAI:
- Anders als in der bisher geltenden Fassung der § 4 Abs. 1 und 4 waren die Worte „bei Auftragserteilung" in diesen Vorschriften nicht anzuwenden. Damit galt das Schriftformgebot zwar weiter, war jedoch nicht an den **Zeitpunkt der Auftragserteilung** geknüpft. Bestimmungen der HOAI konnten demnach auch noch während der Vertragsabwicklung vereinbart, angepaßt bzw. geändert werden (→ Schriftform).
- Der → **Mindestsatz der Stundensätze** der Auftragnehmer bzw. der Mitarbeiter (§ 6 HOAI) für Leistungen nach → Zeitaufwand war auf 45 bzw. 35 DM **abgesenkt** worden. Als Höchstsatz war 140 bzw. 100 DM genannt; er ist allerdings nach der Vierten Änderungsverordnung der HOAI

auch für das Gebiet der ehemaligen DDR bis zu 155 bzw. 110 DM angehoben worden.
- Die jeweiligen **Mindestsätze in den** → **Honorartafeln** der §§ 16 (Gebäude und raumbildende Ausbauten), 17 (Freianlagen), 34 (Wertermittlungen) wurden um 15% **herabgesetzt**; die Honorartafeln der §§ 38 (Flächennutzungspläne), 41 (Bebauungspläne), 46a (Grünordnungspläne), 47a (Landschaftsrahmenpläne) sowie 48a (Umweltverträglichkeitsstudien) wurden um 25% herabgesetzt.

Die Sonderregelung ist zum 31. 12. 1992 außer Kraft getreten; es gilt die → Übergangsregelung des § 103 HOAI.

Höchstsatz ist der in den → Honorartafeln bei den jeweiligen → Honorarzonen dargestellte oberste Honorarbetrag für eine Honorarstufe; diese Begrenzung des möglichen Honorars nach oben verwirklicht die preisrechtliche Absicht der Ermächtigungsnorm (→ GIA), den Anstieg der Bau- und Mietkosten zu verhindern bzw. zu hemmen.

1. Die Höchstsätze dürfen nur bei außergewöhnlichen oder ungewöhnlich lange dauernden Leistungen durch schriftliche Vereinbarung bei Auftragserteilung **überschritten** werden, § 4 Abs. 3 Satz 2 HOAI. Bei dieser Bewertung haben Umstände, die schon bei der Einordnung in → Honorarzonen oder Schwierigkeitsstufen, für die Vereinbarung → besonderer Leistungen oder für die Einordnung in den Rahmen der → Mindest- oder Höchstsätze mitbestimmend ware, außer Betracht zu bleiben.

2. Die Vereinbarung eines Sonderhonorares für den Architekten als „Prämie" für die Unterschreitung einer vorher gemeinsam festgelegten Bausumme oder Bauzeit (→ Erfolgshonorar) ist nur zulässig, soweit dadurch die Höchstsätze der HOAI nicht insgesamt überschritten werden, da der Architekt die Einhaltung der vorgesehenen Bausumme grundsätzlich ohnehin schuldet (OLG Frankfurt BauR 1982, 88). Das Überschreitungsverbot gilt auch für Pauschalen zur Abgeltung der → Nebenkosten. Die Darlegungslast bei einem Verstoß gegen § 4 Abs. 3 HOAI liegt beim Bauherrn (OLG Köln BauR 1986, S. 467).

3. Ein **Verstoß** gegen § 4 Abs. 3 HOAI führt allerdings nicht dazu, daß die Honorarvereinbarung im Ganzen nichtig wäre

Honorar

und deshalb nach § 4 Abs. 4 HOAI die jeweiligen Mindestsätze gelten würden. Vielmehr ist aus dem Parteiwillen zu schließen, daß dann der Höchstsatz gelten soll (BGH BauR 1990, 239, NJW-RR 1990, 276).

Honorar ist das Entgelt, das der Bauherr aufgrund des Architektenvertrags dem Architekten für seine Leistungen zu bezahlen hat; die → Nebenkosten und die → Umsatzsteuer werden dagegen nicht „honoriert", sondern erstattet. In den Vorschriften des BGB zum → Werkvertrag wird das Honorar als Vergütung, in der → GOA wurde es als Gebühr bezeichnet.

Honoraranspruch. 1. Aufgrund seiner Leistungen hat der Architekt gegen den Bauherrn einen Anspruch auf Zahlung des geschuldeten Honorars, § 631 BGB. Grundlage des Honoraranspruchs ist der wirksam abgeschlossene → Architektenvertrag. Fehlt es an einem Vertrag, so ist kein Honorar geschuldet (→ Abschluß des Architektenvertrags, Vertragsanbahnung und vertragslose Leistungen); bei → Nichtigkeit des Vertrags besteht allenfalls ein Anspruch aus → ungerechtfertigter Bereicherung.

2. Der Honoraranspruch ergibt sich nach Fertigstellung der Architektenleistungen entsprechend den vertraglichen Vereinbarungen aus der → Honorarberechnung in der Honorarschlußrechnung, deren → Prüffähigkeit eine Voraussetzung der → Fälligkeit ist.

3. Gegen den Honoraranspruch kann der Bauherr gegebenenfalls die Einrede des nicht erfüllten Vertrags (→ Erfüllung), den Anspruch aus → Wandelung und → Minderung sowie → Aufrechnung mit Gegenansprüchen oder das → Zurückbehaltungsrecht geltend machen. Der Honoraranspruch unterliegt der → Verjährung. Entschädigungen, z.B. wegen → Bauzeitverzögerung, wegen → Wegfalls oder Änderung der Geschäftsgrundlage oder aufgrund Annahmeverzugs des Bauherrn sind keine Honoraransprüche.

Honorarberechnung ist die Ermittlung des nach Abschluß der Architektenleistungen tatsächlich geschuldeten Honorars in der Honorarschlußrechnung.

1. Bei der → Objektplanung ist es nach § 10 Abs. 1 HOAI entsprechend den → anrechenbaren Kosten und der → Hono-

rarzone aus der → Honorartafel durch → Interpolation zu errechnen. Besteht eine von den → Mindestsätzen oder den → Höchstsätzen abweichende gültige Vereinbarung, so muß der damit vereinbarte → Honorarsatz ebenfalls durch Interpolation berücksichtigt werden. Auf das sich ergebende → Vollhonorar ist der Prozentsatz anzuwenden, der sich aus dem Umfang der übertragenen Leistungen und den sich aus § 15 Abs. 1 HOAI ergebenden oder abweichend festgelegten „Vomhundertsätzen" für die einzelnen Leistungsphasen ergibt; vereinbarte oder kraft der Bestimmungen der HOAI unmittelbar geschuldete → Honorarerhöhungen sind den Prozentsätzen hinzuzurechnen. Gegebenenfalls zu bezahlende → Honorarzuschläge sind als Prozentsätze aus dem Vollhonorar zu errechnen und zu addieren.

2. Entsprechend ist bei den stadt- und landschaftsplanerischen Leistungen zu verfahren, § 38 Abs. 2 – Flächennuntzungsplan, § 41 Abs. 2 – Bebauungsplan, § 45b Abs. 2 – Landschaftsplan, § 46a Abs. 2 – Grünordnungsplan, § 47a Abs. 2 – Landschaftsrahmenplan, § 48b Abs. 2 – Umweltverträglichkeitsstudie, § 49a Abs. 3 HOAI – landschaftspflegerischer Begleitplan.

3. → Zeithonorare sind durch Multiplikation der vereinbarten Stundensätze – mangels Vereinbarung der → Mindestsätze des § 6 HOAI – mit den tatsächlich geleisteten und nachgewiesenen Stunden zu berechnen.

4. Hinzu kommen die Entgelte für → Nebenkosten und die → Umsatzsteuer. Erhaltene → Abschlagszahlungen sind abzuziehen.

Näher: Vygen, Das Architektenhonorar im Spiegel der Rechtsprechung, DAB 1989, S. 1153 ff., 1263 ff. und 1469 ff.

Honorarerhöhungen sind vereinbarte oder kraft der Bestimmungen der HOAI unmittelbar geschuldete Honorarzusätze, mit denen die sich aus der → Honorarberechnung ergebenden Normalhonorare einzelner Leistungsphasen beaufschlagt werden, wie bei der Erbringung von → Einzelleistungen, § 19 HOAI, von mehreren Vor- und Entwurfsplanungen (→ Zusatzleistungen des Architekten), § 20 HOAI, bei → zeitlicher Trennung der Ausführung eines Objekts, § 21 HOAI, mehreren Gebäuden, § 22 HOAI, oder bei Leistungen der → Instandhaltung

Honorarsatz

und Instandsetzung, § 27 HOAI. → Honorarzuschläge sind dagegen auf das → Vollhonorar bezogen.

Honorarsatz ist bei Rahmengebühren eine Zahl zwischen 0 und 100, die angibt, welches Honorar zwischen dem Mindestsatz (0%) und Höchstsatz (100%) vereinbart ist, mit der das endgültige Honorar durch → Interpolation berechnet werden kann. Der „Mittelsatz" beträgt 50% des Gebührenrahmens der jeweiligen Honorarzone und Betragsstufe; der Mindestsatz wird häufig auch als „Vom-Satz", der Höchstsatz als „Bis-Satz" bezeichnet. Einen Regelsatz gibt es nicht.

Honorartafel. 1. In verschiedenen Vorschriften der HOAI –
§ 16 – für Gebäude und raumbildende Ausbauten,
§ 17 – für Freianlagen,
§ 34 – für Wertermittlungen,
§ 38 – für Flächennutzungspläne,
§ 41 – für Bebauungspläne,
§ 45 b – für Landschaftspläne,
§ 46 a – für Grünordnungspläne,
§ 47 a – für Landschaftsrahmenpläne,
§ 48 b – für Umweltverträglichkeitsstudien,
§ 49 d – für Pflege- und Entwicklungspläne –
sind zur Honorarfindung Tafeln aufgestellt, aus denen sich entsprechend den Honorarzonen oder Schwierigkeitsstufen und den ermittelten anrechenbaren Kosten oder Verrechnungseinheiten nach Betragsstufen das → Vollhonorar berechnen läßt.

2. Die Honorartafeln sind „degressiv" abgestuft; das bedeutet beispielsweise bei der Objektplanung (§ 16 HOAI), daß bei anrechenbaren Kosten von 50 000 DM das Vollhonorar im Mindestsatz der Honorarzone III 11,7% der anrechenbaren Kosten beträgt, bei 50 Mio. DM nur 6,5%. Nach den §§ 21 und 22 HOAI sind die Teilhonorare isoliert zu berechnen, wodurch sich die Degression nicht auswirkt.

3. Nach § 16 Abs. 2 bzw. 17 Abs. 2 HOAI kann das Honorar bei anrechenbaren Kosten unter 50 000 DM bei entsprechender schriftlicher Vereinbarung als → Pauschalhonorar oder als → Zeithonorar nach § 6 HOAI berechnet werden, letzteres auch, wenn keine schriftliche Vereinbarung getroffen wurde. Bei anrechenbaren Kosten über 50 Mio DM kann das Honorar frei vereinbart werden, § 16 Abs. 3 bzw. § 17 Abs. 2 HOAI.

4. Nach § 45b Abs. 3 und 4 HOAI kann für Landschaftspläne mit einer zu beplanenden Fläche von unter 1000 ha und über 15000 ha, sowie nach §§ 48b Abs. 3 bzw. 49d Abs. 3 HOAI für Umweltverträglichkeitsstudien bzw. Pflege- und Entwicklungspläne mit einer zu beplanenden Fläche von unter 50 bzw. 5 ha und über 10000 ha das Honorar als → Pauschalhonorar oder als → Zeithonorar nach § 6 HOAI berechnet werden. Weiterhin wurden die Honorartafeln der §§ 16, 17 HOAI linear um 10% erhöht und die der §§ 38, 41 HOAI erweitert; der Höchstflächenwert der Tafel des § 45b HOAI ist von 30000 ha auf 15000 ha gesenkt worden. Die Anfangswerte der Honorartafel für Umweltverträglichkeitsstudien sind angehoben worden.

5. Haben sich die Vertragspartner für den Fall der Überschreitung der Obergrenze von 50 Mio. DM der Honorartafel des § 16 HOAI nur geeinigt, daß zu extrapolieren ist, nicht aber über die Methode, so gilt im Zweifel diejenige mit dem niedrigeren Verlauf; die Degression ist fortzuschreiben. Fehlt eine Vereinbarung, so muß der Architekt beweisen, daß seine Berechnung der üblichen Vergütung im Sinn von § 632 BGB entspricht (KG IBR 1995, 479). Die Bindung an Mindest- und Höchstsätze gilt dabei nicht (OLG München IBR 1994, 66).

6. Im Gebiet der ehemaligen **DDR** galten bis 31. 12. 1992 herabgesetzte Mindestsätze in den Honorartafeln des § 16 für Gebäude und raumbildende Ausbauten, § 17 für Freianlagen, § 34 für Wertermittlungen (jeweils 15% niedriger); die Mindestsätze der Honorartafeln des § 38 für Flächennutzungspläne, § 41 für Bebauungspläne, § 46a für Grünordnungspläne, § 47a für Landschaftsrahmenpläne sowie des § 48a für Umweltverträglichkeitsstudien waren um 25% herabgesetzt.

Honorarvereinbarung ist die vertragliche Absprache von Bauherr und Architekt über das Architektenhonorar. Nachdem die HOAI für die Honorarberechnung eine große Zahl zwingender Regeln aufstellt, ist der der → Vertragsfreiheit zugängliche Spielraum relativ gering. Auch die für eine freie Vereinbarung offenen Honorartatbestände haben einen stark objektiven Charakter. Diese beziehen sich vor allem auf die Einstufung eines → Objekts bzw. des Gegenstands → städtebaulicher oder → landschaftsplanerischer Leistungen in die → Honorarzonen,

auf die Vereinbarung eines → Honorarsatzes im Rahmen der
→ Mindest- und → Höchstsätze sowie auf die Vorschriften,
nach denen → Honorarerhöhungen, → Honorarzuschläge,
→ Pauschalhonorare oder → zusätzliche Honorare vereinbart
werden können. Weicht die Honorarvereinbarung von den
Mindestsätzen der HOAI ab, so bedarf sie der → Schriftform.
Die → Anfechtung einer Honorarvereinbarung kommt nur unter engen Voraussetzungen in Betracht.

Honorarzone. 1. Die erste Bezugsgröße für die → Honorarberechnung bei der → Objektplanung, die → anrechenbaren
Kosten, sagt ebensowenig wie die Verrechnungseinheiten bei
→ städtebaulichen oder → landschaftsplanerischen Leistungen
etwas über die Komplexität bzw. den Schwierigkeitsgrad einer
Planung aus. Da diese jedoch sehr hohen Einfluß auf den Leistungsaufwand des Architekten haben, fächert die HOAI das
sich bei einer bestimmten Summe der anrechenbaren Kosten
ergebende Architektenhonorar nach Honorarzonen auf.

2. Die zahlreichen Kriterien der § 11 bis 14 b HOAI bei der
→ Objektplanung deuten auf den stark objektiven Charakter
der Honorarzoneneinteilung hin. Auf der anderen Seite gehört
die Honorarzone zu den essentiellen Punkten einer der
→ Vertragsfreiheit offenen Vereinbarung. Wenn zwischen Bauherrn und Architekten keine Einigung darüber, welche Honorarzone einschlägig ist, hergestellt wurde und später auch
nicht mehr hergestellt werden kann, so ist diese durch das Gericht oder einen Sachverständigen objektiv zu bewerten und gilt
für das gesamte Vertragverhältnis (OLG Frankfurt, BauR 1982,
600). Die Festlegung verschiedener → Vertragsmuster wiederum, „in der Regel" müsse die Honorarzone III vereinbart werden, respektiert den objektiven Gehalt der Honorarzoneneinteilung nicht. Gegen eine schriftliche Vereinbarung der Honorarzone **bei Auftragserteilung** spricht, daß am Anfang einer
Planung noch keineswegs sicher vorhergesagt werden kann,
welche Planungsanforderungen bei einem Objekt realisiert
werden. Teilweise wird deshalb empfohlen, die Honorarzone
nicht vor Fertigstellung der → Ausführungsplanung festzulegen.

3. Vereinbaren Bauherr und Architekt eine unzutreffend hohe Honorarzone, so ist dies unwirksam, wenn durch diese
Vereinbarung implizit der → Höchstsatz überschritten wird, der

bei „richtiger", also objektiv zutreffender Honorarzone sich als Honorar ergeben würde; dasselbe gilt bei einer unzutreffend niederen Honorarzonenvereinbarung bezüglich des → Mindestsatzes.

4. Die **Honorarzonen für Gebäude** sind in § 11 Abs. 1 Nr. 1–5 HOAI zunächst beschrieben nach folgenden Eigenschaften des Gebäudes:
- Anforderungen an die Einbindung in die Umgebung,
- Zahl der Funktionsbereiche,
- gestalterische Anforderungen,
- Schwierigkeitsgrad der Konstruktion,
- Grad der Gebäudeausrüstung und
- Ausbau.

Die Zonen staffeln sich nach sehr geringen Planungsanforderungen (I), geringen (II), durchschnittlichen (III), überdurchschnittlichen (VI) und sehr hohen (V) Planungsanforderungen.

In § 11 Abs. 2 HOAI ist für die Einordnung des jeweiligen zu planenden Gebäudes eine Punkteliste aufgestellt, die nach den Bewertungen des § 11 Abs. 3 HOAI auszufüllen ist. Danach sind die Merkmale
- Anforderungen an die Einbindung in die Umgebung,
- konstruktive Anforderungen,
- technische Gebäudeausrüstung und
- Ausbau

mit jeweils bis zu 6 Punkten zu bewerten. Die Bewertungsmerkmale
- Anzahl der Funktionsbereiche und
- gestalterische Anforderungen

können mit je bis zu 9 Punkten bewertet werden. Die gesamte Punktzahl ist dann gemäß § 11 Abs. 2 einer bestimmten Zone zuzuordnen. Zur Kontrolle der Ermittlung der Honorarzone enthält § 12 HOAI eine umfangreiche Liste von Beispielen, die den jeweiligen Zonen zugeteilt sind, die viele Bauaufgaben von Baracken bis zu Konzertgebäuden umfasst.

5. Entsprechend sind die Honorarzonen bei den übrigen Leistungsbildern für Architektenleistungen zu ermitteln. Für → **Freianlagen** ist § 13 HOAI maßgeblich. Als Kriterien sind aufgezählt:
- Einbindung in die Umgebung,

Honorarzone 112

- ökologische Anforderungen,
- Anzahl der Funktionsbereiche,
- gestalterische Anforderungen,
- Ver- und Entsorgungseinrichtungen.

Zur Kontrolle der Ermittlung der Honorarzone enthält § 14 HOAI eine umfangreiche Liste von Beispielen, die den jeweiligen Zonen zugeteilt sind und die viele denkbare Bauaufgaben von einfachen Geländegestaltungen bis zu Gartenschauen umfaßt.

6. Die Honorarzonen bei → **raumbildenden Ausbauten** sind in § 14a HOAI nach den Kriterien der
- Funktionsbereiche,
- Lichtgestaltung,
- Raumzuordnung und Raumproportionen,
- technische Ausrüstung,
- Farb- und Materialgestaltung,
- konstruktive Detailgestaltung

im gleichen Verfahren wie bei Gebäuden und Freianlagen zu ermitteln. Zur Überprüfung kann auf die in § 14 b HOAI dargestellte Objektliste mit Beispielen, die den jeweiligen Zonen zugeteilt sind, die von einfachsten Ausbauten bis zu Repräsentationsräumen reicht, zurückgegriffen werden.

7. Die Einordnung **städtebaulicher Leistungen** ist in fünf Zonen aufgeteilt, für die nach §§ 36a Abs. 1 und 39a HOAI die Kriterien
- topographische Verhältnisse und geologische Gegebenheiten,
- bauliche und landschaftliche Umgebung und Denkmalpflege,
- Nutzung und Dichte,
- Gestaltung,
- Erschließung,
- Umweltvorsorge und ökologische Bedingungen

der Planungsaufgabe heranzuziehen sind.

8. Die drei Honorarzonen für **Landschaftspläne** und **für landschaftspflegerische Begleitpläne** sind in § 45 Abs. 1 Nr. 1 bis 3 HOAI nach der Bewertung der Kriterien
- topographische Verhältnisse,
- Flächennutzung,
- Landschaftsbild,
- Umweltsicherung und Umweltschutz,

- Schutz, Pflege und Entwicklung von Natur und Landschaft,
- Bevölkerungsdichte

zu ermitteln.

9. **Grünordnungspläne** und **Landschaftsrahmenpläne** sind in zwei Stufen – „Normalstufe" und „Schwierigkeitsstufe" – eingeteilt. Die Kriterien des Abweichens von der Normalstufe sind in den §§ 46a Abs. 5 und 47 Abs. 3 dargestellt. Die Honorierung nach der Schwierigkeitsstufe muß bei Auftragserteilung schriftlich vereinbart sein; andernfalls gelten die Beträge der Normalstufe.

10. Die jeweils drei Honorarzonen für Leistungen bei **Umweltverträglichkeitsstudien und landschaftspflegerischen Begleitplänen** sind gemäß §§ 48 Abs. 1 und 49 HOAI danach zu ermitteln, welche der nachfolgenden Kriterien der Untersuchungsraum aufweist:

- Ausstattung mit ökologisch bedeutsamen Strukturen,
- Landschaftsbild,
- Erholungsnutzung,
- Nutzungsansprüche,
- Empfindlichkeit gegenüber Umweltbelastungen und Beeinträchtigungen von Natur und Landschaft,
- potentielle Intensität der Beeinträchtigung.

11. Die drei Honorarzonen für **Pflege- und Entwicklungspläne** sind gemäß § 49b Abs. 1 Nr. 1 bis 3 HOAI nach der Bewertung der

- fachlichen Vorgaben,
- Differenziertheit des floristischen Inventars oder der Pflanzengesellschaften,
- Differenziertheit des faunistischen Inventars,
- Beeinträchtigungen oder Schädigungen von Naturhaushalt und Landschaftsbild und dem
- Aufwand für die Festlegung von Zielaussagen sowie Pflege- und Entwicklungsmaßnahmen

zu ermitteln.

Honorarzuschlag ist ein Prozentsatz des sich aus der → Honorarberechnung ergebenden Betrags, der auf diesen aufgeschlagen werden darf, wenn sich die Planung auf den → Umbau oder die Modernisierung eines → Objekts bezieht, § 24 HOAI, oder es sich um einen → raumbildenden Ausbau handelt, § 25 HOAI, ebenso bei → Instandhaltung und Instandsetzung von Gebäuden, § 27 HOAI.

Bei besonders komplexen Aufgaben der Flächennutzungsplanung und der Bebauungsplanung, insbesondere zur Umstrukturierung von Planungsgebieten, kann nach den § 38 Abs. 9 und § 41 Abs. 3 HOAI ein Honorarzuschlag frei vereinbart werden.

HU Bau → RBBau/RLBau

I

Ingenieurbau und Verkehrsanlagen. Bauwerke und Anlagen des Wasserbaus, der Wasserwirtschaft, der Abfallbeseitigung, der Ver- und Entsorgung sowie Verkehrsanlagen werden in der Regel von Ingenieuren geplant. Sie sind Gegenstand besonderer Regelungen in Teil VII, §§ 51 bis 62 HOAI. Soweit Architekten bei der Gestaltung herangezogen werden, gilt § 61 HOAI (→ Bau- und landschaftsgestalterische Beratung).

Innenarchitekt ist ein durch seine Ausbildung auf die gestaltende, technische und wirtschaftliche Planung von Innenräumen – in der HOAI als → raumbildender Ausbau bezeichnet – spezialisierter Architekt. Seine Bauvorlageberechtigung bezieht sich nur auf Leistungen, die mit der Gestaltung von Innenräumen im Zusammenhang stehen. Dazu können auch Fassadenänderungen, Nutzungsänderungen, die Veränderung statischer Bauteile, Sanierungen oder Umbauten gehören.

Instandhaltung und Instandsetzung. Die in § 3 Nr. 10 und 11 HOAI definierten Architektenleistungen für Maßnahmen zur **Wiederherstellung** des zum bestimmungsmäßigen Gebrauch geeigneten Zustandes eines Objektes oder zur **Erhaltung** dieses Zustandes sind wie Leistungen für Gebäude nach den §§ 10 bis 12, 15 und 16 HOAI zu vergüten. Zusätzlich kann nach § 27 HOAI ein **Zuschlag** von bis 50% auf die Vergütung für die → Objektüberwachung (Leistungsphase 8 des § 15 Abs. 2 HOAI) vereinbart werden. Der Zuschlag muß schriftlich vereinbart werden. Bei Maßnahmen der Instandhaltung und der Instandsetzung an Freianlagen und raumbildenden Ausbauten kann dieser Zuschlag nicht vereinbart werden.

Interpolation. Die → Honorartafeln weisen sowohl eine nicht durch Zwischenwerte ausgefüllte Spanne zwischen den „runden" Betragsstufen wie auch zwischen den jeweiligen → Mindest- und → Höchstsätzen aus. Wenn, wie im Regelfall, die anrechenbaren Kosten, die Verrechnungseinheiten oder die anrechenbaren beplanten Flächen nicht identisch mit einer der „runden" Betragsstufen sind, so ist das → Vollhonorar durch lineare Interpolation auf dem Zahlenstrahl zwischen diesen beiden Werten zu ermitteln, § 5a HOAI. Dasselbe gilt, wenn der vereinbarte → Honorarsatz zwischen dem Mindest- und dem Höchstsatz liegt. Auch dann ist das Vollhonorar durch lineares Interpolieren zu errechnen. Gegebenenfalls ist doppelt, also zwischen den Betragsstufen und den Mindest- und Höchstsätzen zu interpolieren.

Irrtumsanfechtung → Anfechtung

K

Kartellrecht → Wettbewerbsrecht

Kaufmännisches Bestätigungsschreiben. Der Architekt ist zwar kein Kaufmann im Sinne des Handelsrechts (→ Privatrecht). Nimmt er aber doch in relevantem Umfang am Geschäftsleben teil, so muß er sich auch an Handelsbräuche halten. Dies gilt für den Architekten beim „kaufmännischen Bestätigungsschreiben" (§ 346 HGB). Bestätigt demnach der Bauherr durch ein Schreiben eine mündlich getroffene vertragliche Regelung, so muß der Architekt unverzüglich schriftlich protestieren, wenn er den Inhalt der Vereinbarung nicht korrekt wiedergegeben sieht. Widerspricht er nicht, so gilt der Inhalt dieses Bestätigungsschreibens als akzeptiert (BGH WM 1973, 1376).

Dieser Grundsatz kann umgekehrt vom Architekten dann geltend gemacht werden, wenn er eine auf eine Besprechung bezugnehmende Auftragsbestätigung an den kaufmännisch arbeitenden Bauherrn geschickt hat und dieser keine Einwände gegen den Inhalt erhoben hat (BGH BauR 1975, 67).

Mit der Rechtsfigur des kaufmännischen Bestätigungsschreiben wird der sonst im bürgerlichen Recht geltende Grundsatz durchbrochen, daß das Schweigen auf eine Erklärung **keine Zustimmung** darstellt.

Konkurs des Bauherrn. Das Konkursverfahren setzt die von einzelnen Gläubigern individuell betriebene → Zwangsvollstreckung aus und unterwirft alle einem objektiven Verteilungsverfahren. Der Architektenauftrag erlischt nach § 23 Konkursordnung; die Honorarforderung des Architekten ist im Konkurs nicht bevorrechtigt. Ein vom Bauherrn in dessen → Allgemeinen Geschäftsbedingungen vorgesehenes vertragliches Aufrechnungsverbot wirkt nicht im Fall des Konkurses des Bauherrn; allerdings muß der Architekt die Aufrechnung nach Konkurseintritt nochmals erklären (BGH Betrieb 1984, 610; BB 1984, 495).

Koordinierungspflicht → Vertragliche Pflichten des Architekten

Koppelungsverbot → Architektenbindung

Kostenanschlag → Anrechenbare Kosten

Kostenberechnung → Anrechenbare Kosten

Kostenfeststellung → Anrechenbare Kosten

Kostengarantie → Baukostengarantie

Kostenkontrolle ist als Teilleistung durch die Fünfte Änderungsverordnung der HOAI in die Leistungsbilder der Leistungsphasen 3, 7 und 8 des § 15 Abs. 2 HOAI eingefügt worden. Als allgemeine Pflicht bestand sie schon zuvor und wurde nun methodisch durch den vom Architekten durchzuführenden Vergleich der verschiedenen Stufen der Kostenermittlung konkretisiert. Der Bauherr soll damit die Möglichkeit haben, notwendige Entscheidungen im Falle einer drohenden Baukostenüberschreitung treffen zu können.

Kostenschätzung → Anrechenbare Kosten

Kündigung des Architektenvertrages durch den Architekten. Der Architekt kann den Vertrag nur aus wichtigem Grund kündigen, also beispielsweise, wenn der Auftraggeber unberechtigt und trotz Mahnung fällige Abschlagszahlungen verweigert. Herabsetzende Kritik einzelner Mandatsträger an der Architektenleistung berechtigen den Architekten noch nicht zur

Kündigung (OLG Düsseldorf BauR 1995, 267). Kündigt der Architekt allerdings unberechtigt, so macht er sich damit einer → positiven Vertragsverletzung schuldig (BGH NJW-RR 1989, 1248, BauR 1989, 626).

Kündigung des Architektenvertrages durch den Bauherrn. 1. Der Bauherr kann den von ihm geschlossenen Architektenvertrag aus wichtigem Grunde, jedoch aber auch „frei", also ohne Berufung auf inhaltliche Gründe kündigen. Ein **wichtiger Grund** liegt dann vor, wenn dem Bauherrn das Festhalten am Vertrag wegen eklatanter Vertragsverletzungen seitens des Architekten nicht mehr zumutbar ist. Der Grad der Pflichtverletzung bestimmt sich nach der Funktion des Architekten als „Sachwalter" des Bauherrn. Nimmt also der Architekt beispielsweise von Bauunternehmern oder Lieferanten Provisionen für die Vermittlung von Aufträgen an, verstößt er kraß gegen die Interessen des Bauherrn, der dann den Architektenvertrag kündigen kann (BGH BauR 1977, 363, NJW 1977, 1915). Vergißt der Architekt auf schlichten Hinweis des Bauherrn, seine Haftpflichtversicherung nachzuweisen, kann der Bauherr nicht aus wichtigem Grund kündigen (BauR 1993, 755, ZfBR 1994, 15, NJW-RR 1994, 15). Die tatsächlichen Voraussetzungen des wichtigen Grundes muß der Bauherr dem Architekten auf Verlangen nennen (BGH BauR 1989, 626, NJW-RR 89, 1248) und im Rechtsstreit vor Gericht darlegen und beweisen (BGH BauR 1990, 632).

2. Im Fall der Kündigung aus wichtigem Grund seitens des Bauherrn behält der Architekt seinen **Honoraranspruch** für die bis dahin erbrachten Architektenleistungen, es sei denn, daß diese für den Bauherrn subjektiv und objektiv unbrauchbar sind (BGH SF Z 3.007 Bl. 7). Die einzelnen → Leistungsphasen können allerdings nur bis einschließlich der tatsächlich erbrachten → Teilleistungen abgerechnet werden, nicht aber „abstrakt" mit ihrer vollen Höhe, wenn sie nicht voll erbracht wurden (OLG Düsseldorf BauR 1971, 283 – noch für die → GOA). Wenn die erbrachten Architektenleistungen minderwertig waren, ist der Honoraranspruch entsprechend zu kürzen (OLG Hamm NJW-RR 1986, 764). Auch einen → Minderungs- oder → Schadenersatzanspruch kann der Bauherr in diesem Fall dem Honoraranspruch des Architekten entgegenhalten

(OLG Düsseldorf BauR 1988, 237). Für den Stand seiner Leistungen ist der Architekt darlegungs- und beweispflichtig (BGH BauR 1994, 655, ZfBR 1994, 219, NJW-RR, 1238).

3. Nach der Kündigung des Architektenvertrages durch den Bauherrn oder auch einer einvernehmlichen Vertragsaufhebung kann der Bauherr weitere, ihm erst später bekannt gewordene **Kündigungsgründe nachschieben** (BGH BauR 1976, 139, NJW 1976, 518; ebenso OLG Hamm NJW-RR 1986, 764.)

4. Hat der Bauherr „frei" gekündigt oder lag der Kündigungsgrund in der Sphäre des Bauherrn, so behält der Architekt nach § 649 BGB zunächst seinen **vollen Honoraranspruch**, wie er vertraglich vereinbart wurde. Nachdem er aber für die noch offenen Vertragsleistungen nicht mehr tätig wird, muß er sich nach dieser Vorschrift den Aufwand anrechnen lassen, den er aufgrund der Kündigung einspart. Das sind beispielsweise Arbeitslöhne, die der Architekt nach der Kündigung des Architektenvertrages nicht mehr bezahlen muß, wenn er seine Mitarbeiter entläßt. Es können die Kosten eines größeren Büros sein, das aufgegeben wird, aber auch verbrauchsabhängige und andere Kosten im Sinn von § 7 HOAI.

5. **Ersparte Aufwendungen** sind von dem Teil der Vergütung abzuziehen, der sich auf die noch nicht erbrachten Leistungen nach Kündigung bezieht (BGH BauR 1988, 739, NJW-RR 1988, 1295). Häufig wird in Vertragsmustern der ersparte Aufwand des Architekten nach Kündigung pauschal mit 40% des noch offenen vertraglichen Honorares festgelegt, z. B. in den durch die → RBBau/RLBau vorgeschriebenen. Ohne eine solche Vereinbarung muß er Architekt nachweisen, was er beim konkreten Auftrag tatsächlich nach der Kündigung eingespart hat (BGH BauR 1996, 412). Auf die Restvergütung ist → Umsatzsteuer nicht zu zahlen, da kein umsatzsteuerpflichtiger Austauschvorgang vorliegt (BGH BauR 1971, 270, NJW 1971, 1840; ebenso OLG Düsseldorf Betrieb 1985, 2243; BGH NJW 1987, 3123). Der Architekt muß eine prüfbare Schlußrechnung übergeben, aus der sich das Honorar für die erbrachten Leistungen, das für die nicht erbrachten und die ersparten Aufwendungen ergeben (BGH BauR 1994, 655, ZfBR 1994, 219, NJW-RR 1994, 1238).

6. Wird ein Architektenvertrag gekündigt, wenn erst die Leistungsphasen 1–4 des § 15 Abs. 2 HOAI fertiggestellt sind, soll

der Architekt nach Auffassung des OLG München (NJW-RR 1995, 474) keine → Urheberrechtsentschädigung verlangen können, auch wenn der Bauherr den Entwurf mit einem anderen Architekten verwirklicht.

Künstlerische Oberleitung. Nach der früheren Vorschrift des § 19 Abs. 1 Buchst. f → GOA war es Bestandteil der Architektenleistung, bei der Durchführung des Bauvorhabens die „künstlerische Oberleitung" wahrzunehmen, den Bau also „hinsichtlich der Einzelheiten der Gestaltung" zu überwachen. Dieser Begriff erscheint in § 15 Abs. 2 Nr. 8 HOAI nicht; nach allgemeiner Auffassung ist diese künstlerische Oberleitung in die gesamte Tätigkeit des Architekten integriert und kann von ihr nicht getrennt geleistet werden.

Da aber die Architektenleistungen oft aufgespalten werden, indem Planung und Bauüberwachung nicht in eine Hand gelegt, sondern letztere spezialisierten Bauüberwachungsbüros übertragen wird, kann dem Architekten aufgetragen werden, seine besonderen gestalterischen Gesichtspunkte auch in der von ihm nicht betreuten Bauüberwachungsphase einzubringen. Diese Leistung, die der „künstlerischen Oberleitung" entspricht, wurde durch die Vierte Änderungsverordnung der HOAI wieder ausdrücklich erwähnt. Nach § 15 Abs. 3 HOAI kann für sie ein besonderes Honorar schriftlich vereinbart werden.

→ Bau- und landschaftsgestalterische Beratung

Kunst am Bau → Anrechenbare Kosten

KVM-Bau → RBBau/RLBau

L

Landschaftsarchitekt ist die umfassende Bezeichnung für Architekten, die → Freianlagen planen und gestalten und die mit der → Landschaftsplanung befaßt sind. Diese Fachrichtung wird in der Architektenliste besonders vermerkt. Die frühere Bezeichnung „Gartenarchitekt" drückt diese Aufgaben nicht genügend aus.

Landschaftsplanerische Leistungen. Ähnlich strukturiert wie die → städtebaulichen sind die in Teil VI der HOAI beschrie-

Leistung 120

benen landschaftsplanerischen Leistungen. Das sind nach § 43 HOAI:
- Landschaftspläne (§§ 45 und 45 b HOAI)
- Grünordnungspläne auf der Ebene der Bauleitpläne (§ 47 und 47 a HOAI)
- Landschaftsrahmenpläne (§§ 47 und 47 a HOAI)

sowie verschiedene Sonderleistungen wie
- Umweltverträglichkeitsstudien (§§ 48 bis 48 b HOAI),
- landschaftspflegerische Begleitpläne (§§ 49 und 49 a HOAI),
- Pflege- und Entwicklungspläne (§ 49 b bis § 49 d HOAI) und
- sonstige landschaftsplanerische Leistungen (§ 43 Abs. 2 Nr. 3 HOAI).

Letztere bestehen in Gutachten, gestalterischer Beratung, besonderen Plandarstellungen und Modellen, Ausarbeiten von Satzungen, Teilnahme an Verhandlungen mit Behörden und an Sitzungen der Gemeindevertretungen sowie in Beiträgen zu Plänen und Programmen der Landes- und Regionalplanung.

Wie bei den stadtplanerischen Leistungen bestehen die Honorarvorschriften jeweils aus der Beschreibung der → Leistungsbilder, die in → Leistungsphasen gegliedert sind, und deren Gewichtung mit Prozentsätzen. Die → Honorarberechnung erfolgt nach den Vorschriften zur Einordnung in → Honorarzonen und den → Honorartafeln.

Näher: Deixler, Hinweise zu Teil VI der HOAI, DAB 1990, 373

Leistung ist der in der HOAI durchgehend verwendete Begriff für die dem Bauherrn vom Architekten vertraglich geschuldeten berufsspezifischen Tätigkeiten; im Recht des → Werkvertrags werden sie als „Werk" bezeichnet.

Leistungsbild. Die HOAI bezeichnet die Tätigkeitsfelder der Architekten, wie z.B. die Leistungen für die Objektplanung (§ 15 Abs. 2 HOAI), für Flächennutzungspläne (§ 37 Abs. 2 HOAI), für Bebauungspläne (§ 40 Abs. 2 HOAI), für Landschaftspläne (§ 45a Abs. 2 HOAI), für Grünordnungspläne (§ 46 Abs. 2 HOAI), für Landschaftsrahmenpläne (§ 47 Abs. 3 HOAI), für Umweltverträglichkeitsstudien (§ 48a Abs. 2 HOAI), für Landschaftspflegerische Begleitpläne (§ 49a Abs. 2 HOAI) und Pflege- und Entwicklungspläne (§ 49c Abs. 3 HOAI) als Leistungsbilder und füllt diese inhaltlich und zur

Honorarberechnung mit detaillierten Grundleistungen, die in → Leistungsphasen aufgegliedert sind. Diesen sind → besondere Leistungen zugeordnet.

Leistungsphase. Systematisch zusammengehörende → Grundleistungen sind innerhalb der → Leistungsbilder in der HOAI nach § 2 Abs. 2 Satz 2 HOAI zu abgrenzbaren Leistungsphasen zusammengefaßt. Hat der Architekt eine Leistungsphase erbracht, so gelten im Regelfall auch die in ihr zusammengefaßten → Teilleistungen als erbracht (OLG Frankfurt, BauR 1982, 600). Sind also die Bauaufträge vergeben (Leistungsphase 7 des § 15 Abs. 2 HOAI), oder ist das Haus fehlerfrei errichtet worden (Phase 8), so gilt die Vermutung, daß auch die vorherigen, zu der jetzt abgeschlossenen hinführenden Leistungsphasen vom Architekten vollständig erbracht sind, da die Architektenleistungen „baukastenartig" aufeinander aufbauen und sich jeweils aus den vorhergehenden entwickeln (OLG Düsseldorf, BauR 1984, 504).

Leistungsverzeichnis → Vorbereitung der Vergabe

Lizenzgebühr → Urheberrechtsentschädigung

M

Mängelvorbehalt → Vollmacht → Abnahme der Bauleistung

Mahnbescheid → Mahnverfahren

Mahnung ist die bestimmte und unmißverständliche Aufforderung des Gläubigers an den Schuldner, eine fällige Forderung zu erbringen. Sie kann mit einer Frist verbunden werden. Durch die Mahnung gerät der Schuldner bei → Verschulden in → **Verzug** und hat dann → Schadenersatz, also z.B. Verzugszinsen oder die Kosten der Einschaltung eines Rechtsanwalts, zu leisten.

Mahnverfahren. Bestreitet der Schuldner einen Geldanspruch voraussichtlich nicht, sondern versucht er nur, die Zahlung hinauszuzögern, so steht dem Gläubiger gemäß den §§ 688 ff. ZPO statt des → Zivilprozesses das Mahnverfahren als abgekürztes Verfahren zur Verfügung. Auf den Antrag des Gläubigers erläßt

Mangel 122

das Amtsgericht einen **Mahnbescheid** (früher als „Zahlungsbefehl" bezeichnet); dafür ist das Gericht am Wohnsitz des Gläubigers zuständig. Wenn kein Widerspruch eingelegt wird, erhält der Gläubiger auf Antrag den entsprechenden **Vollstreckungsbescheid**, der wie ein Urteil als Grundlage der → Zwangsvollstreckung dient. Widerspricht der Schuldner aber dem Mahnbescheid, oder legt er gegen den Vollstreckungsbescheid fristgerecht Einspruch ein, so muß der Anspruch begründet und im → Zivilprozeß verfolgt werden, wobei dann die allgemeinen Regeln über den → Gerichtsstand gelten.

Mangel ist die Abweichung einer Leistung von der vertraglich geschuldeten Qualität. Nach § 633 Abs. 1 BGB muß das Architektenwerk die zugesicherten Eigenschaften haben und darf nicht mit Fehlern behaftet sein, die ihren Wert oder ihre Gebrauchstauglichkeit herabsetzen. Im Mangel dokumentiert sich die – von → Verschulden unabhängige – Verletzung einer Vertragspflicht. Verstöße gegen anerkannte → Regeln der Technik im Zeitpunkt der → Abnahme des Architektenwerks (BGH BauR 1988, 567) sind Mängel, ebenso zum Beispiel fehlerhafter → **Wärmeschutz** oder **Schallschutz**, oder die Verwendung neuer, aber **untauglicher Baumaterialien** (OLG Köln BauR 1990, 103). Eine noch **nicht erprobte Dachkonstruktion** kann mangelhaft sein (BGH VersR 1971, 1271); auch die **Nichtplanung von Details** durch Architekten ist ein Mangel der Planung (BGH BauR 1974, 125), ebenso die **fehlende Benutzbarkeit** einer Lagerhalle durch Gabelstapler (OLG Köln SFH § 635 BGB Nr. 23) oder **vergessene Dehnungsfugen** im Beton (OLG Düsseldorf, BauR 1973, 252). Die zu geringe Wohnfläche ist nur dann ein Mangel, wenn eine bestimmte Größe vereinbart wurde (OLG Hamm BauR 1993, 729); anders die Deckenhöhe, die mindestens die Anforderungen des Bauordnungsrechts einhalten muß (OLG Hamm a. a. O.).

Mangelschaden und Mangelfolgeschaden sind Beeinträchtigungen, die nicht dem geplanten und hergestellten Objekt selbst anhaften, sondern anderen Sach- oder Vermögenswerten des Bauherrn. Die von der Rechtsprechung entwickelten Begriffe teilen sie in „lokaler" Sichtweise danach ein, ob sie in einem **engen und unmittelbaren Zusammenhang** mit der Vertragsleistung stehen; in diesem Fall ist der Architekt aufgrund des sich aus der → Gewährleistung gemäß § 635 BGB ergebenden Anspruchs auf → Schadenersatz wegen Nichterfüllung verpflichtet, sie zu beseitigen. Der Anspruch unterliegt der fünfjährigen → Verjährung. Fehler bei der → Rechnungsprüfung oder hinsichtlich der → Wirtschaftlichkeit der Planung, aus fehlerhafter Beurteilung der → Baugrundverhältnisse oder falscher → Rechtsberatung sind nicht am Bauwerk selbst vorzufinden, betreffen aber die Qualität des Architektenwerks, und sind deshalb Mangelschäden.

Die **entfernteren** Mangelfolgeschäden haben mit der vertraglichen Leistung keine konkrete Verbindung, sondern sind eher zufällige und zusätzliche Folge eines Mangels, wie zum Beispiel die Beschädigung von Möbeln durch Wasser, das wegen eines Baumangels eindringt. Für sie haftet der Architekt aus → positiver Vertragsverletzung, die Ansprüche des Bauherrn verjähren in dreißig Jahren.

Mecklenburg-Vorpommern → DDR (ehem.)

Mehrere Gebäude. 1. Nach § 22 HOAI hat es Auswirkungen auf das Architektenhonorar, wenn der einheitliche Auftrag einer → Objektplanung mehrere → Gebäude umfaßt, die jedes für sich individuell zu planen sind. Sie sind wie einzelne Projekte mit ihren jeweiligen anrechenbaren Kosten abzurechnen, insbesondere, wenn sie verschiedenen Honorarzonen zuzuordnen sind (LG Kiel BauR 1990, 639). Erst wenn sie durch Bauteile verbunden sind, die nicht ohne Zerstörung entfernt werden können, kann es sich um ein einheitliches Bauwerk handeln, wobei die Funktionen maßgeblich sind (OLG München BauR 1991, 65, SFH § 22 HOAI Nr. 2; OLG Düsseldorf IBR 1995, 482). Durch diese Sonderregelung tritt die degressive Abstufung der → Honorartafel nicht ein. In → Allgemeinen Geschäftsbedingungen kann von dieser Vorschrift nicht abgewichen werden (BGH NJW 1981, 2351, BauR 1981, 582).

2. Von diesem Grundsatz weicht die Honorierung ab, wenn die zu planenden Gebäude gleich oder spiegelgleich sind oder die Objektplanung sich auf im wesentlichen gleichartige, im gleichen örtlichen, zeitlichen und baulichen Zusammenhang zu errichtende Gebäude bezieht; ein weiterer Sonderfall ist die Typenplanung oder Serienbauten. In diesen Fällen sind die Honorare nach § 22 Abs. 2 bis 4 HOAI zu mindern, auch wenn für

Mehrere Vor- und Entwurfsplanungen 124

verschiedene Bauherrn geplant wird. Die Übereinstimmung der zu planenden Gebäude ist anhand der Grundrisse und des Tragwerks nach strengen Maßstäben zu prüfen (OLG Düsseldorf BauR 1983, 283). Die Bezeichnung mehrer solcher Häuser im Vertrag als „Neubau eines Wohngebäudes" ändert nichts an der Anwendung des § 22 HOAI (OLG Düsseldorf IBR 1995, 526).

Näher: Weyer, Zum Architektenhonorar bei Leistungen für mehrere Gebäude, BauR 1982, 519 ff.

Mehrere Vor- und Entwurfsplanungen → Zusatzleistungen des Architekten

Mehrwertsteuer → Umsatzsteuer

Minderung des Honoraranspruchs ist die anteilige Herabsetzung des Architektenhonorars entsprechend dem Minderwert der erbrachten Architektenleistung. Sie ist ein sich aus der → Gewährleistung unabhängig von einem etwaigen Verschulden des Architekten ergebendes Recht des Bauherrn, der sie geltend machen kann, wenn die → Nachbesserung des mangelhaften Architektenwerks nicht mehr möglich oder mit unverhältnismäßig hohem Aufwand verbunden ist. Weiterhin kann Minderung gefordert werden, wenn der Architekt die noch mögliche Nachbesserung von vorneherein verweigert oder nach Fristsetzung nicht durchgeführt hat, § 634 Abs. 1 Satz 3 und Abs. 2 BGB.

Die Höhe einer Minderung des Honoraranspruchs richtet sich nach dem Verhältnis, in dem die mangelfreie zu der mangelhaften Architektenleistung steht, § 472 BGB. Dabei sind die Kosten einer etwaigen Mängelbeseitigung zuzüglich des der Leistung selbst anhaftenden Minderwerts zu berücksichtigen; beide sind bei Architektenverträgen auf das Architektenwerk bezogen.

Minderung und der Anspruch auf → Schadenersatz wegen Nichterfüllung schließen sich gegenseitig aus (OLG Hamm BB 1979, 1067).

Mindestsatz. 1. Die → Honorartafeln der HOAI geben für jede Betragsstufe der → anrechenbaren Kosten, Verrechnungseinheiten oder beplanten Flächen jeweils einen Rahmen von Mindest- und → Höchstsätzen, innerhalb dessen das Honorar vereinbart werden darf, an. Durch die Höchstsätze ist die preisrechtliche Komponente des → GIA verwirklicht worden; daß für die Architektenhonorare auch Mindestsätze gelten, soll dagegen der Qualitätssicherung der freiberuflichen Architektenleistung dienen.

2. Im **Gebiet der ehemaligen DDR** waren aufgrund des Einigungsvertrags die Mindestsätze der Honorartafeln der §§ 16, 17 und 34 um 15% und die der §§ 38, 41, 46a, 47a und 48a um 25% abgesenkt worden, so daß dort ein größerer Spielraum für die Honorarvereinbarung bestand. Auch die Mindestsätze des § 6 HOAI für Leistungen nach → Zeitaufwand waren für die Zeit eines Vertragsschlusses bis 31. 12. 1992 herabgesetzt worden.

3. Mindestsatzunterschreitungen werden auch „verdeckt" vereinbart, indem beispielsweise eine objektiv unzutreffend niedrige → Honorarzone festgelegt wird oder gegebene Honorartatbestände entgegen dem tatsächlichen Sachverhalt nicht angewendet werden; auch die falsche Einbeziehung von Eigenleistungen des Bauherrn in die Bewertung der → Leistungsphasen mit Prozentsätzen des → Vollhonorars wirkt sich als Mindestsatzunterschreitung aus, ebenso die Festschreibung bestimmter → anrechenbarer Kosten, die niedriger als die objektiv gegebenen liegen.

4. § 4 Abs. 2 HOAI bestimmt, daß die Mindestsätze nur in **Ausnahmefällen** unterschritten werden können. Was darunter zu verstehen ist, ist allerdings äußerst strittig geblieben. Entsprechend den Motiven des Gesetzgebers und der Systematik der HOAI sind dies nur Fälle ganz enger persönlicher oder gesellschaftlicher Beziehungen, z. B. als Tätigkeit eines Mitglieds für seinen Verein, oder die Erbringung der Architektenleistungen im Rahmen sozialer bzw. karitativer Tätigkeit.

5. Das Verbot des § 4 Abs. 2 HOAI, den Mindestsatz zu unterschreiten, gilt auch dann, wenn ein Architekt aufgrund seiner kleinen Betriebsgröße und wegen geringer Unkosten besonders „billig" arbeiten kann (OLG Hamm BauR 1988, 366, NJW-RR 1988, 466). Auch bei „Kompensationsgeschäften" zwischen Architekten und Ingenieuren, durch die die jeweiligen berufsspezifischen Leistungen ausgetauscht werden, gilt das Unterschreitungsverbot (OLG Hamm BauR 1987, 467). Akzeptiert ein Architekt ein Honorar, das unter den Mindestsätzen

liegt, so verletzt er das Kollegialitätsgebot und handelt standeswidrig (→ Standesrecht); mit entsprechenden Angeboten verstößt er gegen → Wettbewerbsrecht.

6. Eine Honorarvereinbarung, durch die die Mindestsätze unzulässig unterschritten werden, ist **nichtig,** gleich, ob sie sich schon unmittelbar aus dem Vertrag ergibt, oder als verdeckte Unterschreitung erst nach einer nachträglichen Abrechnung entsprechend den anrechenbaren Kosten und den objektiven Maßstäben (OLG Düsseldorf NJW 1982, 1541, BauR 1982, 390). Bei → Nichtigkeit der Honorarabrede gelten nach § 4 Abs. 4 HOAI die Mindestsätze als vereinbart.

7. Aus einem → Festhonorar i. S. v. § 4a HOAI kann sich bei nachträglichem Vergleich mit einer Abrechnung nach der Kostenfeststellung eine Mindestsatzunterschreitung ergeben. In diesem Ausnahmefall ist sie zulässig.

Näher: Moser, Verbot der Mindestsatzunterschreitung, BauR 1986, 521; Osenbrück, Unterschreitung der HOAI Mindestsätze in Ausnahmefällen, BauR 1987, 144 ff.; Konrad, Zur Unterschreitung der Mindestsätze, BauR 1989, 653.

Mißbräuchliche Klauseln in Verbraucherverträgen. Die Richtlinie des Rates der EG über mißbräuchliche Klauseln in Verbraucherverträgen vom 5. 4. 1993 (Nr. 93/13/EWG, ABl. EG L 95, S. 29 ff.) soll der in Art. 100a EG-Vertrag angestrebten Rechtsvereinheitlichung in der Gemeinschaft dienen und dadurch den grenzüberschreitenden Austausch von Dienstleistungen fördern. In der Bundesrepublik Deutschland soll die Richtlinie durch die Präzisierung des internationalen Geltungsbereichs in § 12 und eine Sonderregelung für „Verbraucherverträge" in § 24 des Gesetzes über → Allgemeine Geschäftsbedingungen umgesetzt werden. Als ein solcher Verbrauchervertrag ist auch ein Architektenvertrag anzusehen, wenn der Bauherr mit dem Bauvorhaben keinen gewerblichen oder beruflichen Zweck verfolgt. In diesem Fall sollen die §§ 3, 5, 6 und 8 bis 12 AGBG auch dann anzuwenden sein, wenn die vorformulierten Vertragsbedingungen nur zur einmaligen Verwendung bestimmt sind; bei der Beurteilung nach § 9 AGBG sollen auch die Begleitumstände des Vertragsabschlusses berücksichtigt werden.

Mitteilungspflicht → Vertragliche Pflichten des Architekten

Mittelsatz → Honorarsatz

Miturheberrecht → Urheberrecht → Urheberrecht des angestellten Architekten

Mitverschulden → Verschulden

Mitwirkung bei der Vergabe. 1. Der mit der → Objektplanung beauftragte Architekt kann den Bauauftrag nicht selbst erteilen; dies ist vielmehr Sache des Bauherrn (→ Vollmacht). Die Vorarbeiten dafür obliegen jedoch nach § 15 Abs. 2 Nr. 7 HOAI dem Architekten, der hierfür nach § 15 Abs. 1 HOAI 3% des Gesamthonorars erhält.

Im Einzelnen gehören zu dieser Leistungsphase:
– Zusammenstellen der Verdingungsunterlagen für alle Leistungsbereiche,
– Einholen von Angeboten,
– Prüfen und Werten der Angebote einschließlich Aufstellen eines Preisspiegels nach Teilleistungen unter Mitwirkung aller während der Leistungsphasen 6 und 7 fachlich Beteiligten,
– Abstimmen und Zusammenstellen der Leistungen der fachlich Beteilgten, die an der Vergabe mitwirken,
– Verhandlung mit Bietern,
– Kostenanschlag nach DIN 276 aus Einheits- oder Pauschalpreisen der Angebote,
– Kostenkontrolle durch Vergleich des Kostenanschlags mit der Kostenberechnung
– Mitwirken bei der Auftragserteilung.

Der Mitwirkung bei der Vergabe sind die → besonderen Leistungen
– Prüfen und Werten der Angebote aus Leistungsbeschreibung mit Leistungsprogramm einschließlich Preisspiegel sowie
– Aufstellen, Prüfen und Werten von Preisspiegeln nach besonderen Anforderungen
zugeordnet.

2. Trotz der Nähe zur → Rechtsberatung ist der Architekt verpflichtet, den Bauherrn auch bei der Gestaltung der Bauverträge zu beraten. Dies zählt zu den in § 15 Abs. 2 Nr. 7 HOAI erfaßten Tätigkeiten (BGH BauR 1978, 60, NJW 1978, 322). Ist der Bauvertrag so unklar, daß dies zum Nachteil des Bauherrn

Mitwirkung des Auftraggebers 128

ausschlägt, haftet der Architekt (BGH BauR 1983, 168, NJW 1983, 871). Der Abschluß der Verträge jedoch ist Sache des Bauherrn.

3. Im Rahmen der Mitwirkung bei der Vergabe muß der Architekt auch die Vertragsbedingungen der einzelnen abzuschließenden Verträge sachgerecht formulieren. Dabei hat er die Interessen des Bauherrn zu wahren, ohne jedoch den Bauunternehmern zu harte und damit möglicherweise nach dem AGBG unwirksame Klauseln vorzuschreiben. Auch der Architekt, der für seinen Bauherrn im Rahmen der Leistungsphase 7 des § 15 Abs. 2 HOAI Bauverträge vorbereitet, ist nämlich „Empfehler" von → Allgemeinen Geschäftsbedingungen. Deshalb muß er bei der Ausgestaltung dieser Verträge das AGBG beachten (LG Konstanz, BB 1981 420).

4. Wenn der Architekt im Rahmen der Ausschreibung nur ein einziges Angebot einholt, kann der Bauherr benachteiligt sein, da erst die Konkurrenz den Preisvergleich ermöglicht und zu günstigen Werten führen kann (OLG Düsseldorf SF Z 3.01 Bl. 73).

Näher hierzu: Vygen, Rechtliche Beratungs- und Hinweispflichten des Architekten und Bauingenieurs beim Abschluß von Bauverträgen und bei der Vertragsabwicklung unter besonderer Berücksichtigung einer Vertragsstrafenvereinbarung, BauR 1984, 245 ff; Theis, Bauvertragsklauseln und AGB-Gesetz, DAB 1992, 1077 ff. und 1179 ff.

Mitwirkung des Auftraggebers → Annahmeverzug

Modell → Besondere Leistungen

Modernisierung. In § 3 Nr. 6 HOAI werden bauliche Maßnahmen, die den Gebrauchswert eines Objekts nachhaltig erhöhen sollen und die nicht der Erweiterung, Ergänzung, dem Umbau oder der Instandsetzung dienen, als Modernisierung bezeichnet. Für solche Leistungen des Architekten kann ein **Honorarzuschlag** von 20 bis 33% zum sich aus der Honorartafel des § 16 HOAI ergebenden Honorar vereinbart werden, für den dasselbe wie bei → Umbauten gilt.

Bei Umbauten und Modernisierungen können außer den in § 15 Abs. 2 HOAI genannten besonderen Leistungen weitere, in § 15 Abs. 4 HOAI aufgezählte vereinbart werden (→ Umbauten).

Näher: Schlömilch, Honorarberechnungen für Leistungen der Modernisierung, DAB 1988, 365; Jochem, Architektenvertrag für Leistungen bei Modernisierungen, DAB 1988, 367 (mit Vertragsmuster).

MRVG → GIA

Mündliche Vereinbarung → Schriftform

Mustervertrag → Vertragsmuster → Einheitsarchitektenvertrag → Allgemeine Geschäftsbedingungen

N

Nachbau → Urheberrecht

Nachbesserung ist die Beseitigung eines → Mangels der Architektenleistung.

1. Das bei Mängeln unabhängig von einem etwaigen Verschulden des Architekten gegebene Recht des Bauherrn, Nachbesserung zu verlangen, besteht nur, wenn sie nicht unverhältnismäßigen Aufwand erfordert. Es ergibt sich vor der → Abnahme aus dem Anspruch auf → Erfüllung, §§ 631 Abs. 1, 633 Abs. 2 BGB, nach der Abnahme aus der Pflicht des Architekten zur → Gewährleistung, § 634 Abs. 1 Satz 1 BGB. Da das Werk des Architekten bei der → Objektplanung ein „geistiges" ist – er schuldet nicht das konkrete Bauwerk, sondern dessen Entstehenlassen – nützt die Nachbesserung einer mangelhaften Planung dem Bauherrn in der Regel nichts mehr, wenn diese bereits baulich umgesetzt worden ist und sich als Mangel des Bauwerks selbst verkörpert hat. In diesem Fall hat der Bauherr die weiteren Rechte auf → Wandelung, → Minderung oder → Schadenersatz wegen Nichterfüllung.

2. Ist die Nachbesserung dagegen – was selten der Fall ist – noch möglich und sinnvoll, so ist umstritten, ob der Architekt seinerseits einen Anspruch hat, die Nachbesserung selbst durchzuführen, was ihm erhebliche Kosten ersparen kann. Nur wenn konkrete Nachbesserung am Bauwerk Erfolg verspricht und billiger als eine Schadenersatzleistung ist, kann ein Anspruch des Architekten, selbst die Nachbesserung durchzuführen oder durch eine geeignete Firma zu lassen, bestehen (BGH

BauR 1978, 498, NJW 1978, 1853). Grundsätzlich bleibt aber das Nachbesserungsrecht des Architekten ausgeschlossen, wenn das Bauwerk bereits errichtet ist (BGH BauR 1972, 62). Ist der Architekt nur mit den Leistungen bis einschließlich der → Ausführungsplanung beauftragt, so darf er erkannte Fehler nachbessern, solange dies noch am Bau umgesetzt werden kann. Das gilt auch nach einer Kündigung des Architektenvertrags (OLG Hamm ZfBR 1995, 142).

Näher: Ganten, Recht und Pflicht eines Architekten zur Nachbesserung seines (mangelhaften) Werkes, Festschrift Korbion Düsseldorf 1985; Kaiser, Mängelbeseitigungspflicht des Architekten, NJW 1973, 1910 ff..

Nachforderungen → Bindungswirkung

Nachvertragliche Pflichten des Architekten sind Nebenpflichten, die dem Architekten nach Fertigstellung seiner Leistungen obliegen.

1. Er muß den Bauherrn über mögliche oder eingetretene Schäden auch insoweit informieren, als seine eigene Architektenhaftung in Betracht kommt. Unterläßt der Architekt dies schuldhaft, so kann er sich nicht auf die Verjährung von Gewährleistungs- und Schadenersatzansprüchen berufen (BGH BauR 1986, 112), da eine → positive Vertragsverletzung vorliegt, die ihrerseits erst in 30 Jahren verjährt (BGH BauR 1985, 97, NJW 1985, 328; BB 1966, 716).

2. Aufgrund dieser nachvertraglichen Beratungspflicht, die zugleich eine „Selbstbelastungspflicht" beinhaltet, muß der Architekt die Ursachen von Baumängeln, die nach Beendigung seiner Tätigkeit auftreten – notfalls mit Hilfe eines Sachverständigen prüfen und mit entscheiden, gegen welchen Unternehmer ein Beweissicherungsverfahren bzw. der Mängelprozeß durchzuführen ist. Der Umfang der Aufklärungspflicht des Architekten hängt allerdings auch vom Kenntnisstand des Bauherrn ab. Wenn der Bauherr aufgrund eigener Fachkunde den gleichen Wissensstand wie der Architekt hat, entfällt die Aufklärungspflicht, also beispielsweise bei Vertretung des öffentlichrechtlichen Bauherrn durch ein Bauamt.

3. Auch die Pflicht zur Aufbewahrung oder Herausgabe von Unterlagen besteht nach Beendigung des Vertragsverhältnisses fort.

Nachtragsangebote des Bauunternehmers → Vollmacht

Nebenkosten. 1. Ähnlich wie in den Gebühren- oder Honorarordnungen für andere freie Berufe werden die neben der eigentlichen Berufsleistung anfallenden Nebenkosten auch nach der HOAI gesondert vergütet. Nach § 7 Abs. 2 HOAI gehören zu den Nebenkosten Postgebühren, Telefongebühren (auch Ortsgespräche), Kopierkosten, die Kosten eines gegebenenfalls notwendigen Baustellenbüros; ebenso Fahrtkosten, Trennungsentschädigungen und Reisegelder. Hat der Architekt im Einvernehmen mit dem Bauherrn Leistungen im eigenen Namen, also als → Unterauftrag an → Sonderfachleute vergeben, wie z. B. eine Bodenuntersuchung, so zählen diese Kosten ebenfalls zu den Nebenkosten; anders → EDV-Leistungen im Rahmen von städtebaulichen oder landschaftsplanerischen Leistungen, deren Vergütung besonders vereinbart werden muß.

2. Bei Auftragserteilung kann schriftlich vereinbart werden, daß die Nebenkosten **pauschal** abgegolten werden (BGH BauR 1990, 101). Dies kann beispielsweise durch einen Prozentsatz auf das gesamte, nach § 10 HOAI berechnete Honorar geschehen. Die Vereinbarung muß wie der Architektenvertrag oder als sein Bestandteil in einer Urkunde geschlossen werden (BGH BauR 1994, 131, ZfBR 1994, 73, NJW-RR 1994, 280). Steht die Pauschale allerdings in einem krassen Mißverhältnis zu den tatsächlich entstandenen Nebenkosten, so kann sie als Umgehung des Verbots, den Höchstsatz zu überschreiten, unwirksam sein (OLG Düsseldorf, BauR 1990, 640). Der Architekt muß in diesem Fall den Einzelnachweis führen oder das Gericht setzt sie auf einen angemessenen Wert herab (OLG Düsseldorf NJW-RR 1991, 345).

Nebenpflichten treffen den Architekten zusätzlich zu den → vertraglichen Hauptpflichten. Die Grenzen zwischen beiden Bereichen sind nicht präzise zu ziehen; ihre Zuordnung hängt vom ihrem Zusammenhang mit der Vertragsleistung ab. Die Verletzung von Nebenpflichten führt als → positive Vertragsverletzung zu einem Anspruch des Bauherrn auf → Schadenersatz.

Nicht-Architekt. Verspricht jemand Architektenleistungen, ohne den Titel „Architekt" führen zu dürfen, und klärt er den

Bauherrn über seine fehlende Berechtigung nicht auf, so täuscht er den Bauherrn. Ein Honoraranspruch steht ihm deshalb wegen Verschuldens beim Vertragsabschluß (OLG Düsseldorf BauR 1973, 329) nicht zu; ein solcher Vertrag kann wegen arglistiger Täuschung gemäß § 123 nichtig sein (OLG Stuttgart BauR 1979, 259). Gezahltes Honorar kann in diesem Fall zurückgefordert werden (OLG Köln BauR 1986, 467).

Wenn der Auftrag jedoch erfüllt wurde, der Bauherr das Haus bezogen hat und sich Mängel im Rahmen des Üblichen halten, hat der Nicht-Architekt doch einen Honoraranspruch (OLG Köln BauR 1985, 338; OLG Düsseldorf BauR 1993, 630 NJW-RR 1993, 1173).

Nichtigkeit vertraglicher Vereinbarungen. 1. Die begründete → **Anfechtung** (§§ 119, 123 BGB) macht Willenserklärungen nichtig und der Erklärende wird so gestellt, als ob er sie nicht abgegeben hätte. Auch wenn die für ein Rechtsgeschäft vorgeschriebene Form, z.B. die nach § 4 Abs. 2 oder 3 HOAI für Abweichungen vom → Mindestsatz oder für die Überschreitung des → Höchstsatzes nötige → **Schriftform** nicht eingehalten wird, ist das Rechtsgeschäft nach § 125 BGB nichtig. Ebenso macht der Verstoß gegen die Bestimmungen des Gesetzes über → **Allgemeine Geschäftsbedingungen** eine Vereinbarung unwirksam, also nichtig. Dasselbe gilt bei → Wegfall oder Änderung der Geschäftsgrundlage einer Vertragsvereinbarung und bei einer verbotenen → Architektenbindung.

2. Betrifft die Nichtigkeit zunächst nur einzelne Vertragsabsprachen, so ist durch Auslegung zu ermitteln, ob das gesamte Rechtsgeschäft nichtig ist, oder ob nur der betroffene Teil davon als unwirksam zu gelten hat. Das richtet sich nach dem, was die Parteien „eigentlich" wollten, § 139 BGB. Ist in Architektenverträgen eine einzelne Honorarvereinbarung wegen Verstoßes gegen die → Schriftform oder aus anderen Gründen nichtig, so hat in der Regel der gesamte übrige Vertrag Bestand; nach § 4 Abs. 4 HOAI gelten dann die → Mindestsätze als vereinbart. Bei → besonderen Leistungen oder bei Leistungen der → Projektsteuerung fehlt allerdings ein solcher Auffangtatbestand. Zugewendete Leistungen können gegebenenfalls nach den Grundsätzen der ungerechtfertigten Bereicherung zurückgefordert werden, sofern der Bauherr sie verwertet und entspre-

chende Aufwendungen erspart hat (BGH BauR 1994, 651, ZfBR 1994, 220).

3. Ist der gesamte Vertrag nichtig, wie bei der Anfechtung oder dem Koppelungsverbot, so sind etwa schon erbrachte Leistungen nach den Grundsätzen der → ungerechtfertigten Bereicherung zurückzugewähren.

Näher: Weyer, Gründe für eine Nichtigkeit des Architektenvertrags und dessen Abwicklung, BauR 1984, 324 ff.

Niederlassung in EG-Mitgliedsstaaten. Die Mitgliedsstaaten der EG anerkennen untereinander bestimmte Befähigungsnachweise für den Architektenberuf (→ Architekten-Anerkennungsrichtlinie; Allgemeine Diplom-Anerkennungsrichtlinie). Wer einen solchen, im einen Staat erworbenen Befähigungsnachweis besitzt, darf in einem anderen Mitgliedsstaat so wie dessen Angehörige als Architekt tätig werden und eine Niederlassung gründen. Die Erfüllung zusätzlicher Voraussetzungen darf nicht gefordert werden (EuGH NJW 1977, 2017).

Niedersachsen → Architektengesetz Niedersachsen

Nordrhein-Westfalen → Architektengesetz Nordrhein-Westfalen

O

Objektbetreuung und Dokumentation ist die letzte Leistungsphase bei der → Objektplanung, § 15 Abs. 2 Nr. 9 HOAI, und schließt die Architektenleistungen ab. Sie umfaßt als Grundleistungen:
- Objektbegehung zur Mängelfeststellung vor Ablauf der Verjährungsfristen der Gewährleistungsansprüche gegenüber den bauausführenden Unternehmen,
- Überwachen der Beseitigung von Mängeln, die innerhalb der Verjährungsfristen der Gewährleistungsansprüche, längstens jedoch bis zum Ablauf von fünf Jahren seit Abnahme der Baubestimmungen auftreten,
- Mitwirken bei der Freigabe von Sicherheitsleistungen,
- systematische Zusammenstellung der zeichnerischen Darstellungen und rechnerischen Ergebnisse des Objekts.

Objekte 134

Als besondere Leistungen können vereinbart werden:
- Erstellen von Bestandsplänen,
- Aufstellen von Ausrüstungs- und Inventarverzeichnissen,
- Erstellen von Wartungs- und Pflegeanweisungen,
- Objektbeobachtung,
- Objektverwaltung,
- Baubegehung nach Übergabe,
- Überwachen der Wartungs- und Pflegeleistungen,
- Aufbereiten des Zahlenmaterials für eine Objektdatei,
- Ermittlung und Kostenfeststellung zu Kostenrichtwerten,
- Überprüfen der Bauwerks- und Betriebs-Kosten-Nutzen-Analyse.

Die Leistungsphase ist geprägt durch den Lauf der Verjährungsfristen gegenüber den Bauunternehmen und kann sich deshalb sehr lange hinziehen (BGH BauR 1994, 722, ZfBR 1994, 12, NJW-RR 1994, 148). Um das entsprechend lange Hinausschieben der → Abnahme des Architektenwerks zu verhindern, wird teilweise empfohlen, eine Teilabnahme nach Fertigstellung der Objektüberwachung zu vereinbaren oder die Objektbetreuung und Dokumentation zum Gegenstand eines gesonderten Vertrags zu machen.

Objekte sind in § 3 HOAI Nr. 1 als Gegenstand der → Objektplanung definiert: es handelt sich um Bauwerke, also → Gebäude und sonstige Bauwerke (Nr. 1), Anlagen, → raumbildende Ausbauten (Nr. 7) und → Freianlagen (Nr. 12). Die Objektlisten der §§ 12, 14 und 14b HOAI enthalten jeweils Beispiele für Gebäude, Freianlagen und raumbildende Ausbauten.

Objektplanung ist die Tätigkeit des Architekten zur Verwirklichung eines → Objekts von der Planung über die Bauüberwachung bis zur letzten Objektbegehung. Die einzelnen Leistungsschritte sind, nach → Leistungsphasen unterteilt, in § 15 Abs. 2 Satz 1 HOAI beschrieben. Objektplanung bezieht sich auf Neubauten, Neuanlagen, Wiederaufbauten, Erweiterungsbauten, Umbauten, Modernisierungsbauten, raumbildende Ausbauten sowie Instandhaltungen und Instandsetzungen. Der Begriff der Objektplanung umfaßt demnach nicht nur die reine Planung, sondern auch die Überwachung der Herstellung. „Objekt" sind nach § 3 Ziffer 1 HOAI → Gebäude, sonstige Bauwerke, Anlagen, → Freianlagen und → raumbildende Aus-

Objektüberwachung

bauten. Der Begriff der Objektplanung wird auch für Leistungen bei Ingenieurbauwerken und Verkehrsanlagen, Teil VII., §§ 51 ff. HOAI, verwendet.

Objektüberwachung ist bei der → Objektplanung nach der Entwurfs- und Ausführungsplanung ein weiterer großer Kernbereich der Architektenleistung.

1. Die Grundleistungen beinhalten nach § 15 Abs. 2 Nr. 8 HOAI:
– Überwachen der Ausführung des Objekts auf Übereinstimmung mit der Baugenehmigung oder Zustimmung, den Ausführungsplänen und den Leistungsbeschreibungen sowie mit den allgemein anerkannten Regeln der Technik und den einschlägigen Vorschriften,
– Überwachen der Ausführung von Tragwerken nach § 63 Abs. 1 Nr. 1 und 2 auf Übereinstimmung mit dem Standsicherheitsnachweis (→ Bewehrungsabnahme),
– Koordinieren der an der Objektüberwachung fachlich Beteiligten,
– Überwachung und Detailkorrektur von Fertigteilen,
– Aufstellen und Überwachen eines Zeitplanen (Balkendiagramm)
– Führen eines Bautagebuches,
– gemeinsames Aufmaß mit den bauausführenden Unternehmen,
– Abnahme der Bauleistungen unter Mitwirkung anderer an der Planung und Objektüberwachung fachlich Beteiligter und Feststellung von Mängeln,
– Rechnungsprüfung,
– Kostenfeststellung nach DIN 276 oder nach dem wohnungsrechtlichen Berechnungsrecht,
– Antrag auf behördliche Abnahme und Teilnahme daran,
– Übergabe des Objekts einschließlich Zusammenstellung und Übergabe der erforderlichen Unterlagen, zum Beispiel Bedienungsanleitungen, Prüfprotokolle,
– Auflisten der Gewährleistungsfristen,
– Überwachen der Beseitigung der bei der Abnahme der Bauleistungen festgestellten Mängel,
– Kostenkontrolle durch Überprüfen der Leistungsabrechnung der bauausführenden Unternehmen im Vergleich zu den Vertragspreisen und dem Kostenanschlag.

Öffentliche Auftraggeber 136

2. Als besondere Leistungen führt § 15 Abs. 2 Nr. 8 HOAI auf:
- Aufstellen, Überwachen und Fortschreiben von differenzierten Zeit-, Kosten- oder Kapazitätsplänen
- Tätigkeit als verantwortlicher Bauleiter, soweit diese Tätigkeit nach jeweiligem Landesrecht über die Grundleistungen der Leistungsphase 8 hinausgeht (→ Bauleiter).

3. Wird die Objektüberwachung als → Einzelleistung in Auftrag gegeben, gelten die besonderen Honorarvorschriften des § 19 HOAI; auch ein solcher Auftrag ist ein → Werkvertrag im Sinn der §§ 631 ff. BGB und kein → Dienstvertrag.

4. Bei der Erteilung von **Zusatzaufträgen**, die im Zuge der Verwirklichung des Vorhabens anfallen, muß der Architekt sehr genau prüfen, ob solche Leistungen überhaupt erforderlich sind. Dies ist eine Teilleistung der Bauüberwachung und gehört zum Kernbereich dessen, was ein mit der technischen und geschäftlichen Oberleitung beauftragter Architekt zu leisten hat. Insoweit hat er auch als → Sachwalter des Bauherrn dessen wirtschaftliche Belange zu wahren (BGH SFH § 638 BGB Nr. 21).

5. In einem Rechtsstreit des Bauherrn mit dem Bauunternehmer hat der Architekt den Bauherrn zu unterstützen. Die Teilnahme an Ortsterminen oder die Prüfung eines Gutachten gehört aber nicht mehr zur Objektüberwachung und muß deshalb gesondert vergütet werden (OLG Schleswig BauR 1992, 118)

Näher: Neuenfeld, Die Leistungspflichten des Architekten bei der Objektüberwachung, DAB 1988, 703.

Öffentliche Auftraggeber sind die Bundesrepublik Deutschland und die Länder, Selbstverwaltungskörperschaften wie Bezirke, Landkreise und Gemeinden, außerdem Verwaltungsgemeinschaften, Zweckverbände, Kirchen und andere Körperschaften des öffentlichen Rechts. Sie haben wesentlichen Anteil am Baugeschehen und verwenden in der Regel Architektenvertragsmuster (→ RBBau/RLBau; → Vertragsmuster). Viele öffentliche Auftraggeber verfügen über eigene Planungsabteilungen, die zur Erstellung der Architektenentwürfe sowie zur Überwachung von Bauleistungen selbst in der Lage sind (→ Eigenplanung). Soweit sie → Architektenwettbewerbe durchführen,

verfahren die öffentlichen Auftraggeber meist nach den
→ GRW 1995.

Häufig finanzieren öffentliche Auftraggeber ihre Vorhaben
mit Zuschüssen anderer staatlicher Stellen. Es gehört zwar nicht
zu den Aufgaben des Architekten, im Zuschußbewilligungsverfahren selbst tätig zu sein, wenn dies nicht ausdrücklich vereinbart wurde. Für den Erfolg des Bewilligungsantrages hat er deshalb nicht einzustehen; er muß aber die zugrundeliegenden
Mengenberechnungen und Leistungsbeschreibungen so sorgfältig und vollständig ausarbeiten, daß die Bewilligung nicht
gefährdet ist (BGH BauR 1988, 734, NJW-RR 1988, 1361).

Öffentliche Auftraggeber müssen ihre Architektenaufträge
nach den Bestimmungen der → Dienstleistungskoordinierungsrichtlinie der EG vergeben, soweit sie sich in der Wasser-,
Energie-, Verkehrsversorgung oder im Telekombereich betätigen, nach der → Sektorenkoordinierungsrichtlinie.

Beschäftigt ein Architekt beamtete Architekten in – für diese
verbotener – Nebentätigkeit, kann ihn deren Dienstherr von der
Vergabe von öffentlichen Aufträgen ausschließen (OLG
Frankfurt, NJW-RR 1992, 222, VersR 1992, 1270).

Öffentliches Recht regelt die Beziehungen der Bürger zum
Staat und zu anderen Trägern öffentlicher Gewalt, sowie deren
Verhältnis untereinander. Das wichtigste Gebiet, das Verwaltungsrecht, ist das Recht der Staatstätigkeit oder anderer Hoheitsträger außerhalb von Rechtssetzung und Rechtsprechung. Die
Tätigkeit der Architektenkammern ist in diesem Sinn hoheitlich; Streitigkeiten über die → Eintragung in die Architektenlisten sind deshalb vor den Verwaltungsgerichten auszutragen.

Das öffentliche Baurecht – Bauplanungs- und Bauordnungsrecht, das Denkmalschutzrecht und das Recht des Städtebaus,
das der Architekt bei der → Objektplanung oder bei städtebaulichen oder landschaftsplanerischen Leistungen kennen und
anwenden muß (BGH NJW 1985, 1692, SFH § 254 BGB
Nr. 3), gehören ebenfalls dem Verwaltungsrecht an.

Ordnungswidrigkeiten sind vorsätzliche, mit Bußgeld bedrohte
Verstöße gegen Verwaltungsvorschriften. In Anlehnung und
Ergänzung der Strafprozeßordnung ist das Verfahren ihrer
Ahndung im Ordnungswidrigkeitengesetz (OWiG in der Fassung vom 19. 2. 1987, zuletzt geändert am 28. 10. 1994 (BGBl. I

3186) geregelt, die Bußgeldtatbestände in zahllosen Einzelgesetzen, darunter den Bauordnungen der Bundesländer.

Architekten als Entwurfsverfasser müssen z. B. nach Art. 96 Abs. 1 Nr. 6 BayBO dafür sorgen, daß die für die Bauausführung notwendigen Einzelzeichnungen, Einzelberechnungen und Anweisungen den genehmigten Bauvorlagen, den öffentlichrechtlichen Vorschriften, und den als Technischen Baubestimmungen eingeführten technischen Regeln entsprechen; andernfalls handeln sie ordnungswidrig. Auch der vorsätzliche oder fahrlässige Schwarzbau, also die Errichtung einer baulichen Anlage ohne Baugenehmigung oder abweichend von ihr, ist z. B. in Art. 96 Abs. 1 Nr. 8 BayBO als Ordnungswidrigkeit mit Bußgeld bedroht. Das trifft allerdings nur den Bauherrn selbst, der den Bau „errichtet", oder den Bauunternehmer, nicht aber den Architekten, der dazu nur beiträgt, es sei denn, er beteiligt sich vorsätzlich an der – vorsätzlichen – Ordnungswidrigkeit des Bauherrn (BayObLG BayVBl. 1995, 635, ebenso für Nordrhein-Westfalen OLG Köln NJW 1993, 1216). Das Bußgeld kann bis zu 1 Million DM betragen.

Ostberlin → DDR (ehem.) → Architektengesetz Berlin

P

Partnerschaft. 1. Schließen sich zwei oder mehrere Architekten zur gemeinsamen Berufsausübung zusammen, sei es für eines oder für mehrere bestimmte Projekte, oder auch für ihre gesamte Tätigkeit auf unbestimmte Dauer, so bilden sie eine Partnerschaft („Sozietät") als Gesellschaft bürgerlichen Rechts (§§ 705 ff. BGB). Die Vereinbarung muß nicht schriftlich geschlossen werden; dies empfiehlt sich aber dringend aus Gründen der Rechtsklarheit. Es sollten hierzu die eingebrachten Gegenstände und Geldmittel fixiert werden; eine Gewinnverteilungsregelung ist mindestens erforderlich sowie eine Regelung der Geschäftsführung und der Vertretung, ebenso Vereinbarungen für den Fall der Auflösung der Gesellschaft und insbesondere die Auseinandersetzung.

Vertragspartner des jeweiligen Bauherrn eines Vorhabens sind bei der Gesellschaft bürgerlichen Rechts alle Mitglieder der

Architektenpartnerschaft, so daß auch alle Partner für Verbindlichkeiten der Gesellschaft haften. Eine Klage gegen die Partnerschaft hat daher alle Partner als Beklagte zu bezeichnen; Aktivprozesse können nur gemeinsam geführt werden (BGH Betrieb 1979, 979), es sei denn, eine Forderung wird an einen Partner zur Einziehung übertragen, der dann auf Zahlung an alle klagt, oder an einen abgetreten.

Unter bestimmten Bedingungen kommt auch die Zusammenarbeit in Form einer Gesellschaft mit beschränkter Haftung (GmbH) in Betracht. Sie ist eine Kapitalgesellschaft mit mindestens 50 000,– DM Stammkapital und hat eigene Rechtspersönlichkeit; ihre → Haftung ist unbeschränkt, die der Gesellschafter nur in Höhe ihrer Anteile. Wenn der Gesellschaftsvertrag die Bindungen des Standesrechts der Architekten für die Gesellschafter übernimmt, kann sie sich wie → freischaffende Architekten betätigen. Die Teilnahme an → Architektenwettbewerben hängt davon ab, ob in der Ausschreibung ausdrücklich juristische Personen zugelassen werden.

Über diese Form hinaus lassen nun einige → Architektengesetze auch die Gründung einer → Architekten-GmbH zu. Außerdem wurde gesetzlich die Möglichkeit einer → Partnerschaftsgesellschaft geschaffen.

Teilen sich Architekten die Kosten des laufenden Bürobetriebs wie Mieten, Personal, Material usw., ohne sich in der Berufsausübung zu verbinden, gehen sie eine **Bürogemeinschaft** ein.

Näher: Morlock, Inhalte eines Partnerschaftsvertrages, DAB 1988, 892; Vertragsmuster: Neuenfeld/Baden/Dohna/Groscurth, Handbuch des Architektenrechts, 2. Aufl. Stuttgart 1990, Teil I Rdnr. 71 für Bürogemeinschaftsvertrag, Rdnr. 139 für Partnerschafts- (Sozietäts-)Vertrag.

Partnerschaftsgesellschaft ist eine neue, durch Gesetz vom 25. 7. 1994 (BGBl. I 1994, 1744) geschaffene Rechtsform für die Zusammenarbeit von Freiberuflern, also auch Architekten. Durch ein paralleles Richtlinienvorhaben der EG soll diesen Berufen vor allem die grenzüberschreitende Kooperation erleichtert werden. In ihr können sich aktiv tätige Architekten mit Kollegen oder anderen Freiberuflern unter dem Namen aller oder mindestens eines Partners aufgrund schriftlichen Ver-

Partnerschaftsgesellschaft 140

trags zusammenschließen. Sie ist bei einem besonderen Partnerschaftsregister anzumelden und einzutragen.

Diese Partnerschaft kann ein gesondertes Vermögen haben und handelt als eine Rechtsperson unter einem einheitlichen Namen „X-Partnerschaft" oder „Y und Partner". Die Geschäftsführung kann, soweit es sich nicht um die Ausübung der freiberuflichen Aufgaben selbst handelt, sondern z. B. um Verwaltungstätigkeit, einem Partner übertragen werden. Bei Ausscheiden eines Partners wird die Gesellschaft von den verbleibenden fortgesetzt.

Die Haftung der Partner gegenüber Bauherrn kann – anders als in der bisher als BGB-Gesellschaft allein üblichen → Partnerschaft – durch Vertrag mit dem Bauherrn auf den Partner eingeschränkt werden, der die Dienstleistung selbst erbringt, bzw. leitet und überwacht. Diese „Konzentration" auf einen Partner kann auch durch → Allgemeine Geschäftsbedingungen vereinbart werden.

Sobald eine entsprechende gesetzliche Regelung die summenmäßige Haftungsbeschränkung für Ansprüche aus fehlerhafter Berufsausübung für Architekten zuläßt, kann die Partnerschaftsgesellschaft nach Abschluß der dazu nötigen Haftpflichtversicherung die Haftung für fahrlässig verursachte Schäden durch Allgemeine Geschäftsbedingungen gegenüber ihren Bauherrn beschränken.

Diese künftig mögliche Haftungsbeschränkung wird die Tendenz verstärken, daß Architektenleistungen sich von ihrer Besonderheit der persönlichen, vollen Verantwortung weg in Richtung gewerblicher Tätigkeit entwickeln, auch wenn die Partnerschaftsgesellschaft weiter von der Pflicht, → Gewerbesteuer zu bezahlen, frei bleibt.

Die Bezeichnung „Partnerschaft" oder „und Partner" ist für die Partnerschaftsgesellschaften geschützt. Bisher schon bestehende Partnerschaften mit einer solchen Bezeichnung müssen ab 1. 7. 1997 klarstellen, daß sie auf bisherigem Recht beruhen, also z. B. durch den Zusatz „GbR" oder „nach BGB".

Nach Z. 3.2.1 der Grundsätze und Richtlinien für Wettbewerbe (→ GRW 1995) darf eine aus Architekten bestehende Partnerschaftsgesellschaft als juristische Person an Wettbewerben teilnehmen.

Näher: Kempter, Das Partnerschaftsgesellschaftsgesetz, DAB

1994, 1968; Mahnke, Das Partnerschaftsgesellschaftsgesetz, WM 1996, 1029.

Pauschalhonorar. 1. Das Berechnungssystem der HOAI bindet die → Honorarberechnung des mit der → Objektplanung beauftragten Architekten durch die §§ 10 und 16 HOAI unmittelbar an die Kostenentwicklung des geplanten Bauwerks an, das Honorar steigt also mit der Bausumme; dem entspricht bei städtebaulichen und landschaftsplanerischen Leistungen die Anknüpfung an Verrechnungseinheiten bzw. zu beplanende Flächen.

2. Eine ausdrückliche Möglichkeit der Pauschalhonorarvereinbarung gewährt die HOAI dagegen beispielsweise in § 7 für Nebenkosten, in §§ 16 Abs. 2 und 17 Abs. 2 HOAI für Objekte mit → anrechenbaren Kosten unter 50 000 DM oder in § 26 HOAI für → Einrichtungsgegenstände und integrierte Werbeanlagen. Die pauschale Honorierung zusätzlicher Leistungen ist in § 28 HOAI für Entwicklung und Herstellung von → Fertigteilen und in § 32 HOAI bei → Winterbau ermöglicht. Mehraufwand bei Leistungen in größeren Zeitabständen in der Flächennutzungsplanung, § 38 Abs. 8 HOAI, der Bebauungsplanung, §§ 41 Abs. 4 i.V.m. 38 Abs. 8 HOAI, und in der Landschaftsplanung, §§ 44 i.V.m. 38 Abs. 8 HOAI, kann pauschal honoriert werden, ebenso Aufträge bei Flächen unter 1000 ha in der Landschaftsplanung, §§ 45b bzw. 46 Abs. 4, § 48b Abs. 3 und § 49d Abs. 3 jeweils i.V.m. § 45b Abs. 3 HOAI. Das Pauschalhonorar muß jeweils schriftlich beim Vertragsabschluß, also vor Aufnahme der Tätigkeit des Architekten, festgelegt werden (OLG Düsseldorf ZfBR 1987, 123).

3. Diese katalogartige Aufzählung zulässiger Pauschalvereinbarungen spricht zwar deutlich dafür, daß sie in anderen Fällen unzulässig wären. Nach allgemeiner, der Praxis folgender Auffassung ist es dem Architekt und seinem Bauherrn jedoch aufgrund der → Vertragsfreiheit erlaubt, auch in nicht ausdrücklich in der HOAI vorgesehenen Fällen das Architektenhonorar „pauschal" zu vereinbaren (BGH BauR 1988, 364), also als von Anfang an einen unveränderlichen Betrag festzulegen.

4. Beide Vertragspartner gehen damit ein erhebliches Risiko ein: entwickelt sich das Objekt oder die Planung weniger arbeitsintensiv als vorhergesehen, fällt das Risiko zu Lasten des Bauherrn aus; wird die Leistung dagegen aufwendiger als bei

Vertragsabschluß zugrundegelegt, so muß sich der Architekt an der Vereinbarung des für ihn ungünstigeren Pauschalhonorares festhalten lassen.

5. Bei der → Objektplanung wird das Pauschalhonorar häufig so vereinbart, daß die im Sinn von § 10 HOAI anrechenbaren Kosten „festgeschrieben" werden, das heißt, ein unveränderlicher Betrag hierfür als Vertragsgrundlage bezeichnet wird. An dieser **Fiktion der anrechenbaren Kosten** hat sich dann der Architekt, aber auch der Bauherr, festhalten zu lassen, auch wenn die tatsächliche Entwicklung davon abweicht.

6. Pauschalhonorare müssen jedoch gemäß § 4 Abs. 4 HOAI **schriftlich** vereinbart worden sein, da das Abstrahieren von den sich erst im Nachhinein ergebenden, tatsächlichen Herstellungskosten in der Regel dazu führt, daß von den → **Mindest- bzw.** → **Höchstsätzen** abgewichen wird (KG BauR 1994, 791, NJW-RR 1994, 1298). Hieraus ergeben sich auch die immanenten Grenzen einer Pauschalhonorarvereinbarung: die Vergütung darf die → Mindest- bzw. → Höchstsätze nicht unter- bzw. überschreiten. Geschieht dies dennoch, ist die Honorarvereinbarung nicht als ganze unwirksam: eine Pauschalvereinbarung, die die Höchstsätze der HOAI überschreitet, ist auf die noch zulässigen Höchstsätze zu reduzieren (BGH BauR 1990, 239), eine Mindestsatzunterschreitung auf die Mindestsätze zu korrigieren (OLG Köln IBR 1996, 208).

7. Die → **Beweislast** im Rechtsstreit für die Vereinbarung eines Pauschalhonorares liegt bei demjenigen, der sich darauf beruft, also in der Regel der Bauherr (OLG Düsseldorf Betrieb 1978, 1883 für den Geltungsbereich der → GOA). Kann der Bauherr die Pauschalabrede nicht nachweisen, so steht dem Architekten die nach den → Mindestsätzen der HOAI berechnete Vergütung zu.

8. Wenn ein Pauschalhonorar wirksam vereinbart ist, und dieses nicht die Mindest- bzw. Höchstsätze unter- oder überschreitet, ist es für die Vertragspartner nach der Rechtsprechung kaum möglich, bei veränderten Umständen der Leistung eine **nachträgliche Änderung** dieses Honorars durchzusetzen. Die einzige Möglichkeit, eine Pauschalhonorarvereinbarung anzugreifen, liegt in der Einrede des → Wegfalles oder der Änderung der Geschäftsgrundlage.

9. Eine gesetzliche Ausnahmeregelung ist durch die Fünfte

HOAI-Novelle geschaffen worden. Nach § 4a S. 1 HOAI kann nun auf der Grundlage einer nachprüfbaren Ermittlung der voraussichtlichen Herstellungskosten ein → Festhonorar schriftlich bei Auftragserteilung vereinbart werden.

Näher: Lenzen, Fragen zum Architektenpauschalvertrag, BauR 1991, 692 ff.

Plangutachten. Beauftragt ein Bauherr mehrere Architekten parallel damit, für ein bestimmtes Bauvorhaben Planungsvorschläge, „Gestaltungsvorschläge" oder „Entwurfsstudien" auszuarbeiten, so kann es sich um einen nicht von den zuständigen Organen der → Architektenkammer autorisierten, „schwarzen" Wettbewerb handeln, wenn nur ein geringfügiges oder gar kein Honorar bezahlt werden soll. Solche Architektenentwürfe werden häufig unter der Bezeichnung „Plangutachten" damit begründet, daß die Leistungen der entsprechenden → Leistungsphasen der HOAI nicht vollständig erbracht werden müßten.

Im Hinblick auf das → Standesrecht der Architekten sind die Berufsgerichte allerdings der Auffassung, daß diese „Aushöhlung" der Architektenleistung nicht zulässig sei; insbesondere seien mit einem Architektenentwurf sämtliche Teilleistungen der Leistungsphasen 1 bis 3 des § 15 Abs. 2 HAOI erbracht und damit auch zu vergüten (Landesberufsgericht Baden-Württemberg DAB 1989, BW 221; Berufsgericht für Architekten beim OLG München DAB 1988, BY 57; a. A. VGH Kassel NJW-RR 1995, 1299).

Positive Vertragsverletzung ist ein schuldhafter Verstoß eines Vertragspartners gegen vertraglich übernommene Pflichten, der nicht unter die im BGB gesetzlich geregelten Tatbestände von Leistungsstörungen, wie → Unmöglichkeit oder → Verzug, aber auch nicht unter die → Gewährleistung fällt. → Verschulden ist Voraussetzung dieses von der Rechtsprechung entwickelten, inzwischen als Gewohnheitsrecht geltenden Anspruchs des anderen Vertragsteils. Wichtigste Fallgruppen sind die der Verletzung von vertraglichen → Nebenpflichten und der Haftung für entferntere → Mangelfolgeschäden. Ansprüche aus positiver Vertragsverletzung → verjähren nach § 196 BGB innerhalb von 30 Jahren.

Preisrecht. Die → GOA ist aufgrund des Gesetzes über Preisbildung und Überwachung vom 10. 4. 1948 (Preisgesetz, WiGBl. 27) erlassen worden. Das Preisrecht, Teil des → Öffentlichen Rechts, sollte die Wirtschaft vor inflationären Entwicklungen schützen. Seine Bedeutung hat stark abgenommen; so gilt im Bauwesen noch die preisrechtliche Verordnung VO/PR Nr. 1/72 (BGBl. I 293) in stark reduzierten Umfang (s. Epple, Die baupreisrechtliche Prüfung von Nachtragsleistungen, BauR 1990, 59 ff.). Die HOAI wurde nicht aufgrund des Preisgesetzes erlassen, sondern aufgrund des → GIA, hat aber preisrechtliche Wirkung, soweit sie → Höchstsätze für Honorare festlegt.

Preisrichtervertrag. Bei → Architektenwettbewerben bedient sich der Auslober qualifizierter Preisrichter zur Beurteilung der eingereichten Arbeiten. Der Vertrag zwischen dem Preisrichter und dem Auslober über diese Tätigkeit verpflichtet ersteren, sein Fachwissen und seine Kompetenz für das Jurierungsverfahren zur Verfügung zu stellen und in einem rationalen Diskurs sein Urteil abzugeben; der Auslober seinerseits bezahlt dafür ein Honorar. Es liegt daher kein → Werkvertrag, sondern ein → Dienstvertrag vor. Der Vergütungsanspruch richtet sich dementsprechend nach den §§ 611, 612 BGB; Haftung für ein fehlerhaftes Urteil besteht lediglich bei Vorsatz. Ist der Preisrichter Angehöriger des öffentlichen Dienstes, ohne von seinem Dienstherrn konkret für den bestimmten Wettbewerb entsandt worden zu sein, hat er Anspruch auf die Preisrichtervergütung neben seinen Beamtenbezügen (AG München BauR 1987, 350).

Preiswettbewerb. Holt ein Bauherr von mehreren Architekten gleichzeitig und unter Hinweis auf die Konkurrenz Honorarangebote für ein bestimmtes Bauvorhaben ein, so führt er einen an sich nach → Wettbewerbsrecht zulässigen Preiswettbewerb durch. Nach der HOAI ist das unzulässig, da sie die → Honorarberechnung nach objektiven Maßstäben vorschreibt (BGH BauR 1991, 638, NJW-RR 1991, 1258, SFH § 1 UWG Nr. 5 GRUR 1991, 769; LG Marburg BauR 1994, 271; a. A. VGH Kassel NJW-RR 1995, 1299, OLG Braunschweig BauR 1995, 869). Deshalb verstößt eine solche Ausschreibung gleichzeitig gegen → Wettbewerbsrecht. Architekten ist es auch aus Gründen des → Standesrechts verboten, daran teilzunehmen.

Für sie ist deshalb nur der Leistungswettbewerb zulässig, also die Konkurrenz der technischen und gestalterischen Fähigkeiten, die im → Architektenwettbewerb praktiziert wird. Die → VOL regelt für → öffentliche Auftraggeber den Preiswettbewerb bei der Vergabe von Dienstleistungen, nimmt aber die Leistungen Freier Berufe, also auch der Architekten, in § 1 ausdrücklich von ihrem Anwendungsbereich aus. Auch bei öffentlich bestellten Vermessungsingenieuren ist die gebührenmäßige Ausschreibung als wettbewerbswidriges Verhalten unzulässig (BGH BauR 1991, 99).

Näher: Lehmann, Die grundsätzliche Bedeutung der HOAI für die Sicherung des Leistungswettbewerbs der Architekten und Ingenieure, BauR 1986, 512; Broß, Die Ausschreibung von Werkverträgen durch die öffentliche Hand in der Bundesrepublik Deutschland, ZfBR 1990, 255 ff.

Privates Baurecht ist der Teil des → Privatrechts, der die Rechtsbeziehungen der an der Planung und Durchführung von Bauvorhaben Beteiligten regelt. Es besteht im wesentlichen aus dem Bauvertragsrecht nach BGB und → VOB, aus dem Vertragsrecht der Architekten und Ingenieure, das das Haftungsrecht und das Leistungs- und Honorarrecht nach der HOAI einschließt, ferner aus dem Recht der Baubetreuer und Bauträger und den Überschneidungsbereichen mit benachbarten Rechtsgebieten wie Urheberrecht, Wohnungseigentumsrecht, Privatversicherungsrecht, Sachverständigenrecht, → Wettbewerbsrecht und Verfahrensrecht. Architektenrecht ist der Teil des privaten Baurechts, der die Rechtsbeziehungen der Architekten betrifft, sowie ihr Berufs- und Standesrecht.

Privatrecht werden die Normen genannt, mit denen der Staat die Rechtsbeziehungen der Bürger untereinander regelt. Die wichtigsten Materien sind das bürgerliche Recht, das durch das Bürgerliche Gesetzbuch (BGB vom 18. 8. 1896, RGBl. 195, zuletzt geändert durch das Gesetz vom 21. 2. 1996, BGBl. I 222) geprägt ist, das → Arbeitsrecht, das Handels- und Gesellschaftsrecht, das Privatversicherungsrecht, das Urheber- und Erfinderrecht und das → Wettbewerbsrecht. Die → HOAI ist als auf der Grundlage des → GIA erlassene Verordnung zwar Teil des → öffentlichen Rechts, dient aber zur Berechnung der privatrechtlich, also aufgrund → Werkvertrags geschuldeten

Projektanten 146

Honorare. Privatrechtliche Streitigkeiten werden vor den ordentlichen Gerichten bzw. den Arbeitsgerichten im → Zivilprozeß ausgetragen.

Soweit → öffentliche Auftraggeber Leistungen Privater, also auch von Architekten und Bauunternehmen, beschaffen, unterliegen sie dem Privatecht („Fiskalgeschäfte").

Projektanten → Sonderfachleute

Projektsteuerung ist eine Leistung im Umfeld der → Objektplanung und unterliegt dem Dienstvertragsrecht (BGH BauR 1995, 572, ZfBR 1995, 189, NJW-RR 1995, 855).

Die → HOAI erwähnt sie als „zusätzliche Leistung" in § 31. Der Leistungskatalog umfaßt
- Klärung der Aufgabenstellung, Erstellung und Koordinierung des Programms für das Gesamtprojekt,
- Klärung der Voraussetzungen für den Einsatz von Planern und anderen an der Planung fachlich Beteiligten (Projektbeteiligte),
- Aufstellung und Überwachung von Organisations-, Termin- und Zahlungspläne, bezogen auf Projekt und Projektbeteiligte,
- Koordinierung und Kontrolle der Projektbeteiligten, mit Ausnahme der ausführenden Firmen,
- Vorbereitung und Betreuung der Beteiligung von Planungsbetroffenen,
- Fortschreibung der Planung und Klärung von Zielkonflikten,
- laufende Information des Auftraggebers über die Projektabwicklung und rechtzeitiges Herbeiführen von Entscheidungen des Auftraggebers,
- Koordinierung und Kontrolle der Bearbeitung von Finanzierungs-, Förderungs- und Genehmigungsverfahren.

Es handelt sich damit um Leistungen, die auf einer anderen Ebene als die Architekten- und die Leistungen der → Sonderfachleute stehen und sich nur stellenweise mit den Leistungen des § 15 HOAI überschneiden. Wenn ein Bauherr diese Tätigkeiten bei einem größeren Projekt nicht selbst erbringen kann oder will, delegiert er sie an einen Projektsteuerer. Aus diesem Grunde ist die Erwähnung der Projektsteuerung in der HOAI umstritten (siehe: Kostenplan und Kostenkontrolle – eine Leistung des Architekten, Stellungnahme des Vorstands der

Bayerischen Architektenkammer zur Frage der Einschaltung von Projektsteuerern, DAB 1990, 431; Ruf, Projektsteuerung – Zur Diskussion gestellt, DAB 1990, 957).

Nach § 31 HOAI kann das Honorar für solche Leistungen frei vereinbart werden; dies muß allerdings bei Auftragserteilung schriftlich geschehen.

Näher: Pfarr/Hasselmann/Will, Bauherrenleistungen und die §§ 15 und 31 HOAI, Essen 1984; Will, Bauherrenaufgaben: Projektsteuerung nach § 31 contra „Baucontrolling" BauR 1984, 333; Heinrich, Baumanagement und die §§ 15, 31 HOAI, BauR 1986, 524; Heinrich, Der Baucontrolling-Vertrag, Düsseldorf 1987; Will, Zur Funktion des Bauherrn als oberster Projektmanager, BauR 1987, 370; Stapelfeld, Der Projektsteuerungsvertrag – juristische terra incognita? BauR 1994, 693 ff.

Provisionen → Treuepflicht

Prüfbarkeit der Honorarschlußrechnung des Architekten ist eine Voraussetzung für die → Fälligkeit seines Honoraranspruchs.

1. Die Anforderungen an die Prüfbarkeit der Schlußrechnung sind streng: nach Abschluß einer → Objektplanung muß der Architekt die für die → Honorarberechnung in § 10 Abs. 1 HOAI aufgestellten Kriterien der Ermittlung seines Honorares benennen und zahlenmäßig darstellen. Hierzu gehört es,
– die Ermittlung der → anrechenbaren Kosten, ggf. getrennt für die Bereiche der → Leistungsphasen 1 bis 4 und 5 bis 9 des § 15 Abs. 2 HOAI, nach DIN 276 (das Formular der DIN 276 muß nicht verwendet werden, OLG Stuttgart, BauR 1991, 491),
– die vereinbarte → Honorarzone,
– die vereinbarten → Leistungsbilder,
– die erbrachten Leistungsphasen (nicht aber die einzelnen → Grundleistungen, OLG Frankfurt BauR 1982, 600),
– den vereinbarten → Honorarsatz,
– ggf. → Honorarzuschläge sowie
– die → Nebenkosten

anzugeben und unter Hinweis auf die entsprechenden Vorschriften der HOAI zu spezifizieren (OLG Düsseldorf BauR 1982, 294). Konkrete Gegenbehauptungen des Bauherrn muß der Architekt detailliert und nachvollziehbar widerlegen (BGH

BauR 1992, 265, ZfBR 1992, 66, NJW-RR 1992, 278). Anders ist es, wenn ein → **Pauschalhonorar** vereinbart wurde. Die Schlußrechnung muß in diesem Fall nur den vereinbarten Pauschalbetrag und etwa geleistete Abschlagszahlungen ausweisen (OLG Hamm IBR 1994, 240). Nur wenn der Pauschalvertrag vorzeitig beendet wurde, muß der Architekt für die erbrachten Leistungen den Anteil am Pauschalhonorar berechnen und begründen (OLG Hamm BauR 1993, 633, ZfBR 1993, 225, NJW-RR 1994, 1433).

2. Die strengen Anforderungen an die Schlußrechnung gelten auch im Fall **vorzeitiger Vertragsbeendigung** (BGH BauR 1986, 596; ZfBR 1986, 232). Im Fall einer → Kündigung des Architektenvertrags muß auch der Prozentsatz ersparter Aufwendungen genannt werden. Strittig ist, ob es zur Leistung eines Architekten gehört, die Kostenberechnung oder Kostenfeststellung auch dann zu erbringen, wenn der Auftrag, z. B. durch → Kündigung seitens des Bauherrn endet, bevor diese Leistungen innerhalb der Leistungsphasen 3 oder 5 erforderlich werden würden. Wenn die nachträgliche Rekonstruktion der maßgeblichen Kostenansätze nicht zumutbar oder nicht möglich ist, kann ausnahmsweise die Berechnung durch ein Sachverständigengutachten ersetzt werden (BGH NJW-RR 1990, 90, BauR 1990, 97); nach neuerer Rechtsprechung kann der Architekt auch für die abgebrochene Leistungsphase 5 des § 15 Abs. 2 HOAI die Kostenberechnung heranziehen (OLG Frankfurt BauR 1994, 657, NJW-RR 1994, 1502). Verweigert der Bauherr die Auskunft über die Kosten, so darf sie der Architekt schätzen (BGH BauR 1995, 126, ZfBR 1995, 73, NJW 1995, 399).

3. Im Streitfall kann der Architekt seine prüfbare Honorarschlußrechnung auch noch im Honorarprozeß vorlegen (OLG Hamm IBR 1995, 255).

Näher: Pöschl, Die Honorarschlußrechnung des Architekten – Prüffähigkeit und Bindungswirkung der Schlußrechnung, DAB 1988, 125; Steckel-Becker, Die prüffähige Schlußrechnung des Architekten in der Praxis, ZfBR 1989, 85 ff.; Lauer, Prüffähige Schlußrechnung nach § 8 HOAI und Verjährung der Honorarforderung, BauR 1989, 565 ff.

Prüfvermerk des Architekten → Rechnungsprüfung

R

Rationalisierungswirksame besondere Leistungen im Bauwesen sind innovative Leistungen im Zusammenhang mit einer → Objektplanung, die zu einer Senkung der Bau- und Nutzungskosten des Objekts führen sollen. Ihre Definition und Honorierung ist unter den zusätzlichen Leistungen in Teil III, § 29 HOAI geregelt. Das Honorar muß schriftlich bei Auftragserteilung vereinbart sein; es kann als → Zeithonorar nach § 6 HOAI oder als → Erfolgshonorar vereinbart werden.

Raumbildender Ausbau ist nach § 3 Nr. 7 HOAI die innere Gestaltung oder Erstellung von Innenräumen ohne wesentliche Eingriffe in Bestand oder Konstruktion. Es handelt sich hierbei um die Leistungen des → Innenarchitekten. Mit der Dritten Verordnung zur Änderung der HOAI vom 17. 3. 1988 wurde die bisherige Bezeichnung „Innenräume" zugunsten des Begriffes „raumbildende Ausbauten" aufgegeben.

1. Architektenleistungen für raumbildende Ausbauten nach § 25 HOAI sind nur dann zu vergüten, wenn sie getrennt von der → Objektplanung des betreffenden Gebäudes, also unabhängig von Neubau-, Wiederaufbau-, Erweiterungs- oder Umbauleistungen erbracht werden (§ 25 Abs. 1 HOAI).

2. Die Honorierung der Leistungen für den raumbildenden Ausbau kann im Fall **gemeinsamer Auftragserteilung** mit der Objektplanung eines Gebäudes entweder bei der Vereinbarung des Honorares geregelt werden, oder erfolgt, wenn es dabei nicht berücksichtigt wurde, jedenfalls mittelbar bei der Bemessung der → anrechenbaren Kosten nach § 10 HOAI. Diese in § 25 Abs. 1 HOAI vorgeschriebene Berechnungsweise gilt allerdings nur dann, wenn die Leistungen für das Gebäude und den raumbildenden Ausbau tatsächlich den gleichen Umfang haben und zeitlich parallel zu erbringen sind. Andernfalls findet doch die getrennte Honorarberechnung nach § 25 Abs. 2 HOAI Anwendung.

3. Die Leistungen werden bei von der Objektplanung getrennter Beauftragung nach den Vorschriften des Teils I und Teils II der HOAI honoriert, also nach → anrechenbaren Kosten, → Honorarzonen und → Leistungsbildern. Die Honorar-

zone ist nach den §§ 14a und 14b HOAI zu bestimmen. § 15 Abs. 1 HOAI weist für raumbildende Ausbauten die Prozentsätze aus, mit denen die einzelnen, sich inhaltlich im wesentlichen mit der Gebäude- bzw. Freianlagenleistung deckenden Leistungsphasen des § 15 Abs. 2 HOAI bewertet werden. Das Honorar ist nach der → Honorartafel des § 16 HOAI zu berechnen.

4. Nach § 25 Abs. 2 HOAI kann für Leistungen des raumbildenden Ausbaus **in bestehenden Gebäuden** je nach dem Schwierigkeitsgrad der Leistungen ein besonderer → **Honorarzuschlag** von 25% bis 50% zu den sich aus der Honorartafel des § 16 ergebenden Honoraren vereinbart werden. § 25 Abs. 2 Satz 4 bestimmt, daß „ab durchschnittlichem Schwierigkeitsgrad" mangels schriftlicher Vereinbarung ein Zuschlag von 25% als vereinbart gilt. Da dieser Zuschlag eine Mindestsatzüberschreitung darstellt, konnte er mangels schriftlicher Vereinbarung bei einem vor dem 31. 12. 1990 abgeschlossenen Vertrag auch nicht zu seinem Mindestbetrag gefordert werden (BGH NJW-RR 1990, 277, BauR 1990, 236).

5. Nach § 20 Satz 2 HOAI ist auf die Leistungen des raumbildenden Ausbaus § 20 Satz 1 HOAI entsprechend anzuwenden, so daß das Honorar für → mehrere Vor- oder Entwurfsplanungen (Alternativplanungen) nach unten abgestuft wird. Auch § 21 Satz 1 und 2 HOAI gilt entsprechend für Leistungen des raumbildenden Ausbaus, so daß bei → **zeitlicher Trennung** der Ausführung eine getrennte Honorarabrechnung für die einzelnen Abschnitte möglich ist.

→ Einrichtungsgegenstände und integrierte Werbeanlagen

RBBau/RLBau. Die staatlichen Bauverwaltungen der Bundesrepublik Deutschland gestalten Architektenverträge für die → Objektplanung inhaltlich nach ihren **Richtlinien** für die Durchführung von Bauaufgaben des Bundes im Zuständigkeitsbereich der Finanzbauverwaltungen – RBBau – aus. Dort sind für Gebäude und Freianlagen Anweisungen und insbesondere Vertragsmuster aufgeführt. Die Länder verfahren entsprechend, z.B. der Freistaat Bayern mit den Richtlinien für die Durchführung von Hochbauaufgaben des Freistaates Bayern im Zuständigkeitsbereich der Staatsbauverwaltung – RLBau (MABl. v. 25. 2. 1988). Auch die Deutsche Bundespost und die Deutsche Bundesbahn haben vergleichbare Anweisungen.

Die RBBau/RLBau sehen in der Regel nicht die vollständige Übertragung aller Architektenleistungen gem. § 15 Abs. 2, Nr. 1–9 HOAI vor, sondern regeln die Auftragserteilung so, daß dem Architekt zunächst die dem Vorentwurf oder dem Entwurf entsprechenden Leistungen übertragen werden und es dem Ermessen der auftraggebenden Behörde überlassen bleibt, ihm die nachfolgenden Architektenleistungen zu übertragen (→ stufenweise Auftragserteilung).

Entsprechend den Bedürfnissen der Verwaltungen werden die „Kostenvoranmeldung – Bau" (KVM-Bau) und die Haushaltsunterlage – Bau" (HU-Bau) gefordert, die sich mit den Leistungen für Vorentwurf bzw. Entwurf nicht decken. Im Hinblick auf eigene Leistungen der Bauämter (→ Eigenplanung) werden häufig geringere als die Prozentsätze des § 15 Abs. 1 HOAI für die jeweiligen Leistungsphasen gewährt.

Soweit in den RBBau/RLBau für die → Honorarberechnung der ersten vier Leistungsphasen die von einer behördlichen Instanz genehmigten, anrechenbaren Kosten vereinbart werden, ist das nicht zulässig (KG, BauR 1991, 251).

Näher: Locher, Unzulässige Honorarunterschreitungen in Ingenieurverträgen der öffentlichen Hand, BauR 1986, 643 ff.; Osenbrück, Die RBBau, Düsseldorf 1988; Knychalla, Inhaltskontrolle der RBBau-Vertragsmuster – Gebäude – BMBau 1988, München 1990

Rechnungsprüfung. 1. Im Rahmen der Objektüberwachung § 15 Abs. 2 Nr. 8 HOAI hat der Architekt auch die Rechnungen der Bauunternehmer zu prüfen. Er hat dabei sein Wissen über den Ablauf der Baustelle einzubringen und alle Ansätze sowohl in vertraglicher Hinsicht **„dem Grunde nach"** wie auch rechnerisch **„der Höhe nach"** zu prüfen. Das Ergebnis seiner Prüfung dokumentiert er in der Regel auf der Rechnung durch einen Vermerk z.B. des Inhalts „sachlich und rechnerisch richtig".

2. Für Fehler seiner Rechnungsprüfung muß der Architekt einstehen; nicht nur hat er Überzahlungen zu erstatten, wenn diese vom begünstigten Bauunternehmer nicht mehr zu erlangen sind; umgekehrt hat er Verzugszinsen und Prozeßkosten des Bauherrn zu tragen, wenn er schuldhaft falsche Beträge berechnet hat und der Bauherr im Rechtsstreit mit dem Bauun-

ternehmer unterlag (LG Fulda, MDR 1988, 965). Es handelt sich hier um einen → Mangelfolgeschaden, der als Verletzung einer Hauptleistungspflicht nach §§ 635, 638 BGB innerhalb von 5 Jahren nach Abnahme verjährt.

3. Der Architekt muß insbesondere Forderungen der Bauunternehmer nach zusätzlicher Vergütung genau daraufhin prüfen, ob sie bereits mit den Vertragspreisen abgegolten sind (**Nachtragsprüfung** im Sinn von § 2 Nr. 3, 5 und 6 → VOB Teil B). Diese Prüfung gehört zu der vom Architekten als dem geschäftlichem Oberleiter des Bauvorhabens geschuldeten Beratungs- und Betreuungspflicht und damit zum Kernbereich des Architektenwerkes (BGH BauR 1981, 482, NJW 1981, 2181). Dasselbe gilt, wenn der Bauunternehmer Teuerungszuschläge fordert (BGH BauR 1978, 145).

4. Die rechtliche Verbindlichkeit des Ergebnisses der Rechnungsprüfung gegenüber dem jeweiligen Bauunternehmer beurteilt sich nach dem Umfang der dem Architekten vertraglich eingeräumten Befugnisse: nachdem er rechtsgeschäftliche Erklärungen ohne ausdrückliche Vollmacht für den Bauherrn nicht abgeben darf, handelt es sich beim Prüfvermerk des Architekten auf der Schlußrechnung nicht um ein → Anerkenntnis, sondern lediglich um den Nachweis der Prüfung sowie die subjektive Meinungsäußerung des Architekten, daß er die Schlußrechnung des Bauunternehmers in dieser Höhe für berechtigt hält. Ein Beweis ersten Anscheins für die Richtigkeit seiner Rechnung zugunsten des Bauunternehmers ist durch einen positiven Vermerk des Architekten nicht gegeben (OLG Köln, Betrieb 1977, 1739).

Näher: Hochstein, Der Prüfvermerk des Architekten auf der Schlußrechnung – Rechtswirkungen; Bedeutung im Urkundenprozeß, BauR 1973, 333 ff.

Rechtsberatung. Nach § 1 Rechtsberatungsgesetz vom 13. 12. 1935 (RGBl. I 1478) in der Fassung des Gesetzes vom 31. 12. 1989 (BGBl. I 2135) ist die geschäftsmäßige Besorgung fremder Rechtsangelegenheiten den Angehörigen juristischer Berufe vorbehalten. Wie sich aus dem Leistungskatalog des § 15 Abs. 2 HOAI ergibt, hat aber der mit der → Objektplanung beauftragte Architekt umfangreiche Aufklärungs- und Hinweispflichten gegenüber dem Bauherrn, die rechtliche Bereiche berühren. Soweit sie Hilfs- und Nebentätigkeit im Rahmen seines Berufsbildes ist, ist ihm diese Beratungstätigkeit erlaubt, insbesondere im Genehmigungsverfahren oder bei der Nachbarzustimmung; vor dem Verwaltungsgericht kann er aber den Bauherrn nicht vertreten (OVG Münster NJW 1979, 2165). Der Architekt darf – und muß, § 15 Abs. 2 Nr. 7 HOAI – durchaus an der Gestaltung von Verträgen mit Bauhandwerkern mitwirken oder dem Bauherrn in steuerlicher Hinsicht raten (BGH NJW 1978, 322, BauR 1978, 60). Zu dem den Architekten im Rahmen seiner Leistungen erlaubten Tätigkeiten gehört auch die Wahrnehmung der Rechte des Bauherrn bei der Mängelbeseitigung durch den Bauunternehmer (BGH NJW 1973, 237 und 1457; BauR 1973, 321) und die Hilfe bei der Abnahme.

Der Architekt dagegen, der → gewerblich tätig ist und → Baubetreuung betreibt, verstößt, wenn er keine Erlaubnis hierfür hat und bei der Veräußerung von Wohnungseigentum mitwirkt, gegen das Rechtsberatungsgesetz (BGH NJW 1978, 322, BauR 1978, 60). Überschreitet der Architekt die Grenze zur unerlaubten Rechtsberatung, so erhält er für die betreffenden Leistungen kein Honorar (LG Köln ZMR 1989, 96).

Näher: Gauten, Die „baubegleitende Rechtsberatung (Bauberatung)", DAB 1992, 563 ff.; Kniffka, Die Zulässigkeit rechtsbesorgender Tätigkeiten durch Architekten, Ingenieure und Projektsteuerer, ZfBR 1994, 253 ff. und ZfBR 1995, 10 ff.; Soergel, Rechtsberatung und Rechtsverordnung durch Architekten-Berechtigung oder Verpflichtung? Festschrift Zimmermann, Stuttgart 1994

Rechtsmittelrichtlinie. Zur Durchsetzung der Vergaberichtlinien der EG, damit auch der → Dienstleistungskoordinierungsrichtlinie, erließ der Rat die Rechtsmittelrichtlinie vom 22. 12. 1989 (Nr. 89/665/EWG, ABl. EG L 395, S. 33 ff., zuletzt geändert durch die Dienstleistungskoordinierungsrichtlinie). Sie schafft für Interessenten, Bewerber oder Bieter die Möglichkeit, ein Vergabeverfahren gerichtlich oder durch eine gerichtsähnliche Instanz nachprüfen zu lassen. In der Bundesrepublik sind zu ihrer Umsetzung durch §§ 57 b und c Haushaltsgrundsätzegesetz (BGBl. I 1993, 1928) i. V. m. der Nachprüfungsverordnung (BGBl. I 1994, 324), **Vergabeprüfstellen** als erste und **Vergabeüberwachungsausschüsse** als zweite und letzte Instanz eingerichtet worden. Ob dieser Rechtsweg auch für Dienstleistungsaufträge zur Verfügung steht, ist zweifelhaft, solange die Dienstleistungskoordinierungsrichtlinie nicht in nationales Recht umgesetzt ist. In einem Verfahren wegen eines Dienstleistungsauftrags hat der Vergabeüberwachungsausschuß des Bundes die Frage seiner Zuständigkeit dem EuGH nach Art. 169 EG-Vertrag vorgelegt.

Rechtsschutz. Zu den Leistungen der → Haftpflichtversicherung des Architekten gehört im Schadensfall, also wenn der Bauherr oder ein Dritter Ansprüche gegen ihn erhebt, auch die Übernahme der Kosten der Rechtsverteidigung in der gerichtlichen Auseinandersetzung (→ Zivilprozeß), also der Rechtsschutz.

Für die Geltendmachung von Honoraransprüchen der Architekten werden auf dem Versicherungsmarkt derzeit keine Rechtsschutzversicherungen angeboten.

Näher: Mathy, Aktuelle Fragen zur Versicherung der selbständigen Tätigkeit in der Rechtschutzversicherung, VersR 1992, 781 ff.

Regeln der Technik bzw. (synonym verwendet) **Regeln der Baukunst** sind technische Regeln für den Entwurf und die Ausführung baulicher Anlagen, die in der Wissenschaft als theoretisch richtig **anerkannt** sind und feststehen, sowie im Kreis der für ihre Anwendung maßgeblichen vorgebildeten Techniker durchweg bekannt, als richtig und notwendig anerkannt und mit Erfolg praktisch angewandt worden sind. DIN-Normen, VDE-Richtlinien oder Unfallverhütungsvorschriften sind nicht notwendigerweise anerkannte Regeln der Technik; es spricht lediglich eine – jederzeit konkret widerlegbare – Vermutung dafür (OLG Stuttgart, BauR 1977, 129; positiv für VDE-Vorschriften OLG Hamm BauR 1990, 104; negativ für Mindestanforderungen der Schallschutz-DIN 4109 Stand 1962 OLG Düsseldorf BauR 1993, 622). Auch Regelwerke anderer Institutionen, die kontinuierlich publiziert und diskutiert werden, sind zu beachten (OLG Hamm BauR 1991, 516, NJW-RR 1991, 1045). Der bauphysikalische Nachweis garantiert nicht Übereinstimmung mit den Regeln der Technik (OG Celle BauR 1990, 759).

Der mit der → Objektplanung beauftragte Architekt hat die

im Zeitpunkt seiner Leistungserbringung anerkannten Regeln der Technik einzuhalten; besteht Zweifel über den maßgeblichen Zeitpunkt, so gilt der der Abnahme (OLG Hamm BauR 1990, 104).

Ein Verstoß gegen die Regeln der Technik ist Tatbestandsvoraussetzung des § 323 StGB (Baugefährdung; → Strafrecht).

Regelsatz → Honorarsatz

Reisekosten → Nebenkosten

Rheinland-Pfalz → Architektengesetz Rheinland-Pfalz

Rücktritt → Kündigung

S

Saarland → Architektengesetz Saarland

Sachsen → DDR (ehem.); → Architektengesetz Sachsen

Sachsen-Anhalt → DDR (ehem.)

Sachwalter des Bauherrn. Der Architekt steht in einer besonders engen, nicht allein vom Leistungsaustausch, sondern auch durch seine Stellung als Angehöriger eines freien Berufs geprägten Beziehung zum Bauherrn. Er gilt deshalb als dessen Sachwalter (BGH NJW 1973, 237, BauR 1973, 120). Mit diesem Begriff wird über die im → Werkvertrag und in den Leistungsbildern der HOAI beschriebenen Leistungspflichten hinaus eine Vertrauensstellung beschrieben, aus der heraus sich verschiedene weitere → vertragliche Pflichten ergeben, nämlich Beratungs-, Treue-, Verschwiegenheits-, Aufbewahrungs-, Auskunftspflichten u.a. Sie erstrecken sich aber grundsätzlich nur so weit, wie dies die mangelfreie Erbringung des Architektenwerks erfordert. Treuhänder für die Mittel des Bauherrn ist er nicht (VG Frankfurt, NVwZ-RR 1991, 240).

Schaden → Schadenersatz

Schadenersatz ist der Ausgleich einer Einbuße, die der Geschädigte durch ein schädigendes Ereignis am Vermögen oder an anderen Rechten erlitten hat.

Schadenersatz wegen Nichterfüllung

1. Nach § 249 Satz 1 BGB ist der Zustand herzustellen, der ohne das Schadenereignis bestehen würde (**Naturalrestitution**). Der Betroffene kann bei Beschädigung von Sachen oder Verletzung der Person Ersatz in Geld verlangen, § 249 Satz 2 BGB. Die → Haftung auf Schadenersatz kann auf vielen Haftungstatbeständen beruhen, die alle → Verschulden voraussetzen, insbesondere aus Gewährleistung (→ Schadenersatz wegen Nichterfüllung), → Verzug, → positiver Vertragsverletzung oder → unerlaubter Handlung.

2. Mitverschulden des Geschädigten bei der Entstehung des Schadens ist zu berücksichtigen, § 254 BGB; er ist, soweit möglich, zur Schadensminderung verpflichtet. Durch den Schaden mittelbar entstandene Vorteile sind auszugleichen. Hätten Kosten ohnehin aufgewendet werden müssen, sind sie als „Sowieso"-Kosten abzuziehen.

3. Beruht das schadensverursachende Ereignis auf einem Verhalten im Umfeld des Vertragsabschlusses (→ Anfechtung, → vorvertragliches Vertrauensverhältnis, → Architektenwettbewerb), so ist der Geschädigte nicht so zu stellen, als ob der Vertrag geschlossen und ordnungsgemäß zu erfüllen gewesen wäre (positives Interesse), sondern, als ob keine Beziehungen aufgenommen worden wären; ihm ist der **Vertrauensschaden** zu ersetzen (negatives Interesse).

4. Anders als ein Anspruch auf Schadenersatz ist ein **Entschädigungsanspruch** nicht auf Naturalrestitution gerichtet, sondern auf eine Kompensation aus Billigkeitsgründen (→ Annahmeverzug des Bauherrn, → Urheberrechtsentschädigung).

Schadenersatz wegen Nichterfüllung ist die wichtigste Anspruchsgrundlage des Bauherrn gegen den Architekten aus → Gewährleistung, und kann statt → Wandelung oder → Minderung gefordert werden, § 635 BGB. Sie knüpft allerdings an einem → Verschulden des Architekten an.

1. Weitere Voraussetzung ist wie bei den anderen Gewährleistungsansprüchen eine mangelhafte Architektenleistung, also eine fehlerhafte, oder eine Leistung, die nicht die zugesicherten Eigenschaften hat (→ **Mangel der Architektenleistung**).

2. Als Gewährleistungsrecht setzt auch der Anspruch auf Schadenersatz wegen Nichterfüllung weiter voraus, daß die Nachbesserung der Architektenleistung unmöglich bzw. sinn-

los, oder mit einem unverhältnismäßigen Aufwand verbunden, oder vom Architekten von vorneherein verweigert oder nach Fristsetzung nicht durchgeführt worden ist.

3. Das Verschulden des Architekten wird an seinen → **vertraglichen Pflichten** gemessen, die sich aus dem Umfang des → Architektenvertrags und dem Inhalt der vereinbarten Leistungsphasen des § 15 Abs. 2 HOAI sowie aus seiner Stellung als → Sachwalter des Bauherrn ergeben.

4. Dem Bauherrn muß durch den Mangel schließlich ein Schaden entstanden sein (→ **Mangelschaden**). Der Schaden kann die Kosten eigener Nachbesserung, merkantilen Minderwert der Bauleistung, unnütz aufgewendete Genehmigungskosten, Nutzungsausfall, entgangenen Gewinn, Gutachterkosten zur Feststellung der Schadensursachen, Kosten eines Prozesses des Bauherrn gegen den Bauunternehmer (BGH BauR 1991, 745, ZfBR 1991, 264, NJW-RR 1991, 1428), und andere Vermögensnachteile erfassen (BGH BauR 1995, 388, ZfBR 1995, 129, NJW-RR 1995, 591).

Schadensminderungspflicht → Schadenersatz

Schiedsgericht → Schiedsverfahren

Schiedsgutachten → Schiedsverfahren

Schiedsverfahren. 1. Architekten und Bauherren können zur Vermeidung eines → Zivilprozesses entweder schon bei Vertragsabschluß oder nach Entstehen einer Streitigkeit auf gesonderter Vertragsurkunde einen **Schiedsvertrag** abschließen. Danach ist ein Schiedsgericht zu bestellen, das an Stelle der staatlichen Gerichtsbarkeit den Streit entscheidet, § 1025 ZPO ff.; ein Zivilprozeß über den strittigen Anspruch wird unzulässig, wenn der Gegner die Einrede des Schiedsvertrags erhebt.

2. In der Regel wird vereinbart, daß jede Partei einen Schiedsrichter bestimmen darf, während der Vorsitzende entweder nach Übereinkunft oder aufgrund Bestellung durch eine neutrale Stelle ernannt wird. Die Verfahrensgestaltung liegt im Ermessen der Schiedrichter; Rechtsanwälte müssen als Beistände zugelassen werden, § 1034 ZPO. Der Schiedsspruch ist nicht anfechtbar, sondern hat unter den Parteien dieselbe Wirkung wie ein in einem Zivilprozeß ergangenes rechtskräftiges

Urteil. In ihm soll auch über die Kosten des Schiedsverfahrens entschieden werden, die für das Schiedsgericht in der Regel entsprechend den Honoraren von Rechtsanwälten berechnet werden. Mit der Erhebung der Schiedsklage tritt → Unterbrechung der → Verjährung ein.

3. Das **Schiedsgutachten** ist ein anderes Mittel, außergerichtliche Streitigkeiten zu lösen oder ihre Entscheidung vorzubereiten. In der Regel sollen damit tatsächliche Fragen, zum Beispiel, ob ein bestimmter Mangel vorliegt, unstreitig gestellt werden. Wird nach Einholung eines Schiedsgutachtens später im → Zivilprozeß über die Rechtsfolgen der getroffenen Feststellungen gestritten, so sind das Gericht und die Beteiligten an das Ergebnis des Schiedsgutachtens gebunden. Die Vereinbarung, ein Schiedsgutachten einzuholen, hemmt die Verjährung der gegenständlichen Forderung bis zur Erstattung des Gutachtens, §§ 202, 220 Abs. 2 BGB (OLG Hamm BauR 1983, 374).

Schleswig-Holstein → Architektengesetz Schleswig-Holstein

Schlichtung. Einige → Architektengesetze sehen vor, bei den Architektenkammern einen Schlichtungsausschuß einzurichten. Alle Streitigkeiten zwischen Architekten und Bauherrn, aber auch zwischen Architekten untereinander können vor diesen Schlichtungsausschuß gebracht werden. Das Verfahren richtet sich nach einer von der Kammer verabschiedeten Schlichtungsordnung. Die Sitzung ist nicht öffentlich und wird durch schriftliche Erklärungen der Parteien vorbereitet. Die Kosten des Schlichtungsverfahrens sind niedriger als die des gerichtlichen oder des Schiedsverfahrens, da auf Seiten der Architektenkammer nur ein Unkostenersatz gefordert wird; eine wechselseitige Erstattung von Anwaltskosten im Verhältnis des Obsiegens zum Unterliegen wie im → Zivilprozeß nach § 91 ZPO gibt es nicht; vielmehr trägt jede Partei die Kosten eines eigenen Rechtsanwalts selbst.

Schlußrechnung → Prüfbarkeit der Honorarschlußrechnung → Bindungswirkung der Honorarschlußrechnung

Schriftform im Sinn des § 125 BGB ist für viele Honorarabsprachen – nicht aber für den Architektenvertrag selbst – in der HOAI zwingend vorgeschrieben. Mit ihr soll Rechtsklarheit hergestellt werden; die Bauherrn sollen geschützt und die Zielsetzungen des → GIA bzw. des → Preisrechts verwirklicht werden.

1. Die Überschreitung der → Mindestsätze der Honorare muß nach § 4 Abs. 4 HOAI schriftlich vereinbart werden, andernfalls gelten die jeweiligen Mindestsätze als vereinbart. Auch die nur in ganz seltenen Ausnahmefällen zulässige Unterschreitung der Mindestsätze muß nach § 4 Abs. 2 HOAI schriftlich vereinbart sein, ebenso die Überschreitung der → Höchstsätze, § 4 Abs. 3 HOAI. → Besondere Leistungen, die isoliert oder in Verbindung mit Grundleistungen in Auftrag gegeben werden können, sind ebenfalls nur dann zu vergüten, wenn das Honorar schriftlich vereinbart worden ist, § 5 Abs. 4 Satz 1 HOAI. Auch die Honorare für → zusätzliche Leistungen nach den §§ 29, 31 und 32 müssen vor Ausführung der Leistung schriftlich vereinbart werden, die Schwierigkeitsstufen bei Grünordnungs- und Landschaftsrahmenplänen, §§ 45 b HOAI, und andere Abweichungen von Honorarregeln der HOAI. So bedarf auch eine Vereinbarung über die zugrunde zulegenden anrechenbaren Kosten der Schriftform (OLG Hamm NJW-RR 1994, 984).

2. An die Einhaltung der Schriftform werden die strengen Maßstäbe des § 125 BGB angelegt. Es reicht deshalb nicht aus, wenn die Leistungen bzw. die Honorarabrede auf einer Vertragsausfertigung angeboten und auf einer anderen angenommen werden (LG Waldshut-Tiengen BauR 1981, 80; OLG Düsseldorf NJW-RR 1995, 340). Eine schriftliche Auftragsbestätigung über eine mündliche Absprache genügt dem Schriftformerfordernis ebenfalls nicht (BGH BauR 1989, 222). Der schriftliche Vertrag muß die Unterschrift beider Vertragspartner tragen (OLG Düsseldorf BauR 1986, 733). Dies gilt selbst für die Vereinbarung einer Nebenkostenpauschale (BGH BauR 1994, 131, ZfBR 1994, 73, NJW-RR 1994, 280). Nur wenn identische Exemplare des Vertrages, also beispielsweise Fotokopien, mit der Unterschrift des jeweiligen Partners ausgetauscht werden, genügt dies auch dem Schriftformerfordernis. Nur in ganz seltenen Ausnahmefällen kann die Berufung auf fehlende Schriftform unzulässig sein, wenn dies gegen → Treu und Glauben verstößt (OLG Köln IBR 1996, 206).

3. Wurde die Schriftform für abweichende Honorarvereinbarungen nicht eingehalten, so sind die Architektenleistungen

nach § 4 Abs. 4 HOAI mit den jeweiligen Mindestsätzen der HOAI zu honorieren; besteht keine Honorierungsregel im Sinn der Mindestsätze, wie beispielsweise bei der Projektsteuerung oder bei Besonderen Leistungen, führt der Formmangel zum vollständigen Wegfall eines denkbaren Honoraranspruches. Auch eine zunächst getroffene mündliche Vereinbarung, nach der der Architekt ein Honorar über den Mindestsätzen bekommen sollte, kann trotz des Willens der Parteien nicht **nachträglich** wirksam durch schriftliche Vereinbarung bestätigt werden (OLG Düsseldorf IBR 1995, 481). Auf der anderen Seite kann eine ungünstigere als die objektiv gültige Honorarzone ebenfalls nicht nachträglich schriftlich vereinbart werden, wenn der Architektenvertrag mündlich abgeschlossen wurde, ohne eine Honorarzone festzulegen. Die spätere **Änderung** einer wirksamen Honorarvereinbarung bei unveränderten Leistungsvorgaben ist nicht möglich (BGH NJW-RR 1988, 725, BauR 1988 364); erst nach Fertigstellung der Architektenleistungen kann dagegen ein → Vergleich geschlossen werden.

4. Wenn der Architekt weiß und zusagt, daß er zunächst „**auf eigenes Risiko**" arbeitet und eine Vergütung für die von ihm erbrachten Leistungen nur bei Eintritt einer bestimmten Bedingung erhalten soll, ist das zulässig und fällt nicht unter das Schriftformgebot des § 4 Abs. 4 HOAI (BGH BauR 1985, 467; NJW 1985, 2830; OLG Karlsruhe BauR 1985, 236; OLG Stuttgart BauR 1985, 346).

Näher: Sangenstedt, Zur Abänderbarkeit von Honorarvereinbarungen nach der HOAI, BauR 1991, 292ff.; Loritz, Die Reichweite des Schriftformerfordernisses der HOAI bei der Vereinbarung unentgeltlicher Tätigkeiten, BauR 1994, 38ff.

Schweigepflicht → Vertragliche Pflichten des Architekten

Sektorenkoordinierungsrichtlinie (SKR) 1. Die SKR (kodifizierte Fassung: ABl. EG L 199 vom 9. 8. 1993 S. 84ff.) betrifft anders als die → Dienstleistungskoordinierungsrichtlinie nur solche Auftraggeber, die sich in der Wasser-, Energie-, Verkehrs- und Telekomversorgung betätigen, allerdings auch nur, soweit ein Dienstleistungsauftrag mit dieser Funktion in Zusammenhang steht.

2. Die Vorschriften der Sektorenkoordinierungsrichtlinie schaffen für ihren Anwendungsbereich dieselbe Rechtslage wie im Bereich der Dienstleistungskoordinierungsrichtlinie. Folgende Abweichungen sind jedoch zu beachten:
- Die Schwellenwerte betragen 400 000 ECU bzw. bei Telekom-Auftraggebern 600 000 ECU, Art. 14 SKR.
- Die Ausschreibungspflicht für Teilaufträge („Lose") ist nicht explizit angesprochen, sondern lediglich im Hinblick auf das abstrakte Umgehungsverbot des Art. 14 Abs. 13 SKR zu beachten, nach dem die Auftraggeber die Richtlinie nicht dadurch umgehen dürfen, „daß sie die Aufträge aufteilen oder für die Berechnung des Auftragswertes besondere Modalitäten anwenden."
- Die SKR hat zugunsten der ihr unterworfenen Auftraggeber keine Rangfolge der Vergabeverfahren vorgesehen, sondern überläßt es ihnen, das ihnen passende Verfahren zu wählen, wobei aber in jedem Fall ein Wettbewerbsaufruf veröffentlicht werden muß, Art. 20 Abs. 1 SKR.
- Die SKR sieht anders als die DKR zusätzlich zum Offenen, Nichtoffenen und Verhandlungsverfahren zwei vereinfachte Vergabeverfahren vor, nämlich die Regelmäßige Bekanntmachung mit Wettbewerbsaufruf und das Präqualifikationsverfahren, die auch bei Dienstleistungsaufträgen angewendet werden können. Bei der Regelmäßigen Bekanntmachung mit Wettbewerbsaufruf muß der Auftraggeber nur einen, dem Muster XIV im Anhang der SKR entsprechenden, knapp gefaßten Wettbewerbsaufruf veröffentlichen und kann danach mit den ausgewählten Interessenten frei über deren Angebote verhandeln, Art. 21 Abs. 2 SKR. Das Präqualifikationsverfahren (Bekanntmachungsmuster Anhang XIII) ist zwar förmlicher ausgestaltet (Art. 30 SKR), läßt dem Auftraggeber schließlich aber doch freie Hand bei der eigentlichen Vergabeentscheidung.
- Manche Unternehmen auf dem Gebiet der Trinkwasser und der Energieversorgung, des Verkehrs- und des Fernmeldewesens haben ihre Planungsbüros oder andere Dienstleistungsbereiche als eigene Gesellschaften eingerichtet und beauftragen diese formell so wie Fremdfirmen. Nach Art. 13 Abs. 1a) SKR sind solche Aufträge von der Anwendung der Richtlinie ausgenommen, wenn das verbundene Unterneh-

men mindestens 80% seines Durchschnittsumsatzes der letzten drei Jahre in der EG aus Dienstleistungen für den Auftraggeber bezieht.
- Bilden mehrere Auftraggeber im Sinn von Art. 2 Abs. 2 SKR ein Gemeinschaftsunternehmen, so sind nach Art. 13 Abs. 1a) SKR Aufträge dieses Gemeinschaftsunternehmens an einen dieser Auftraggeber von der Anwendung der Richtlinie ausgenommen, wenn es mindestens 80% seines Durchschnittsumsatzes der letzten drei Jahre in der EG aus Dienstleistungen für diese Auftraggeber erzielt.

3. Die neu zu schaffende → VOF bezieht nach dem vorliegenden Entwurf die Auftraggeber im Sinne der SKR noch nicht mit ein, so daß der Dienstleistungsteil der Sektorenrichtlinie insoweit weiter unmittelbar gilt. Ein Interessent, Bewerber oder Bieter, der sich in seinen Rechten verletzt fühlt, kann das Vergabeverfahren nach der Rechtsmittrichtlinie für Sektorenauftraggeber überprüfen lassen.

Selbständiges Beweisverfahren. 1. Ist Streit zwischen den Baubeteiligten entstanden und besteht die Gefahr, daß durch die fortschreitenden Bauarbeiten Beweismittel für die Geltendmachung oder die Abwehr von Ansprüchen verloren gehen, so kann derjenige, der an der Beweisführung interessiert ist, vor Einleitung eines → Zivilprozesses bereits beim zuständigen Amts- oder Landgericht das selbständige Beweisverfahren (bis 31. 3. 1991 als **Beweissicherung** bezeichnet) nach den §§ 485 ff. ZPO beantragen. Der festzuhaltende Sachverhalt ist dabei anzugeben, die Sorge, daß die Feststellungen unmöglich werden, zu begründen und ein Sachverständiger zu benennen, der bereit und in der Lage ist, den Status quo des Bauwerks oder auch mögliche Fehler zu konstatieren und in einem Gutachten festzuhalten. Als Zweck des selbständigen Beweisverfahrens kann auch die mögliche Vermeidung eines Rechtsstreits angegeben werden.

2. Das selbständige Beweisverfahren wurde durch die zum 1. 4. 1991 in Kraft getretene Änderung der ZPO (→ Zivilprozeß) an Stelle der bisherigen Beweissicherung eingeführt. Es sieht anders als das bisher geltende Recht ein **Einigungsverfahren** vor dem Gericht vor, § 492 Abs. 3 ZPO n. F. Im selbständigen Beweisverfahren ist dem Gegner rechtliches Gehör zu ge-

währen; hier muß er etwaige Einwände gegen die Person des vorgeschlagenen Sachverständigen vorbringen. Das Ergebnis des selbständigen Beweisverfahrens ist im möglicherweise nachfolgenden Prozeß für die Beteiligten verbindlich.
Näher: Rudolph, Schiedsgutachten und Beweissicherung als Wege zur Beilegung von Baustreitigkeiten, Festschrift für Locher, Düsseldorf 1990

Sicherungshypothek. 1. Durch die Leistungen des Architekten bei der → Objektplanung wird der Wert des Grundstücks gesteigert, auf dem gebaut wird. Ist sein Honorar durch Zahlungsschwierigkeiten des Bauherrn gefährdet, so hat der Architekt des Gebäudes nach § 648 BGB die Möglichkeit, den Zahlungsanspruch durch eine Hypothek am Baugrundstück sichern zu lassen. Wenn der Vermögensverfall des Bauherrn unmittelbar droht, kann der Anspruch auf Sicherungshypothek mit einer → **einstweiligen Verfügung** gesichert werden, aufgrund deren eine Vormerkung ins Grundbuch eingetragen wird; erst danach muß der erheblich mehr Zeit in Anspruch nehmende → Zivilprozeß durchgeführt werden, in dem auf (endgültige) Eintragung und Zahlung geklagt wird.
2. Voraussetzung für die Eintragung einer solchen Hypothek ist, daß mit dem Bau bereits begonnen wurde (LG Nürnberg-Fürth, NJW 1972, 443; OLG Düsseldorf BauR 1972, 254, NJW 1972, 1863) und daß eine Rechnung im Sinn von § 8 HOAI vorliegt (LG Fulda BauR 1992, 110, NJW-RR 1991, 790). Wenn der Bauherr dagegen von der Errichtung des Bauwerks Abstand nimmt, kann der Architekt die Einräumung einer solchen Hypothek auch nicht als Schadensersatzanspruch fordern (KG NJW 1978, 2159), es sei denn, es liegt Verschulden vor (BGH NJW 1969, 419).
3. Da Anknüpfungspunkt des Sicherungsrechtes die konkrete Wertsteigerung des jeweiligen Grundstückes ist, wirkt sich eine Reduzierung des Vergütungsanspruches des Architekten, beispielsweise aufgrund von Einreden, die dem Bauherrn aufgrund von Mängeln der Werkleistung zustehen, auch auf den Wertstand einer vom Architekten durchgesetzten Sicherungshypothek aus (OLG München NJW 1973, 289; BGH NJW 1977, 947, BauR 1977, 208).
4. Verfügt der Architekt bereits über eine Bauhandwerker-

versicherung i. S. v § 648a BGB, kann er nicht zusätzlich eine Sicherungshypothek verlangen und umgekehrt.

Näher: Maaser, Bauwerkssicherungshypothek des Architekten? BauR 1975, 91; Durchlaub, Bauwerkssicherungshypothek für Architektenleistungen, BB 1982, 1392 ff.; Scholtissek, Die Bauhandwerkerversicherungshypothek, DAB 1991, 1577 ff.

Sittenwidrigkeit → Treu und Glauben

Skonto → Anrechenbare Kosten

Sonderfachleute, auch „Projektanten" genannt, sind die Ingenieure, die für ein Objekt die Tragwerksplanung (Teil VIII der HOAI), die technische Ausrüstung (Teil IX), die Wärme- und Schallphysik (Teile X und XI), die Baugrundberatung (Teil XII), die Vermessung (Teil XIII) oder andere als die in der HOAI geregelten Spezialbereiche planen bzw. die Durchführung überwachen, ob in einem unmittelbaren Auftragsverhältnis zum Bauherrn oder im → Unterauftrag für den mit der → Objektplanung beauftragten Architekten als dessen → Erfüllungsgehilfen.

Sorgfaltspflicht → Vertragliche Pflichten des Architekten

Spesen → Nebenkosten

Stadtplaner sind mit der gestaltenden, ökologischen, technischen, wirtschaftlichen und sozialen Orts- und Regionalplanung, mit der Ausarbeitung städtebaulicher Pläne und der Mitwirkung an der Landesplanung und der Raumordnung befaßt (→ städtebauliche Leistungen). In zahlreichen neueren → Architektengesetzen ist dieses Berufsbild besonders definiert und die Berufsbezeichnung „Stadtplaner" oder Städtebauarchitekt", bei freiberuflicher Tätigkeit mit dem Zusatz „Freischaffend, unter Schutz gestellt worden; in einigen Architektenkammern werden eigene Stadtplanerlisten geführt. In anderen Bundesländern gelten städtebauliche Leistungen noch als Berufsaufgabe der Architekten bzw. der Garten- und Landschaftsarchitekten.

Stadtplanung → Städtebauliche Leistungen

Städtebauarchitekt → Stadtplaner

Städtebauliche Leistungen

Städtebauliche Leistungen sind hinsichtlich der Leistungsbilder und ihrer Honorierung in Teil V der HOAI, §§ 35 ff., geregelt. Sie werden von Architekten und Stadtplanern erbracht. Es sind Leistungen für **Flächennutzungspläne** im Sinn der §§ 5 bis 7 BauGB und **Bebauungspläne** im Sinn der §§ 8 bis 13 BauGB sowie zugehöriger EDV-Leistungen. Weiter sind in § 42 HOAI **sonstige städtebauliche Leistungen** aufgeführt:
- Mitwirken bei der Ergänzung von Grundlagenmaterial
- informelle Planungen,
- Mitwirken bei der Durchführung des genehmigten Bebauungsplans, soweit nicht von § 41 erfaßt,
- Sonderleistungen,
- Untersuchungen und Planungen bezogen auf das besondere Städtebaurecht,
- Satzungsentwürfe.

2. Das → **Leistungsbild** für den Flächennutzungsplan ist in § 37 Abs. 2 HOAI mit → Grund- und → besonderen Leistungen, aufgeteilt in → Leistungsphasen dargestellt, dasjenige des Bebauungsplanes in § 40 HOAI. Zu beiden Leistungskatalogen gehört im jeweiligen Abs. 1 die Bewertung der Leistungsphasen 1 bis 5 mit Prozentsätzen, wie dies bei der → Objektplanung in § 15 Abs. 1 HOAI vorgesehen ist.

3. Die → Honorarberechnung erfolgt für Grundleistungen der Flächennutzungsplanung nach § 38 HOAI aufgrund von **Verrechnungseinheiten,** die entsprechend den in Abs. 3 aufgezählten Parametern „Einwohner" und „darzustellenden Flächen" ermittelt werden, nach der **Honorartafel** des Abs. 1, die sich nach Verrechnungseinheiten von 5000 bis 3 000 000 staffelt. Die fünf **Honorarzonen** sind in § 36a HOAI dargestellt. Entsprechend ist das Honorar für Leistungen des Bebauungsplans nach den in § 39a i. V. m. § 36a HOAI dargestellten fünf Honorarzonen und der Honorartafel des § 41 HOAI zu ermitteln. Innerhalb der Stufen und jeweiligen Rahmengebühren der Honorartafeln sind Zwischenwerte nach § 5a HOAI zu → interpolieren.

4. Die sonstigen städtebaulichen Leistungen sind gemäß § 42 Abs. 2 HOAI auf der Grundlage eines detaillierten Leistungskataloges nach **freier Vereinbarung** zu vergüten, die bei Auftragserteilung schriftlich abgeschlossen werden muß; anderenfalls ist ein Zeithonorar nach § 6 HOAI zu berechnen, wobei der → Mindestsatz gilt.

Standesrecht. 1. In den Architektengesetzen der Länder und den hierzu jeweils erlassenen Berufsordnungen ist das Recht der Berufsausübung der Architekten niedergelegt, das auch als Standesrecht bezeichnet wird. Es ist ein Verhaltenskodex, den sich die Architektenschaft – ähnlich wie andere freie Berufe – auferlegt hat, nicht zuletzt, um der Gesellschaft die besondere Qualität freiberuflicher Dienstleistung vermitteln zu können. Außenstehende, also Nicht-Architekten, sind an standesrechtliche Ge- oder Verbote nicht gebunden, auch wenn sie Architektenleistungen erbringen (BGH ZfBR 1982, 259). Aus dem Gebot, seinen Beruf gewissenhaft auszuüben, und sich des Vertrauens würdig zu erweisen, das die Stellung des Architekten erfordert, leiten sich die weiteren Pflichten ab.

2. Die wichtigste Regel des Standesrechtes ist das relative **Werbeverbot**, nach dem Architekten nicht reklamemäßig für ihre Leistungen werben dürfen. Nur die mittelbare Werbung z. B. mit Fachveröffentlichungen ist zulässig. Publikationen, die nicht mehr im Rahmen von allgemeinen Veröffentlichungen einer Fachzeitschrift, sondern als gesonderte Präsentation für den einzelnen Architekten hergestellt werden, sind verboten (Berufsgericht für Architekten beim OLG München, DAB 1983, BY 161). Auch wenn ein Architekt in einer Zeitschrift eine Veröffentlichung über seine Arbeiten auf eigene Kosten lanciert, verstößt er gegen das Werbeverbot (Berufsgericht für Architekten beim OLG München, DAB 1984, BY 44). Stellt sich allerdings ein Architekt mit seinem Namen für ein bestimmtes Produkt der Baubranche im Zusammenhang mit einem von ihm geplanten konkreten Bauvorhaben zur Verfügung, handelt er nicht standeswidrig (OLG Stuttgart GRUR 1983, 460). Ein Angebot an einen möglichen Auftraggeber, im Auftragsfall einen Honorarabschlag von einem Drittel des Mindestsatzes zu gewähren, ist als Werbung standeswidrig (Ehrenausschuß der Architekten- und Ingenieurkammer Schleswig-Holstein DAB 1983, SH 46).

3. Ein weiteres standesrechtliches Gebot betrifft die Wahrung der **Unabhängigkeit und Eigenverantwortlichkeit** als → freischaffender Architekt. Gegenüber der Architektenkammer bzw. in der Öffentlichkeit hat der Architekt es anzuzeigen und kenntlich zu machen, wenn er sich nicht mehr ausschließlich freiberuflich, sondern (auch) gewerblich betätigt (OVG Lüne-

burg DAB 1978, 1217). Wenn beispielsweise die Ehefrau eines Architekten ein Bauunternehmen betreibt und nicht auch nach außen unmißverständlich – z. B. durch den Bürositz oder die Benennung – erkennbar ist, daß es sich um völlig getrennte Bereiche der Ehegatten handelt, so verhält sich der Architekt standeswidrig (Landesberufsgericht Baden-Württemberg, DAB 1984, BW 35). Dasselbe gilt für die Aufnahme eines baugewerblich tätigen Architekten in eine freiberufliche Partnerschaft (Landesberufsgericht Baden-Württemberg, DAB 1984, BW 36). Diese Trennung beider Berufsbilder ist verfassungsgemäß (BVerfG NVwZ-RR 1994, 153).

4. Zur Wahrung ihres Ansehens in der Öffentlichkeit sind die Architekten standesrechtlich verpflichtet, sich untereinander kollegial zu verhalten (**Kollegialitätsgebot**). Übermäßig scharfe publizierte Kritik an der Leistung eines Kollegen ist deshalb unzulässig (DAB 1984, BW 38). Ein gravierender Verstoß liegt vor, wenn ein Architekt vom andern „abkupfert", also dessen eigenständige kreative Leistung kopiert (DAB 1983, SH 46). Will ein Bauherr ein laufendes Vorhaben an einen anderen Architekten übertragen, so ist dieser neu zu beauftragende verpflichtet, dem bisherigen davon Mitteilung zu machen (Landesberufsgericht Baden-Württemberg DAB 1984, BW 38). Auch die Pflicht, für die Architektenleistung angemessene Honorare zu verlangen, ist ein Gebot des kollegialen Verhaltens untereinander. Sie ist verfassungsmäßig (BVerfG NJW 1980, 2124; Landesberufsgericht für Architekten Baden-Württemberg, DAB 1988 BW 116).

5. Schließlich sind Architekten zur beruflichen Fortbildung verpflichtet. Nach manchen Berufsordnungen – teilweise als Voraussetzung der → Bauvorlageberechtigung geregelt – müssen sie für ihre Arbeit eine → **Haftpflichtversicherung** abschließen.

6. Maklertätigkeit ist mit dem Berufsbild der Architekten schlechthin unvereinbar (Landesberufsgericht für Architekten beim OLG München DAB 1992, BY 189).

Statiker → Tragwerksplanung → Sonderfachleute

Steuerliche Beratung durch den Architekten. Zur Aufklärung über mögliche Steuervergünstigungen ist der Architekt auch gegenüber einem laienhaft informierten Bauherrn nur dann verpflichtet, wenn sich ihm nach den gesamten Umständen des

Auftrages die Erkenntnis aufdrängen muß, daß der Bauherr steuerliche Vergünstigungen, wie z. B. die Befreiung von der Grunderwerbssteuer, anstrebt. Dann haftet er beispielsweise für die Richtigkeit seiner Wohnflächenberechnung (OLG Köln BauR 1993, 756, ZfBR 1993, 280, SFH § 635 BGB Nr. 89, NJW-RR 1993, 1493). Steht die Anspruchnahme von besonderen Steuervorteilen jedoch nicht im Raume, besteht auch keine entsprechende Beratungspflicht (BGH NJW 1973, 237, BauR 1973, 120).

Strafrecht ist die Gesamtheit der Rechtsnormen, die für bestimmte Handlungen staatliche Sanktionen anordnen. Es ist im Strafgesetzbuch (StGB) vom 15. 5. 1871 in der Fassung der Bekanntmachung vom 10. 3. 1987 (BGBl. I 945, ber. 1160), zuletzt geändert durch Gesetz vom 21. 8. 1995 (BGBl. I 1050) sowie in zahlreichen strafrechtlichen Nebengesetzen enthalten und dient der Durchsetzung und Sicherung der staatlichen Wertordnung. Für Architekten ist § 323 StGB von Bedeutung, nach dem bestraft wird, wer als Planender, Leiter oder Ausführender bei einem Bau oder dem Abbruch eines Bauwerks, oder beim Einbau oder der Änderung technischer Einrichtungen gegen die allgemein anerkannten → Regeln der Technik verstößt und damit Leib oder Leben eines andern gefährdet (**Baugefährdung**). Nachdem der Architekt durch seine treuhänderische Stellung im Rahmen der → Mitwirkung bei der Vergabe und der → Objektüberwachung, hier insbesondere bei der → Rechnungsprüfung, auch Vermögensinteressen des Bauherrn wahrnimmt, kann er sich durch eine Pflichtverletzung in diesem Bereich wegen **Untreue** nach § 266 StGB strafbar machen. Bei öffentlichen Bauherrn gilt der beauftragte Architekt strafschärfend als Amtsträger i.S.v. § 11 Abs. 1 Nr. 2c (OLG Frankfurt NJW 1994, 2242; a.A. BayObLG NJW 1996, 268).

Näher: Schünemann, Grundfragen der strafrechtlichen Zurechnung im Tatbestand der Baugefährdung, ZfBR 1980, 3 ff.; 113 ff.; 159 ff.

Streitverkündung. In eine gerichtliche Auseinandersetzung (→ Zivilprozeß) mit seinem Bauherrn um Gewährleistungsansprüche kann der Architekt durch Streitverkündung auch den Bauunternehmer einbeziehen, wenn Anhaltspunkte dafür bestehen, daß dieser die Mängel mindestens mitzuverantworten hat. Dieser kann dann wie die Parteien selbst mitwirken und muß die richterlichen Feststellungen in diesem Rechtsstreit gegen sich gelten lassen. Umgekehrt wird häufig in einem Mängelhaftungsprozeß zwischen dem Bauunternehmen und dem Bauherrn dem Architekten der Streit verkündet. Die Streitverkündung unterbricht die Verjährung, § 209 Abs. 2 Nr. 4 BGB.

Stufenweise Auftragserteilung. 1. Zahlreiche Vertragsmuster für → Objektplanungen, insbesondere der öffentlichen Auftraggeber, sehen vor, daß dem Architekten eines Bauvorhabens nicht von Anfang an alle neun Leistungsphasen des § 15 Abs. 2 HOAI übertragen werden. Da oft noch Planungsunsicherheit herrscht oder auch die Finanzierung nicht gesichert ist, will man sich vor den Folgen einer „freien" → Kündigung des Architektenvertrags gemäß § 649 BGB schützen und legt sich nur beispielsweise für die Leistungsphasen 1 und 2 oder 1 bis 4 fest. Diese Aufteilung ist auch unter Gesichtspunkten des AGB-Gesetzes als zulässig anzusehen (KG vom 14. 11. 1989, dargestellt in Becker, Das aktuelle Rechtsproblem, DAB 1990, 754).

2. Werden nur die Teilleistungen nach § 15 Abs. 2 Nr. 2 oder Nr. 3 HOAI jeweils als → Einzelleistung in Auftrag gegeben, so können hierfür nach § 19 HOAI höhere als die in 15 Abs. 1 festgesetzten Prozentsätze vereinbart werden, nämlich 10% für die Vorplanung und 18% für die Entwurfsplanung. Auch diese Honorarerhöhung wird häufig einzelvertraglich oder durch → Allgemeine Geschäftsbedingungen ausgeschlossen.

3. Ist die Weiterbeauftragung an die Schriftform gebunden, jedoch nur mündlich erfolgt, so ist die Berufung des Bauherrn auf die fehlende Schriftform unzulässig. Für die Leistungen der weiteren Stufen gilt, wenn die HOAI inzwischen geändert wurde, die Neufassung.

4. Endet die stufenweise Beauftragung bei den reinen Planungsleistungen, so kann dem Architekten die gestalterische Überwachung gemäß § 15 Abs. 3 HOAI (→ künstlerische Oberleitung) übertragen werden. Dies muß jedoch ausdrücklich geschehen.

Stundensatz → Zeithonorar

Stundung → Verzug

T

Tätigkeitsverbindung → Eintragung in die Architektenliste

Tarifvertrag für angestellte Architekten → Angestellte Architekten → Arbeitsrecht

Technische Ausrüstung. 1. Die früher als „**Haustechnik**" bezeichneten Leistungen sind seit 1.1.1985 in die HOAI aufgenommen worden: Gas-, Wasser- und Abwassertechnik, Wärmeversorgung, Brauchwassererwärmung, Raumlufttechnik, Elektrotechnik, Aufzug-, Förder- und Lagertechnik, Küchen-, Wäschereitechnik und Technik der chemischen Reinigung; Medizin- und Labortechnik. Durch die geschaffenen Leistungsbilder und die Festlegung der für ihre Erbringung zu fordernden Honorare ist klargestellt, daß diese Leistungen nur bei besonderer Vereinbarung von dem mit der → Objektplanung beauftragten Architekten zu erbringen sind; im anderen Fall sind → **Sonderfachleute** für sie einzuschalten.

2. Ist der Architekt **gleichzeitig** mit der Objektplanung und mit Leistungen der technischen Ausrüstung beauftragt, so sind sie nicht nach § 5 HOAI als Besondere Leistungen zu bewerten, sondern nach den in Teil IX, §§ 68 ff. HOAI festgelegten Regeln zu vergüten. Dies gilt auch für den Entwässerungsnachweis.

Die auf Leistungen der §§ 68 ff. HOAI entfallenden Herstellungskosten sind in diesem Fall → anrechenbare Kosten des Architektenwerkes im Sinn von § 10 HOAI.

3. Wenn der mit der Objektplanung beauftragte Architekt die Leistungen der Installation, der zentralen Betriebstechnik und betrieblicher Einbauten dagegen **fachlich nicht plant und auch ihre Ausführung nicht überwacht**, entsteht ihm ein erheblicher Koordinations- und Informationsaufwand. Dieser wird bei der Honorarberechnung durch § 10 Abs. 4 HOAI berücksichtigt, indem die Kosten dieser Leistungsbereiche in die für die Honorarberechnng des Architekten maßgeblichen anrechenbaren Kosten einbezogen werden; danach sind sie bis zu einem Grenzbetrag von 25% der sonstigen anrechenbaren Kosten voll zu addieren und, soweit sie diesen Grenzbetrag übersteigen, zur Hälfte des übrigen Betrags.

Teilleistungen. In den Beschreibungen der einzelnen → Leistungsphasen sind die Bestandteile der → Grundleistungen als differenziert dargestellte Teilleistungen katalogartig aufgezählt. Zur Fertigstellung einer Leistungsphase müssen nicht sämtliche einzelnen Teilleistungen tatsächlich erbracht worden sein, wenn der Leistungserfolg eingetreten ist, also beispielsweise die Baugenehmigung erteilt wurde (OLG Frankfurt, BauR 1982, 601). Wenn also eine Leistungsphase i. S. d. § 15 Abs. 2 HOAI abgeschlossen ist, beinhaltet das vielmehr zugleich, daß die im Leistungskatalog dieser Phase aufgeführten Teilleistungen sämtlich als erbracht gelten (BGH NJW 1982, 1387; BauR 1982, 290; ZfBR 1982, 126). Eine Honorarkürzung ist erst dann zulässig, wenn der Architekt zentrale Leistungen aus den einzelnen Leistungsphasen nicht erbringt (OLG Celle BauR 1991, 371), wie z. B. die Kostenberechnung (OLG Hamm BauR 1994, 793, NJW-RR 1994, 982). Die Bewertung von Bestandteilen der Leistungsphasen mit Prozentsätzen („Splittertabellen") zur Honorarkürzung hat damit in der HOAI keine Grundlage. Nur bei gesonderter Vereinbarung können nach § 5 Abs. 2 Satz 2 HOAI wesentliche Teile der Grundleistungen einer Leistungsphase nicht übertragen werden.

Näher: Preussner, Voller Honoraranspruch des Architekten trotz unvollständiger Teilleistungen? BauR 1991, 683 ff.

Teilnichtigkeit → Nichtigkeit

Telefonkosten → Nebenkosten

Termingarantie ist das unbedingte Einstehen für einen versprochenen Fertigstellungstermin; sie ist eine besondere vertragliche Vereinbarung, aus der der Garant unabhängig von → Verschulden haftet, und bedarf ausdrücklicher Formulierung. Die bloße Bezeichnung eines Fertigstellungstermins im → Architektenvertrag beinhaltet keine Termingarantie. Die Termingarantie ist – wie die → Vertragsstrafe – dem → Architektenvertrag fremd.

Thüringen → DDR (ehem.)

Tragwerksplanung bezieht sich auf die Teile der Baukonstruktion von Gebäuden, zugehörigen baulichen Anlagen und Ingenieurbauwerken, die die Eigenlasten, die Verkehrslasten, die Wind- und Schneelasten sowie alle sonstigen Belastungen des

Objekts ableiten, und auf den Baugrund. Diese konstruktiven und mathematischen Leistungen werden vom Statiker als Sonderfachmann im Rahmen eines → Werkvertrags erbracht, entweder unmittelbar im Auftrag des Bauherrn oder im → Unterauftrag für den mit der → Objektplanung beauftragten Architekten. Sie sind in Teil VIII, §§ 62 ff. HOAI ähnlich wie die Architektenleistungen der Objektplanung geregelt.

Treu und Glauben. Vertragsverhältnisse stehen unter der in § 242 BGB festgeschriebenen Grundsatz von Treu und Glauben. Die einem Vertrag zugrundeliegenden Willenserklärungen sind unter Beachtung dieses Prinzips auszulegen; es bildet die Schranke für die Ausübung von Rechten.
- Die Ausübung von Rechten kann in diesem Sinn verwirkt sein, wenn der andere Teil auf einen Verzicht vertrauen durfte, z. B. durch Verstreichen langer Zeit, selbst wenn → Verjährung noch nicht eingetreten ist;
- der Schuldner kann in gewissen Fällen auch die **Arglisteinrede** erheben;
- die Rechtsausübung kann eine **Schikane** sein;
- auch der **Widerspruch** gegenüber früherem eigenen Verhalten kann die Rechtsausübung nach Treu und Glauben unzulässig machen;
- wer den Vertragspartner über die Umstände im unklaren gelassen hat, die den Lauf der → Verjährung in Gang setzten, kann sich nach Treu und Glauben nicht auf die abgelaufene Frist berufen;
- auch die Grundsätze vom → Wegfall bzw. der Änderung der Geschäftsgrundlage beruhen auf dem Grundsatz von Treu und Glauben,
- ebenso die → Bindungswirkung der Honorarschlußrechnung und
- die Pflicht zur Rückgewähr → ungerechtfertigter Bereicherung.

Beruft sich der Bauherr auf die Unwirksamkeit einer Honorarvereinbarung wegen fehlender → Schriftform, greift der Einwand von Treu und Glauben allerdings nicht zugunsten des Architekten, da die entsprechenden Vorschriften der HOAI eindeutig sind und nicht umgangen werden dürfen. In einem → Zivilprozeß muß der Grundsatz von Treu und Glauben vom

Gericht beachtet werden, auch wenn er von der durch ihn begünstigten Partei nicht ausdrücklich eingewendet wird.

Näher: Werner, Die HOAI und der Grundsatz von Treu und Glauben, Festschrift für Horst Locher, Düsseldorf 1990

Treuepflicht → Vertragliche Pflichten des Architekten

Terminplanung → Baucontrolling → Objektüberwachung → Projektsteuerung

Typenplanung → Mehrere Gebäude

U

Übergangsregelung der HOAI. Nach § 103 HOAI gelten die durch die Fünfte Änderungsverordnung geänderten, neu gefaßten und neu aufgenommenen Bestimmungen nur für solche Architektenverträge, die nach ihrem Inkrafttreten, also seit dem 1. 1. 1996 abgeschlossen worden sind. Dementsprechend ist die Vierte Änderungsverordnung nur anzuwenden, wenn der Vertrag nach dem 31. 12. 1990 geschlossen wurde.

Die Vertragspartner eines „Alt"-Vertrages können nach § 103 Abs. 2 HOAI jedoch die Anwendung der neuen Bestimmungen für diejenigen Leistungsteile vereinbaren, die im Zeitpunkt der Rechtsänderung noch nicht erbracht worden sind. → Schriftform ist für diese Vereinbarung erforderlich, wenn die nach neuem Recht sich ergebende Vergütung von den → Mindestsätzen abweichen oder die → Höchstsätze nach altem Recht überschreiten würde. Eine Klausel, nach der die Architektenleistungen „nach dem jeweils geltenden Gebührenrecht" abgerechnet werden, genügt mangels Klarheit nicht. Soweit bei → stufenweiser Vergabe der Architektenleistungen eine weitere Stufe nach Änderung der HOAI beauftragt wird, ist auf diese die Neufassung der HOAI anzuwenden.

Überschreitung der Höchstsätze → Höchstsätze

Übertragung eines Architekturbüros ist vertraglich als Kauf oder als Einbringung eines bestehenden in eine neue → Partnerschaft möglich. Auch im Erbfall geht ein Architekturbüro als ganzes auf die Erben über. Die Übertragung erfaßt alle

Werte wie Büroeinrichtung, ausstehende Forderungen, Rechte aus anderen Verträgen und Verträge mit angestellten Architekten, freien Mitarbeitern oder sonstigen Angestellten, Miet- und Leasingverträge, offene Aufträge.

Forderungen des Architekturbüros können im Zuge der Übertragung durch → Abtretung, also eine zweiseitige Vereinbarung, vom bisherigen auf den neuen Inhaber übergehen; anders ist dies bei Verträgen, aus denen der bisherige Inhaber des Architekturbüros verpflichtet ist, also beispielsweise die erwähnten, auf Dauer angelegten Verträge. Sie gehen nur dann auf den Erwerber des Architekturbüros über, wenn die jeweiligen anderen Vertragspartner, also zum Beispiel Bauherrn, Mitarbeiter, Vermieter oder Leasinggeber zustimmen. Anders ist dies im Erbfall, durch den der Erbe kraft Gesetzes in die Rechte und Pflichten des Erblassers eintritt, § 1922 BGB.

Der Veräußerer eines Architekturbüros haftet nicht für den späteren, konjunkturbedingten Rückgang von Einnahmen (BGH BauR 1978, 69), es sei denn, er hätte bei Vertragsschluß falsche Angaben gemacht (BGH NJW-RR 1989, 306).

Bei der Übertragung eines Architekturbüros ist dessen Wert zu ermitteln. Diese Bewertung hat die materiellen Werte ebenso einzubeziehen wie den „good will" des Büros, also die Gesamtheit seiner Beziehungen, sein Ruf und die Erwartung künftiger Aufträge (BGH NJW 1977, 378). Der Name eines ausgeschiedenen oder verstorbenen Partners kann noch einige Jahre weitergeführt werden.

Näher: Frik, Bewertung eines Architekturbüros, DAB 1988, 891

Übliche Vergütung. 1. Da Vertragsbeziehungen häufig formlos oder auch nur durch schlüssiges Verhalten aufgenommen werden, hat das BGB in § 632 für den → Werkvertrag eine Regelung für den Fall getroffen, daß keine Vergütungsvereinbarung getroffen wurde. Nach § 632 Abs. 1 gilt eine Vergütung als stillschweigend vereinbart, wenn die Vergütungspflicht nach den Umständen zu erwarten ist. Das wird für den Architektenvertrag als Regelfall angenommen, für eine behauptete Unentgeltlichkeit trägt der Bauherr die → Beweislast.

2. Nach Feststellung der Vergütungspflicht gilt nach § 632 Abs. 2 BGB die „übliche Vergütung" als vereinbart. Nach ein-

helliger Auffassung war dies beim Architektenvertrag unter der Geltung der → GOA die Vergütung, die sich nach den objektiven Kriterien der Architektenleistung aus der Gebührenordnung ergab. Nachdem die HOAI auch ohne Vereinbarung das Honorar – zum Beispiel bei der → Objektplanung – zwingend aus den Maßstäben der → anrechenbaren Kosten, der → Honorarzone, des Leistungsumfangs unter Zugrundelegung der → Mindestsätze der → Honorartafeln bestimmt, ist für die Anwendung des § 632 BGB bei den durch Leistungsbildern erfaßten Leistungen kein Raum, erst recht nicht, soweit die Honorierung schriftlich bei Vetragsabschluß vereinbart worden sein muß (→ Schriftform). In diesem Fall entfällt die Honorierung auch dann, wenn beide Seiten von der Entgeltlichkeit der Leistungen ausgingen.

Umbauten und Modernisierungen sind Umgestaltungen von Objekten mit wesentlichen Eingriffen, § 3 Nr. 5 HOAI, oder bauliche Maßnahmen zur nachhaltigen Erhöhung des Gebrauchswerts eines Objekts, § 3 Nr. 6 HOAI.

1. Die → Honorarberechnung erfolgt nach § 24 Abs. 1 HOAI wie bei der → Objektplanung mit der Besonderheit, daß die Vertragspartner des Architektenvertrages einen → Honorarzuschlag vereinbaren können. Dieser **Umbau- oder Modernisierungszuschlag** mußte, auch wenn er die in § 24 HOAI vorgesehenen 20% nicht überstieg, nach der Rechtslage bis zum 31. 12. 1990 bei Auftragserteilung schriftlich vereinbart worden sein (BGH BauR 1983, 281, NJW 1983, 1736).

2. Seit der Vierten Änderungsverordnung der HOAI kann der Umbauzuschlag bzw. Modernisierungszuschlag nun auch ohne vorhergehende schriftliche Vereinbarung mit 20% berechnet werden, wenn der Umbau bzw. die Modernisierung **durchschnittlichen Anforderungen** entspricht. Der Umbauzuschlag darf auch über 33% hinaus erhöht werden; dies allerdings muß schriftlich geschehen, wobei der bisher geltende Zeitpunkt der Auftragserteilung nicht mehr zwingend vorgeschrieben ist. Bei erhöhten Anforderungen in den Leistungsphasen 1, 2 und 8 kann nach § 24 Abs. 2 HOAI durch schriftliche Vereinbarung anstelle des Zuschlags ein von § 15 Abs. 1 HOAI abweichender Prozentsatz für diese Leistungsphasen vereinbart werden.

Umfang des Architektenvertrags 176

3. In § 15 Abs. 4 HOAI sind → Besondere Leistungen aufgeführt, die im Zusammenhang mit Umbauten und Modernisierungen vereinbart werden können:
– maßliches, technisches und verformungsgerechtes Aufmaß,
– Schadenskartierung,
– Ermitteln von Schadensursachen,
– Planen und Überwachen von Maßnahmen zum Schutz von vorhandener Substanz,
– Organisation von Betreuungsmaßnahmen für Nutzer und andere Planungsbetroffene,
– Mitwirken an Betreuungsmaßnahmen für Nutzer und andere Planungsbetroffene,
– Wirkungskontrollen von Planungsansatz und Maßnahmen im Hinblick auf die Nutzer, zum Beispiel durch Befragen.

4. Überlagern sich Leistungen des Umbaus und der Erweiterung eines Vorhabens, so daß die jeweiligen Kostenanteile nicht voneinander getrennt werden können, so ist auf den Schwerpunkt der Baumaßnahme abzustellen. Nach § 10 Abs. 3a HOAI ist mitverarbeitete Bausubstanz bei der Bemessung der anrechenbaren Kosten angemessen zu berücksichtigen. Bei der Einordnung der Umbaumaßnahme in eine Honorarzone kommt es nicht auf den Bestand, sondern auf das herzustellende Gebäude, also das Planungsziel, an (OLG Düsseldorf BauR 1995, 733).

Näher: Schlömilch, Honorarberechnungen für Leistungen der Modernisierung, DAB 1988, 365; Jochem, Architektenvertrag für Leistungen bei Modernisierungen, DAB 1988, 367 (mit Vertragsmuster).

Umfang des Architektenvertrags. Wenn nicht eindeutig vereinbart ist, welche Leistungen ein Auftrag für eine → Objektplanung umfaßt, kann der Architekt nicht einfach davon ausgehen, daß ihm sämtliche → Leistungsphasen übertragen wurden. Ein umfassender Architektenauftrag ist nämlich nicht der Regelfall; es spricht auch keine Vermutung für die Übertragung der vollen Leistungen (OLG Hamm, NJW-RR 1990, 91; OLG Düsseldorf BauR 1995, 733); im Rechtsstreit muß der Umfang vielmehr vom Architekten dargelegt und gegebenenfalls bewiesen werden (OLG Düsseldorf, NJW 1982, 1541; BauR 1982, 390). Der Auftrag an den Architekten, den

Bauantrag zu stellen, umfaßt in aller Regel die Leistungsphasen des § 15 Abs. 2 Nr. 1 bis 4 HOAI (OLG Düsseldorf BauR 1982, 597); wird er mit der Bauvoranfrage beauftragt, sind das die Leistungsphasen 1–3 des § 15 Abs. 2 HOAI (OLG Düsseldorf IBR 1996, 203). Ein „Planungsauftrag" wird in der Regel die Leistungsphasen 1–5 umfassen, erst der Auftrag, ein Bauvorhaben „durchzuführen" oder zu „realisieren", alle Leistungsphasen des § 15 Abs. 2 HOAI.

→ Abschluß des Architektenvertrags, Vertragsanbahnung und vertragslose Leistungen

Umsatzsteuer. Aufgrund § 9 Abs. 1 HOAI hat der Bauherr dem Architekten die Umsatzsteuer (Mehrwertsteuer) auf das Architektenhonorar auch ohne schriftliche Vereinbarung der Erstattungspflicht zu bezahlen. Bei Verträgen, die vor Inkrafttreten der Dritten Änderungsverordnung der HOAI, also bis zum 31. 12. 1984 geschlossen wurden, konnte die Umsatzsteuer auf das Architektenhonorar nur dann gefordert werden, wenn dies ausdrücklich schriftlich vereinbart war (BGH BauR 1989, 222). Mündliche Vereinbarung der Erstattungspflicht genügte nicht, selbst wenn dem Architekten mangels einer Honorarvereinbarung nach den § 4 Abs. 4 HOAI ohnehin lediglich die jeweiligen Mindestsätze zustanden. Bei einer Änderung der Umsatzsteuersätze während der Vertragsabwicklung ist der im Zeitpunkt der Schlußrechnung geltende Satz maßgeblich, es sei denn, daß zusätzliche Vereinbarungen über die gesonderte Ausführung einzelner Leistungsphasen getroffen wurden. Diese gelten dann als Teilleistungen i. S. v. § 13 Abs. 1 Nr. 1a UStG mit verschiedenen Steuersätzen.

Umweltverträglichkeitsprüfung → Landschaftsplanung

Unerlaubte Handlung ist ein schuldhaftes Verhalten, durch das Leben, Gesundheit, Eigentum oder ein sonstiges Recht des Betroffenen widerrechtlich verletzt wird. Der Schädiger ist nach § 823 Abs. 1 BGB zum → Schadensersatz verpflichtet. Verstößt das Verhalten gleichzeitig gegen Schutzgesetze im Sinn des § 823 Abs. 2 BGB, so sind auch Schäden an anderen als den genannten Rechten, nämlich Vermögensschäden zu ersetzen. Die vertragliche → Haftung des Architekten auf Schadensersatz wegen Nichterfüllung geht in der Regel weiter als die aus unerlaubter Handlung, so daß dieser Tatbestand nur gegenüber solchen am Bau Beteiligten eingreift, mit denen der Architekt nicht durch einen Vertrag verbunden ist, also Nachbarn, Mietern, Bauunternehmern und deren Arbeitskräften und anderen (→ Haftung gegenüber Dritten). Soweit dem Architekten die → Verkehrssicherungspflicht für die Baustelle obliegt, haftet er für ihre Verletzung aus unerlaubter Handlung.

Ein Schutzgesetz im Sinn von § 823 Abs. 2 BGB ist beispielsweise das Verbot des § 909 BGB, durch Bauarbeiten, also Aufgrabungen, Erdaushub oder Grundwassereingriffe, die Stützkraft des Bodens eines Nachbargrundstücks zu gefährden (**Vertiefungsverbot**). Beruht ein solcher Schaden auf einer Anordnung des Architekten, haftet er dem Nachbarn (→ Baugrundverhältnisse).

Ansprüche aus unerlaubter Handlung verjähren in drei Jahren ab Kenntnis des Schadens und der Person des Schädigers, § 852 Abs. 1 BGB. Der Fristablauf wird durch Verhandlungen über den zu leistenden Schadenersatz gehemmt (BGH NJW-RR 1991, 796).

Näher: Kniffka, Die deliktische Haftung für durch Baumängel verursachte Schäden, ZfBR 1991, 2 ff.

Unfallverhütung. Die Einhaltung und Kontrolle der Unfallverhütungsvorschriften, die von den Berufsgenossenschaften herausgegeben werden, ist nicht Sache des im Rahmen der → Objektplanung mit der → Objektüberwachung (§ 15 Abs. 2 Nr. 8 HOAI) betrauten Architekten, sondern des jeweiligen Bauunternehmers, weil der Architekt nicht unmittelbar für die konkrete Herstellung des Bauwerks verantwortlich ist, sondern nur für dessen Entstehenlassen. Der Architekt kann deshalb auch nicht nach Vorschriften des → Strafrechts für Schäden verantwortlich gemacht werden, die infolge der Mißachtung von Unfallverhütungsvorschriften den am Bau beschäftigten Arbeitern entstanden sind (OLG Stuttgart NJW 1984, 2897 mit Anmerkung Henke NStZ 1985, 124).

Ungerechtfertigte Bereicherung. Diejenigen Architektenleistungen, die der Architekt im Rahmen eines nichtigen Vertrags für den Bauherrn erbracht hat, stellen für diesen eine ungerechtfertigte Bereicherung dar, die nach den §§ 812 ff. BGB auszugleichen ist. Dies geschieht durch Entrichtung des „üblichen", sich aus der HOAI ergebenden Honorars (§ 632 BGB). Ist beispielsweise die Baugenehmigung vom Architekten erreicht worden, ohne daß ein Vertrag bestand, so sind seine Leistungen nutzbar und zu vergüten (BGH BauR 1982, 83; NJW 1982, 879). Der Bauherr kann aber gegebenenfalls einwenden, daß er die Planung billiger hätte beschaffen können, oder, wenn er Architekt ist, selbst hätte billiger durchführen können (OLG Hamm BauR 1986, 711). Überzahltes Architektenhonorar kann der Bauherr als ungerechtfertigte Bereicherung zurückfordern. Beruht die Überzahlung auf einer Abrechnung, die nicht der HOAI entspricht, muß der Architekt die Begründetheit seiner Rechnung beweisen (OLG Köln BauR 1995, 583).

Unlauterer Wettbewerb → Wettbewerbsrecht

Unterauftrag. Zur Erfüllung der ihm übertragenen Leistungen kann der Architekt andere Architekten oder, wenn er auch Fachplanungen übernommen hat, → Sonderfachleute heranziehen, wenn er sich im → Architektenvertrag nicht zu persönlicher Leistung verpflichtet hat. Er schließt dann gesonderte Architekten- oder Ingenieurverträge ab, auf die die HOAI anzuwenden ist (BGH BauR 1985, 582), es sei denn, er verpflichtet sie als → angestellte Architekten oder → freie Mitarbeiter in arbeitnehmerähnlicher Stellung. Seine Auftragnehmer sind gegenüber dem Bauherrn seine → Erfüllungsgehilfen. Sie haften ihm gegenüber für ihre Leistungen nach denselben Grundsätzen wie er gegenüber dem Bauherrn; für Gewährleistungsansprüche stehen sie z.B. fünf Jahre lang ein (OLG München NJW 1974, 2238), wenn nichts anderes vereinbart ist.

Ihr Honorar berechnen Unter-Auftragnehmer nicht nach einem Anteil des von ihrem Auftraggeber verdienten Gesamthonorars, sondern nach den anrechenbaren Kosten ihres Unterauftrags.

Überträgt ein Architekt die Leistungen der → Objektüberwachung nach § 15 Abs. 2 Nr. 8 HOAI an einen anderen Architekten oder Ingenieur, so ist dieser nicht mehr verpflichtet, alle Kriterien eines Bauvorhabens auf ihre Erfüllung zu überprüfen, wie beispielsweise die Tragfähigkeit des Baugrundes. Die hierzu nötigen entsprechenden Feststellungen muß der planende Architekt im Rahmen der Leistungsphasen 3 und 5 des § 15 Abs. 2 Nr. 8 HOAI selbst getroffen haben.

Unterbrechung der Verjährung. Die → Verjährung eines Anspruchs kann durch ein Anerkenntnis des Schuldners, das auch in einer Abschlagszahlung, einer Zinszahlung oder der Bitte um Stundung gesehen wird, § 208 BGB, oder durch gerichtliche Geltendmachung im Mahnverfahren, im → Zivilprozeß oder durch Schiedsklage unterbrochen werden, ferner durch Anmeldung des Anspruchs im Konkurs, durch → Aufrechnung oder zulässige → Streitverkündung im Prozeß u. a., §§ 209, 220 BGB. Die Verjährung von Ansprüchen des Bauherrn aus → Gewährleistung kann auch durch den Antrag auf Durchführung eines → selbständigen Beweisverfahrens unterbrochen werden, § 639 Abs. 1 i. V. m. § 477 Abs. 2 und 3 BGB.

Unterschreitung der Mindestsätze → Mindestsatz

Untreue → Strafrecht

Unverbindliche Leistungen → Abschluß des Architektenvertrags, Vertragsanbahnung und vertragslose Leistungen

Unwirksamkeit einer Vereinbarung → Nichtigkeit

Urheberrecht. 1. Jede eigenständige und kreative, geistige oder künstlerische Leistung stellt – ähnlich wie der Besitz von Produktionsmitteln, Grundstücken oder Patenten – eine **Grundlage wirtschaftlicher Betätigung** dar und steht deshalb unter dem Schutz der Rechtsordnung, die auch die Regeln des Umgangs mit dieser Leistung vorgibt. Der Begriff „geistiges Eigentum" beschreibt diese Ähnlichkeit; im Unterschied zum Eigentum an beweglichen Sachen oder Grundstücken kann das Urheberrecht in seinem Kern jedoch nicht übertragen werden. Das Gesetz über Urheberrecht und verwandte Schutzrechte – **Urheberrechtsgesetz** – (UrhG vom 9. 9. 1965, BGBl. I 1273 zuletzt geändert am 2. 9. 1994, BGBl. I 2278) beschreibt, welche eigenschöpferischen Leistungen durch die Urheberrechte geschützt sind, wie dieser Schutz erreicht wird, wann er endet und in welcher Weise die Nutzung dieser Rechte übertragen werden kann. Ebenso wie schriftstellerische, musikalische oder Leistungen der darstellenden Kunst sind Architektenleistungen urheberrechtsschutzfähig.

2. **Urheberrechtsschutzfähig** kann bereits der Erdgeschoßgrundriß eines Einfamilienhauses sein (BGH BauR 1988, 361),

weiter die Fassadengestaltung eines Bauwerks (BGHZ 61, 88: LG Hamburg BauR 1991, 645), ein Vorentwurf (BGH BauR 1984, 416, NJW 1984, 2818) oder die Aufgliederung und Zuordnung mehrerer Baukörper eines Gesamtkomplexes (BGH BauR 1981, 298, ZfBR 1981, 30; LG Gera BauR 1995, 866). Verwaltungsgebäude können urheberrechtlichen Schutz genießen, nicht aber reine Zweck- und Funktionsbauten ohne jeden gestalterischen Anspruch (OLG Frankfurt GRUR 1986, 244, BB 1986, 425) oder ein Wohnungsgrundriß, der nicht aus der Masse des alltäglichen herausragt (OLG Hamm BauR 1980, 300). Die Ausgestaltung des Innenraums einer Kirche kann urheberrechtsschutzfähig sein (BGH BauR 1982, 178; ZfBR 1982, 32). Die – lediglich in einer bestimmten, den Straßenverlauf kontrastierenden Schwingung der Bauwerksaußenkante bestehende – Entwurfsidee für einen Hotelneubau ist nicht urheberrechtsfähig, solange sie keine andere Wirkung als jede Rundbebauung als Gebäudeabschluß entfaltet (BGH BauR 1989, 348, NJW-RR 1989, 618). In schwierigen Fällen holen die Gerichte über die Frage der Urheberrechtsfähigkeit Sachverständigengutachten ein.

3. Das **Urheberrecht entsteht schrittweise** mit der Gestaltung der Planungsidee im Verlauf der Vollendung des Werks (OLG Celle, BauR 1986, 601). Es ist vererblich, § 28 UrhG, und erlischt siebzig Jahre nach dem Tode des Urhebers, § 64 UrhG. Es kann nicht als Ganzes übertragen werden, sondern nur seine Benutzung („Nutzungsrecht"). Dieses besteht vor allem im Recht des Nutzenden, nach dem Entwurf zu bauen („**Nachbaurecht**"). Wird ein Entwurf von mehreren Architekten gemeinsam geschaffen, sind sie Miturheber, § 8 UrhG.

4. Umfaßt ein Architektenauftrag alle Leistungen des § 15 Abs. 2 HOAI, so enthält er implizit die **Übertragung des Nutzungsrechts** an der Architektenleistung auf den Bauherrn (OLG Nürnberg, NJW-RR 1989, 407). Anders ist dies, wenn dem Architekten nur Teilleistungen übertragen werden. Insbesondere kann aus der Übertragung des Vorentwurfs noch nicht regelmäßig darauf geschlossen werden, daß der Architekt urheberrechtliche Nutzungsbefugnisse an diesem Vorentwurf übertragen wollte (BGH BauR 1984, 416, NJW 1984, 2818). Das Maß der Übertragung von Nutzungsrechten bestimmt sich im Zweifel nach dem Vertragszweck (BGH ZfBR 1996, 81).

5. Die Frage des **Schutzes der Architektenleistung vor Nachbau** stellt sich zunächst in den Fällen, wo das eigentliche Vertragswerk erstellt worden ist und der Bauherr eine gleich gestaltete Erweiterung vornehmen will. Hierfür ist eine gesonderte Nutzungsrechtseinräumung seitens des Architekten erforderlich (BGH ZfBR 1981, 30). Der andere Fall der Nachbauproblematik liegt vor, wenn der Architekt nur **Teilleistungen**, z. B. bis zum Vorentwurf oder zur Genehmigungsplanung, erbracht hat. Sofern nichts gegenteiliges vereinbart ist, gilt in der Regel bei Vertragskündigung seitens des Bauherrn, wenn diese nicht zweifelsfrei vom Architekten zu vertreten ist, daß die Pläne nicht für den Weiterbau genutzt werden dürfen (strittig, gegen das Nutzungsrecht des Bauherrn, OLG Nürnberg BauR 1980, 486). Nach einer neueren Meinung ist aber das Urheberrecht mit dem Honorar für die Leistungsphasen 1–4 des § 15 Abs. 2 HOAI abgegolten. Nur in diesen erbringt der Architekt urheberrechtlich geschützte Leistungen (OLG München NJW-RR 1995, 474). Der Architekt kann nicht unter Berufung auf das Urheberrecht an seiner bis zur Genehmigungsreife gediehenen Planung den Weiterbau blockieren, wenn er sein Planungshonorar noch nicht bekommen hat, da er aufgrund des → Werkvertrags vorleistungspflichtig ist (OLG Frankfurt BauR 1982, 295).

6. Der Auftraggeber muß sich allerdings nicht zwingend an die Maßgaben des Entwurfs des Architekten halten, sondern kann diese durchaus in eigener Regie **abändern**, wenn er ihn nicht entstellt, ebenso das fertige Bauwerk, § 39 UrhG (OLG Hamm IBR 1995, 256). Der Architekt hat kein Recht auf Zugang zum Bauwerk zur Prüfung, ob der Bauherr sich an die Architektenpläne hält (OLG Düsseldorf BauR 1979, 260).

7. Für eine Verletzung des Urheberrechts des Architekten durch unberechtigte Verwendung seiner Planung hat dieser die **Beweislast**; auch hierfür ist häufig ein Sachverständigengutachten notwendig. Für die Beantwortung der Frage, ob kopiert („abgekupfert") wurde, ist von den Übereinstimmungen auszugehen; trotz vorhandener Einzelabweichungen muß ein übereinstimmender Gesamteindruck vorliegen. Das kann nicht nur bei identischer oder nahezu identischer Vervielfältigung der Fall sein, sondern auch bei Umgestaltungen, die sich ohne eigene schöpferische Ausdruckskraft noch an die Eigenart

des Originals halten (BGH BauR 1988, 361; NJW-RR 1988, 1204).

8. Eine Verletzung des Architektenurheberrechts durch Nachbau führt zur **Schadensersatzpflicht des Nutzers** nach § 97 Urheberrechtsgesetz. Dieser Schadensersatz wird als „Lizenzgebühr" bezeichnet und entspricht der vollen Architektengebühr, die dem Architekten bei vertraglicher Vereinbarung zustehen würde, abzüglich 40% für ersparte Leistungen (BGH NJW 1973, 1696).

Da aber Leistungen der Bauüberwachung insoweit nicht angefallen und deshalb auch nicht zu vergüten wären, können die Leistungsphasen 6 ff. des § 15 Abs. 2 HOAI im Rahmen des Schadenersatzes nicht angesetzt werden (OLG Hamm, Betrieb 1974, 674; LG Köln BauR 1971, 281; siehe → Urheberrechtsentschädigung).

9. Als weitere Waffe gibt das Urheberrecht einem Architekten die Möglichkeit, **Entstellungen** seines Werks zu **verhindern**, § 14 UrhG. Die konkrete Beurteilung der ästhetischen Fragen ist allerdings schwierig. Sie stellt sich beispielsweise bei Flachdächern, wenn diese wegen technischer Mängel durch Zelt- oder Pultdächer ersetzt werden sollen. Hier sind die Interessen sowohl des Architekten wie auch des Bauherrn gegeneinander abzuwägen. Wenn die Dachsanierung anders nicht möglich ist, ist ein Eingriff zulässig (OLG Frankfurt BB 1986, 425), oder wenn eine geplante Wohnanlage aus Gründen der Gestaltung unverkäuflich ist (LG Gera BauR 1995, 866). Auch wenn sich wegen der Fassadengestaltung des Architekten die Arbeitsräume eines Bauwerks durch Sonneneinstrahlung zu stark aufheizen, kann es dem Bauherrn gestattet sein, äußere Metalljalousetten vor der Fassade gegen den Willen des Erstarchitekten anzubringen (OLG Hamm BauR 1984, 298). Aufgrund **vertraglicher Vereinbarung** kann ein Eingriff in die hergestellte Bausubstanz ebenfalls zulässig sein (OLG Celle BauR 1986, 601); so wird dies teilweise in den → Vertragsmustern der → öffentlichen Auftraggeber vereinbart.

10. Der Schutz des Architektenurheberrechts greift ins Leere, wenn der Käufer eines Grundstücks vom Verkäufer zugleich die genehmigte **Planung mit übernommen** hat. Der Käufer darf dann nach diesen Plänen bauen, ohne daß er den Architekten entschädigen muß. Dieser muß sich an den Verkäufer, seinen

eigenen Auftraggeber halten (OLG Karlsruhe GRUR 1985, 534). Das gleiche gilt, wenn der Architekt vertraglich mit dem Verkäufer verbunden ist, beispielsweise als Gesellschafter in einer GmbH (OLG Karlsruhe BauR 1980, 375). Andererseits hat der Architekt einen Anspruch gegen eine Bauherrngemeinschaft, die nach seinen urheberrechtsfähigen Plänen eine Wohnanlage errichtet hat, wenn der Architektenvertrag mit einer baubetreuenden Drittgesellschaft abgeschlossen worden ist, mit der die Bauherren keine Vertragsbeziehungen hatten und die in Konkurs gefallen ist (OLG München ZUM 1987, 300).

11. Weiter ist es dem Architekten eines Bauwerks von hohem ästhetischen Gehalt und schöpferischer Eigentümlichkeit gestattet, **das Haus zu betreten** und **Fotos der Innenräume anzufertigen** (LG Düsseldorf BauR 1980, 86). Schließlich hat der Architekt aufgrund § 63 Urheberrechtsgesetz das Recht, die **„Quellenangabe"** zu fordern, also seine Benennung als Urheber des Architektenwerkes, sobald ein Bauwerk abgebildet wird. Dies kollidiert allerdings mit dem Recht von Fotografen aus § 59 UrhG, Werke, die sich bleibend an öffentlichen Wegen, Straßen oder Plätzen befinden, abzubilden und diese Bilder wiederzugeben. Nachforschungen nach dem Architekten eines solchen abzubildenden Bauwerks sind den Fotografen nur dann zuzumuten, wenn das Bauwerk selbst im Mittelpunkt der Darstellung steht. Bei Verletzung des Rechts des Architekten, als Autor benannt zu werden, hat er Anspruch auf Nachholung, Ergänzung oder Berichtigung.

12. § 13 Urheberrechtsgesetz gibt dem Urheber schließlich das Recht, zu bestimmen, ob sein Werk mit einer Bezeichnung des Urhebers zu versehen ist. Ob ein Architekt verlangen kann, daß sein Name an einem von ihm geplanten Gebäude angebracht wird, richtet sich nach der Üblichkeit (BGH BauR 1994, 784).

Näher: von Gamm, Der Architekt und sein Werk – Möglichkeiten und Grenzen des Urheberrechts, BauR 1982, 97 ff.; Beigel, Urheberrecht des Architekten, Wiesbaden und Berlin 1984; Dossmann, Urheberrechte des Architekten, DAB 1988, 243; Pöschl, Urheberrechtliche Fragen beim Planen und Bauen im Bestand, DAB 1989, 1837 f.; Neuenfeld, Die Zulässigkeit von Eingriffen in das Urheberrecht des Architekten, Festschrift für Horst Locher, Düsseldorf 1990.

Urheberrecht des angestellten Architekten. Angestellte Architekten erwerben im Rahmen ihres Dienstverhältnisses möglicherweise ebenfalls Urheberrechte. Das richtet sich nach ihrer Rolle bei der Erfüllung eines Architektenauftrags und der Gestaltungsfreiheit, die ihnen zugestanden wird, so daß alleinige oder Miturheberrechte i. S. von § 8 UrhG entstehen können. In der Regel überträgt der Angestellte bzw. freie Mitarbeiter nach dem Dienstvertrag dem Dienstherrn selbst das Nutzungsrecht an seinem Urheberrecht, so daß für ihn lediglich ein Namensnennungsrecht in Frage kommt.

Miturhebern steht ihr Recht gesamthänderisch zu. Sie können es deshalb gegenüber Dritten nur gemeinsam geltend machen.

Urheberrecht des Stadtplaners. Nicht nur die Leistung des einen Hochbau entwerfenden Architekten ist urheberrechtsschutzfähig, sondern auch die des Stadtplaners. Es kommt darauf an, ob die Art der Darstellung in ihrer konkreten Form eigenschöpferische Gehalte aufweist (von Gamm, BauR 1982, 99 ff).

Als schutzwürdig hat die Rechtsprechung eine Planung für den öffentlich geförderten Wohnungsbau angesehen (OLG Hamm, GRUR 1967, 608). Selbst ein amtlicher Stadtplan, den die Stadtverwaltung durch das Vermessungsamt herstellen und vertreiben läßt, genießt Urheberschutz (OLG Stuttgart, BB 1962, 1135).

Der Stadtplaner hat allerdings keinen Anspruch darauf, daß seine Planung von Bauherrn unverändert beschlossen und weiter entwickelt wird. Der Bauherr kann vielmehr Planfeststellungsunterlagen oder einen Bebauungsplan im Aufstellungsverfahren entsprechend den vorgetragenen Einwendungen ändern (BVerwG NVwZ 1994, 682).

Näher: Beigel, Urheberrecht des Architekten, Wiesbaden/Berlin 1984, 23 ff.

Urheberrechtsentschädigung schuldet nach § 97 UrhG, wer ein urheberrechtfähiges Architektenwerk vertragswidrig oder ohne Erlaubnis benutzt („Lizenzgebühr").

1. Voraussetzung bei Vertragsverhältnissen ist, daß entweder der Architektenauftrag nur Teile der Leistungen des § 15 HOAI umfaßte, oder der Vertrag während der Planung gekündigt

wurde. Baut der Bauherr dann nach den urheberrechtlich geschützten Plänen des Architekten ohne dessen Zustimmung weiter, so steht diesem eine angemessene Vergütung zu. Sie umfaßt die volle Architektengebühr abzüglich ersparter Aufwendungen, wie es § 649 BGB bei der → Kündigung des Architektenvertrags vorsieht (BGH NJW 1973, 1696 „Wählamt"; OLG Köln BauR 1991, 647).

2. Dem Architekten, der bis zur Genehmigungsreife geplant hat, steht das Honorar für diese Leistungen sowie zusätzlich eine weitere Entschädigung zu, wenn der Bauherr abredewidrig die Pläne verwendet hat (BGH Betrieb 1974, 674; a.A. OLG München NJW-RR 1995, 474). Das Urheberrecht des Architekten beschränkt sich aber stets auf den erreichten Bautenstand (OLG Celle BauR 1986, 601). Obergrenze des Anspruchs aus § 97 UrhG kann nur das nach HOAI mögliche Honorar sein, OLG Nürnberg (NJW-RR 1989, 407).

3. Entschädigungen im oben dargestellten Sinn werden nicht im Austauschverhältnis zu einer Architektenleistung geleistet; → Umsatzsteuer fällt deshalb nicht an (BGH NJW 1987, 3123, BauR 1987, 234). Andererseits unterliegen gezahlte Entschädigungen auch nicht der Höchstpreisgrenze der HOAI.

V

Variante → Änderung der Planung → Zusatzleistungen des Architekten

Verantwortlicher Bauleiter → Bauleiter

Verdingungsunterlagen → Vorbereitung der Vergabe

Vergabe der Bauaufträge → Mitwirkung bei der Vergabe → Vollmacht des Architekten

Vergleich ist ein Vertrag, durch den ein Streit oder die Ungewißheit der Beteiligten über ein Rechtsverhältnis beseitigt wird, indem beide Seiten nachgeben, § 779 BGB. Oft werden → Zivilprozesse durch einen Vergleich beendet.
Über das zu zahlende Architektenhonorar kann nachträglich ein Vergleich geschlossen werden, auch wenn dadurch vom Mindestsatzgebot abgewichen wird, sobald die Architektentä-

tigkeit beendet ist (BGH BauR 1987, 112). Bis zu diesem Zeitpunkt jedoch kann die Fiktion des § 4 Abs. 4 HOAI auch nicht durch einen Vergleich außer Kraft gesetzt werden. (BGH NJW 1986, 845, BauR 1985, 582; BGH NJW-RR 1988, 725).

Verjährung ist eine **Einrede** des Schuldners, die dieser nach Ablauf der Verjährungsfrist gegen einen Anspruch erheben kann, § 194 Abs. 1 BGB. Die Berufung auf die Verjährung führt dazu, daß der verjährte Anspruch nicht mehr eingefordert werden kann. In der gerichtlichen Auseinandersetzung muß die Einrede ausdrücklich geltend gemacht werden; andernfalls wird sie vom Gericht nicht berücksichtigt.

1. Die **Gewährleistungsansprüche des Bauherrn** verjähren gemäß § 638 Abs. 1 BGB bei Architektenleistungen für Bauwerke nach fünf Jahren. Leistungen des Landschaftsarchitekten sind dagegen „Arbeiten an Grundstücken"; die Gewährleistungsansprüche des Bauherrn verjähren in diesem Fall, wenn nichts anderes vereinbart ist, in einem Jahr, § 638 Abs. 1 2. Alt. BGB (BGH NJW 1993, 723). Der Lauf der Frist **beginnt** mit der Abnahme der Architektenleistung. Soweit sich allerdings die → Haftung des Architekten nicht auf das Bauwerk selbst oder nähere → Mangelfolgeschäden bezieht, gilt die 30-jährige Verjährungsfrist der → positiven Vertragsverletzung. Weist der Architekt bei gegebenem Anlaß nicht auf einen möglichen eigenen Fehler hin, kann er sich nicht später auf Verjährung berufen (BGH BauR 1985, 97, NJW 1985, 328, BB 1996, 716).

2. Die Verjährung des **Honoraranspruchs des Architekten** beginnt mit der → Fälligkeit, die wiederum von der Fertigstellung der Leistungen und der Vorlage einer prüfbaren Honorarschlußrechnung abhängt. Bis zum Jahr 1972 hat der BGH als Verjährungsfrist für die Honorarforderung des Architekten die dreißigjährige des § 195 BGB angesehen; er änderte dann seine Haltung (BGH BauR 1973, 125, NJW 1972, 1799); seither gilt die **zweijährige Verjährungsfrist** des § 196 Abs. 1 Nr. 7 BGB. Die vierjährige Gewährleistungsfrist des § 196 Abs. 2 BGB greift für den Architekten nicht ein (BGH WM 1979, 559). Die Verjährungsfrist **beginnt** mit Ablauf des Jahres, in dem der Honoraranspruch fällig geworden ist und endet zwei Jahre später, also mit Ablauf des jeweiligen 31. Dezember (BGH BauR 1991, 489, ZfBR 1991, 159).

3. Stellt der Architekt seinerseits keine → Honorarschlußrechnung, so könnte er damit die Verjährung seines Honoraranspruches unbegrenzt hinausziehen. Dagegen hat der Bauherr das Mittel, dem Architekten eine angemessene Frist zur Rechnungsstellung zu setzen. Versäumt der Architekt diese Frist, so kann er sich nicht mehr auf die fehlende Schlußrechnung berufen; die Verjährung beginnt dann mit Ablauf des Jahres, in dem die Aufforderung nicht befolgt bzw. die Frist verstrichen ist (KG, BauR 1988, 624).

→ Unterbrechung der Verjährung → Hemmung der Verjährung

Verjährungsfrist → Verjährung

Verkehrssicherungspflicht. 1. Jede Baustelle bringt Gefahren mit sich, gegen die diejenigen, die dort beschäftigt sind oder sich dort aufhalten, geschützt werden müssen. Wegen seines unmittelbaren Einflusses auf das Baugeschehen ist für die Sicherheit der Baustelle neben dem Bauherrn und für diesen zunächst der Bauunternehmer verantwortlich. Diese **„primäre"** Verkehrssicherungspflicht trifft den Architekten deshalb nur insoweit, als er selbst konkrete Maßnahmen auf der Baustelle anordnet, die zu neuen Gefahren führen könnten, wie z.B. die Anordnung, ein Gerüst zu ändern (BGH NJW 1984, 360, BauR 1984, 77). In diesem Falle eröffnet der Architekt die Gefahrenquelle und muß deshalb selbst für ihre Absicherung sorgen. Dasselbe gilt, wenn der Architekt eine Besuchergruppe auf die Baustelle führt; dann muß er sich vorher von der Sicherheit eines zu begehenden Gerüsts überzeugen (BGH BauR 1989, 504, NJW-RR 1989, 921).

2. Der bauüberwachende Architekt kennt die Baustelle, hält sich auf ihr auf und kann aufgrund seiner Erfahrung Gefahrenquellen als solche erkennen. Er hat sofort für ihre Beseitigung zu sorgen (OLG Nürnberg ZfBR 1996, 43). Diese eigene Verkehrssicherungspflicht des Architekten wird gegenüber der des Bauunternehmers als **„sekundäre"** bezeichnet. Einen Architekten, der nur mit der Planung eines Vorhabens beauftragt ist, trifft dagegen keine Verkehrssicherungspflicht. Ein weiterer Verantwortungsbereich des bauleitenden Architekten liegt naturgemäß in der Sicherheit der von ihm geplanten und zu überwachenden Konstruktionen; er steht also auch für Schäden

aufgrund mangelhafter Konstruktion von Decken oder Dächern, durch ungesicherte Glaswände oder einer fehlerhaft konstruierten Wendeltreppe ein (BGH BauR 1987, 116). Für die Einhaltung der → **Unfallverhütungsvorschriften** ist der bauleitende Architekt allerdings nicht verantwortlich, da dieser Bereich ungeteilt dem Bauunternehmer übertragen ist.

Näher: Schmalzl, Die Verkehrssicherungspflicht des Architekten, NJW 1977, 2041; Bindhardt, Die Haftung des Architekten für einen Arbeitsunfall des Bauhandwerkers, BauR 1985, 527 ff.

Veröffentlichung → Urheberrecht → Standesrecht

Verschiedene Leistungen an einem Gebäude. Hat ein Architekt an einem Gebäude mehrere Maßnahmen im Sinn des § 3 Nr. 3 bis 5 und 7 HOAI, nämlich Leistungen des Wiederaufbaus, der Erweiterung, des Umbaus oder des raumbildenden Ausbaus, nebeneinander durchzuführen, so sind diese einzelnen Leistungen gemäß § 23 Abs. 2 HOAI getrennt nach ihren jeweiligen anrechenbaren Kosten zu vergüten. Dadurch wird ähnlich wie mit der Regelung des § 21 HOAI bei → zeitlicher Trennung der Ausführung der Effekt der Degression der → Honoratafel abgemildert und die Zuschläge der §§ 24 und 25 HOAI können jeweils Anwendung finden. Überschneidungen der Leistungsbereiche sind allerdings durch Minderung der entsprechenden Honorare zu berücksichtigen.

Verschulden ist ein objektiv pflichtwidriges Verhalten entweder aus Vorsatz oder Fahrlässigkeit, § 276 Abs. 1 Satz 1 BGB. Fahrlässig handelt, wer die im Geschäftsverkehr erforderliche Sorgfalt außer Acht läßt, § 276 Abs. 1 Satz 2 BGB; auf subjektive Momente, wie Ausbildung oder Fähigkeiten, kommt es nicht an. Verschulden ist Voraussetzung zahlreicher Haftungstatbestände, u.a. → Schadenersatz wegen Nichterfüllung, § 635 BGB, → positiver Vertragsverletzung, Verletzung eines → vorvertraglichen Vertrauensverhältnisses oder nachvertraglicher Pflichten, → unerlaubter Handlung, §§ 823 ff. BGB, u.a. Wenn der Anspruchsteller die objektive Pflichtverletzung nachgewiesen hat, kehrt sich die zunächst ihn treffende → Beweislast um, der Anspruchsgegner muß den Entlastungsbeweis führen.

Versicherung → Berufshaftpflichtversicherung

Verspätete Leistung → Verzug

Vertragliche Pflichten des Architekten bei der → Objektplanung sind zunächst die in den → Leistungsbildern der HOAI im Einzelnen dargestellten Grundleistungen in dem Umfang, wie die → Leistungsphasen zum Inhalt des Architektenvertrags gemacht werden. Aufgrund der Stellung des Architekten als → Sachwalter des Bauherrn obliegen ihm noch zahlreiche weitere Pflichten:
- **Beratungspflichten** treffen den Architekten als den Sachwalter des Bauherrn in jedem Stadium der Leistungen. Der Architekt muß den Bauherrn bereits bei der → Grundlagenermittlung, Leistungsphase 1 des § 15 Abs. 2 HOAI, so beraten, daß die Nutzung in optimaler Weise dessen Bedürfnissen entspricht; über Möglichkeiten und Grenzen der Genehmigungsfähigkeit des Objektes und der Zustimmungsbedürftigeit durch Nachbarn muß er ihn beraten, ebenso über Konstruktion, → Baugrundverhältnisse, Werkstoffe, ökologische Aspekte, die Einschaltung von → Sonderfachleuten und die richtige Auswahl der Bauunternehmer und Lieferanten, über die Rechtslage bei festgestellten Mängeln der Bauleistungen und über Zusatzaufträge (→ Rechtsberatung); soweit dies ausdrücklich angesprochen wurde, ist er auch zu → steuerlicher Beratung verpflichtet.
- **Auskunft, Aufklärung, Information** und **Hinweise** schuldet der Architekt dem Bauherrn in jeder Phase seiner Leistungen. Wenn ein Architektenvertrag abgeschlossen wurde, das Grundstück aber noch nicht beschafft worden ist, darf der Architekt noch nicht einfach zu planen anfangen. Mindestens muß er den Bauherren in einem solchen Fall auf die Risiken vorzeitiger Architektenplanung hinweisen (OLG Hamm, BauR 1987, 582). Hinweispflicht besteht bei Sonderwünschen des Bauherrn hinsichtlich der → Wirtschaftlichkeit oder der technischen Qualität der Planung.
- Die **Treuepflicht** verbietet es dem Architekten, Schmiergelder anzunehmen; aufgrund der Treuepflicht muß der Architekt auch gegenüber dem Bauherrn Fehler der eigenen Objektplanung anzeigen (→ nachvertragliche Pflichten).
- Die **Koordinierung** des Bauvorhabens in technischer, wirtschaftlicher und vor allem terminlicher Hinsicht obliegt dem

Architekten in allen Stadien der → Objektplanung; er muß die Leistungen der → Sonderfachleute und der Bauunternehmer gegenseitig abstimmen und insbesondere in seine → Ausführungsplanung sowie den Bauablauf integrieren (z. B. OLG Köln BauR 1990, 729 bei Fußboden-Heizestrich). Das Objekt muß in einer logischen Abfolge der jeweiligen Gewerke verwirklicht werden.
- **Verschwiegenheitspflicht** ist eine Nebenpflicht des Architekten, die sich auf die internen Details der Planung und die dahinter stehenden Bedürfnisse des Bauherrn bezieht, ebenso auf die finanzielle Seite einer Objektplanung. Der Architekt ist aber aufgrund seines → Urheberrechts berechtigt, seine Leistungen in Fachveröffentlichungen vorzustellen.

Die dargestellten Pflichten sind in der Regel vertragliche Hauptpflichten auf technischem, wirtschaftlichem und rechtlichem Gebiet; an deren Verletzung knüpft der Anspruch des Bauherrn auf → Schadenersatz wegen Nichterfüllung an. Liegt ihr Gegenstand dagegen außerhalb der → Leistungsbilder der HOAI, so sind sie Nebenpflichten, für die der Architekt aus → positiver Vertragsverletzung haftet, oder Pflichten aus → vorvertraglichem Vertauensverhältnis bzw. → nachvertragliche Pflichten.

Näher: Dähne, Die Beratungspflichten des Architekten nach neuerer Rechtsprechung, DAB 1995, 439 ff.

Vertragsänderung → Architektenvertrag

Vertragsaufhebung → Architektenvertrag → Kündigung

Vertragsfreiheit ist neben der Gleichheit der Rechtssubjekte und der Anerkennung des Eigentums eines der drei Grundprinzipien des → Privatrechts; sie genießt als Teil des Rechts auf freie Entfaltung der Persönlichkeit den Schutz der Verfassung, Art. 2 GG. Sie bezieht sich sowohl auf den Abschluß wie auch auf die inhaltliche Gestaltung von Verträgen. Diese Gestaltungsfreiheit steht im Spannungsverhältnis zur Vertragsgerechtigkeit und wird durch zwingende Vorschriften des BGB und insbesondere den Grundsatz von → Treu und Glauben, durch das → Arbeitsrecht, das → Wettbewerbsrecht, das → Preisrecht sowie durch das Recht der → Allgemeinen Geschäftsbedingungen in erheblichem Umfang begrenzt. Auch die

Vertragsmuster 192

HOAI greift stark in die Gestaltungsfreiheit der Vertragsparteien ein.

Vertragsmuster sind von einem Vertragspartner vorformulierte und in der Regel vorgedruckte → Architektenverträge, die für eine Vielzahl von gleichgelagerten Fällen → Allgemeine Geschäftsbedingungen enthalten und durch die konkrete Bezeichnung des anderen Vertragspartners, des Vertragsgegenstands und weiterer Besonderheiten auf den einzelnen Vertragsabschluß angewendet werden. Große → öffentliche Auftraggeber geben für ihre Bauämter Vertragsmuster heraus, so zum Beispiel der Staat oder die Länder in den → RBBau/RLBau. Die Bundesvereinigung der kommunalen Spitzenverbände empfiehlt ihren Mitgliedern die Kommunalen Vertragsmuster für Gebäude, städtebauliche oder landschaftsplanerische Leistungen, ebenso der Evangelische Kirchbautag oder der Gesamtverband Gemeinnütziger Wohnungsbauunternehmen e.V. Auch der von der Bundesarchitektenkammer herausgegebene → Einheitsarchitektenvertrag ist ein Vertragmuster, dessen Bestimmungen wie die der anderen genannten als Allgemeine Geschäftsbedingungen der Kontrolle der Gerichte unterliegen.

Vertragsstrafe ist ein pauschalierter → Schadenersatz, der für den Fall von Terminüberschreitungen oder anderer Leistungsstörungen vertraglich vereinbart werden kann, § 339 ff. BGB. In → Architektenverträgen sind Vertragsstrafen nicht üblich; im **Bauvertrag** werden sie dagegen häufig vereinbart. Der mit der → Objektplanung beauftragte Architekt muß dies bei der → Mitwirkung bei der Vergabe beachten; bei der →Abnahme der Bauleistung durch den Bauherrn hat er diesen darauf aufmerksam zu machen, daß ein entsprechender Vorbehalt zu erheben ist, § 341 Abs. 3 BGB. Für die rechtswirksame Formulierung der Vertragsstrafe im Bauvertrag haftet der Architekt (OLG Oldenburg IBR 1996, 160)

Vertrauensschaden → Schadenersatz → Anfechtung → Vorvertragliches Vertrauensverhältnis → Architektenwettbewerb

Vertretung des Bauherrn beim Abschluß des Architektenvertrags. 1. Häufig kommen Architekten in die Situation, daß sie von den Dienstkräften größerer Bauherrn oder → öffentlicher

Auftraggeber aufgefordert werden, mit Architektenleistungen für ein bestimmtes Projekt zu beginnen, ohne daß bereits ein Vertrag geschlossen wird; dieser wird dabei als sicher in Aussicht gestellt. Kommt es nach Erbringung von Leistungsteilen oder ganzer → Leistungsphasen gegen die Erwartung der Beteiligten nicht zum Auftrag, so ist zu klären, ob nicht durch das Verhalten des Bauherrn bzw. seiner Angestellten oder Beamten bereits ein Architektenvertrag geschlossen worden ist, ob insoweit also wirksame Vertretung beim Vertragsabschluß vorlag, § 164 ff. BGB.

2. In Gemeinden kann entsprechend den jeweiligen Gemeindeordnungen der Bundesländer in der Regel nur der Bürgermeister oder sein hierzu ausdrücklich ermächtigter und bestellter Vertreter die Verpflichtungserklärung abgeben; die nach Gemeinderecht vorgeschriebene → Schriftform der Verpflichtungserklärung muß dabei eingehalten worden sein (BGH NJW 1980, 117). Ein unter Mißachtung der Schriftform vom Bürgermeister abgeschlossener Vertrag ist zunächst schwebend unwirksam und muß noch in der vorgeschriebenen Form genehmigt werden (OLG München NVwZ 1985, 293).

3. Hatte der Vertreter keine Vertretungsmacht für den Vertragsabschluß, oder wurde die vorgeschriebene Form nicht eingehalten, so ist kein Architektenvertrag zustandegekommen, wenn der Bauherr die Auftragserteilung nicht genehmigt, § 177 BGB. Nach § 179 BGB haftet der vollmachtlose Vertreter, also der einzelne Angestellte oder Beamte auf Schadenersatz. Dies gilt nur dann nicht, wenn der Vertretene aufgrund Anscheinsvollmacht in Anspruch genommen werden kann (BGH BauR 1983, 253, NJW 1983, 1308).

4. Für Leistungen, die den Architekt bei einer fehlenden Genehmigung eines schwebend unwirksamen Vertrages für die Gemeinde erbracht hat, kann er jedoch aus dem Gesichtspunkt der **Geschäftsführung ohne Auftrag**, § 670 Abs. 2 BGB, eine Vergütung beanspruchen (OLG München NVwZ 1985, 293 für einen Bauvertrag). In Betracht kommt auch die Haftung des Bauherrn aus „culpa in contrahendo", also Verletzung des bei Vertragsverhandlungen gezeigten Vertrauens, wenn er Leistungen entgegennimmt, ohne bei der eigenen Verpflichtung zur Gegenleistung die Schriftform beachtet zu haben (BGH NJW 1985, 1778).

Vertretung des Bauherrn durch den Architekten 194

5. Ein **Kirchenvorstand** kann sich auf die Formnichtigkeit eines Architektenvertrages berufen, wenn der Architekt die kirchenrechtlichen Vorschriften kannte, die eine wirksame Auftragserteilung verhinderten. Der Architekt kann wegen → ungerechtfertigter Bereicherung nach § 812 BGB einen Ausgleich beanspruchen (OLG Hamm BauR 1988, 742).

6. Häufig wird der Architekten bei Planungsarbeiten im Unklaren gehalten, **wer** Vertragspartner sein wird, beispielsweise im Falle von Bauherrengemeinschaften. Bezeichnet sich die Baubetreuerin oder das Bauträgerunternehmen beispielsweise als Vertreter der Bauherrn, ohne die Namen und Anschriften der Bauherrn offenzulegen, weil die Gemeinschaft noch nicht geschlossen ist, oder aus anderen Gründen, so haftet sie entsprechend den Grundsätzen der Haftung des vollmachtlosen Vertreters (AG Bergisch-Gladbach NJW-RR 1988, 222). Das Geschäft ist bis zum Zeitpunkt, wo die eigentliche auftraggebende Bauherrengemeinschaft vollständig und benennbar ist, nach § 177 BGB schwebend unwirksam (BGH NJW 1989, 164).

7. Ein weiterer Sonderfall liegt vor, wenn es ein verschachteltes **Bauträgerunternehmen** mit verschiedenen Tochtergesellschaften nicht offenlegt, wer der wahre Vertragspartner des Architekten ist. Wenn die Umstände ergeben, daß die Verpflichtungserklärung bzw. der Vertragsabschluß im Namen einer GmbH abgegeben wurde, kann diese sich nicht mit dem Argument, Vertragspartner sei nicht sie selbst, sondern die von ihr als Komplementär-GmbH geführte GmbH & Co.KG geworden, ihren Zahlungspflichten entziehen (BGH BauR 1988, 215 für den Bauvertrag).

Näher: Meissner, Vertretung und Vollmacht in den Rechtsbeziehungen der am Bau Beteiligten, BauR 1987, 497, Habermehl, Die Vertretung der Kommune, DÖV 1987, 144.

Vertretung des Bauherrn durch den Architekten → Vollmacht

Vervielfältigungskosten → Nebenkosten

Verwaltungsrecht → Öffentliches Recht

Verwirkung. → Treu und Glauben

Verzug ist die schuldhafte Nichterfüllung einer fälligen Forderung, §§ 284 Abs. 1 Satz 1 und 285 BGB. Er tritt mit → Mahnung oder allein durch Zeitablauf ein, wenn der Leistungszeitpunkt kalendermäßig bestimmt oder berechenbar ist. Stundung der Leistung beendet den Verzug. Der von Schuldner zu ersetzende Verzugsschaden umfaßt Verzugszinsen und die Kosten der Rechtsverfolgung, z. B. Rechtsanwaltskosten.

Sind im → Architektenvertrag für die Leistungen des Architekten bestimmte Termine vereinbart, die der Architekt nicht einhält, oder erbringt er seine Leistungen nicht innerhalb angemessener Fristen, so hat der Bauherr nach § 636 BGB unter den Voraussetzungen der → Wandelung, §§ 633 und 634 BGB, das Recht, wegen **verspäteter Leistung** vom Vertrag zurückzutreten, auch wenn den Architekten kein → Verschulden an der Verspätung der Leistung trifft.

VOB. 1. Die Verdingungsordnung für Bauleistungen (VOB, BAnz. 1992 Nr. 223a) enthält in ihrem Teil A Vorschriften für die Vergabe von Bauleistungen; Teil B ist ein Werk von Vertragsbedingungen, die besonders auf die Verhältnisse am Bau abgestimmt sind. Teil C enthält Allgemeine Technische Vertragsbestimmungen, in denen die wesentlichen Gewerke von Bauvorhaben mit dem jeweiligen DIN-Normen dargestellt und geregelt sind. Die VOB wurde vom Verdingungsausschuß für Bauleistungen zur Anwendung in Bauverträgen geschaffen und weiterentwickelt. Die Einhaltung der Vergabevorschriften des Teils A ist öffentlichen Auftraggebern durch haushaltsrechtliche Bestimmungen oder durch die Vergabeverordnung vom 22. 2. 1994 (BGBl. I, 321) auferlegt. Aus den Abschnitten 1 bis 3 VOB Teil A ergibt sich außerdem die Pflicht, den Bauverträgen die VOB Teil B zugrundezulegen. Deshalb muß der Architekt, der von einem öffentlichen Auftraggeber mit der Objektplanung beauftragt ist, die VOB im Rahmen der → Vorbereitung und der → Mitwirkung bei der Vergabe sowie bei der Objektüberwachung, Objektbetreuung und Dokumentation, Leistungsphasen 6 bis 9 des § 15 Abs. 2 HOAI, beachten.

2. Die Vertragsbedingungen der VOB Teil B können nicht auf Architekten- und Ingenieurleistungen angewendet werden, weder vom Bauherrn gegenüber dem Architekten, noch umgekehrt. Insbesondere Generalunternehmer versuchten so, die fünfjährige Gewährleistungsfrist für ihre Leistungen gem. § 638 BGB zu umgehen und die zweijährige der VOB Teil B einzu-

führen. Diese Erstreckung der VOB Teil B über den Bereich der Bauerrichtung hinaus auf reine Architekten- und Ingenieurleistungen ist unwirksam, wenn sie Bestandteil des vom Generalunternehmer vorgelegten Vertrages ist (BGH NJW 1988, 142).

Näher: Hesse, Vereinbarung der VOB für Planungsleistungen, ZfBR 1980, 259 ff.

VOF. Zur Umsetzung der → Dienstleistungskoordinierungsrichtlinie soll eine neue Verdingungsordnung für freiberufliche Leistungen (VOF) geschaffen werden, die die Vergabe von Architektenaufträgen, deren Honorar über dem Schwellenwert der Richtlinie liegt, durch → öffentliche Auftraggeber regelt.

Das **Vergabeverfahren** soll ein Verhandlungsverfahren sein, das im Bauwesen der freihändigen Vergabe entspricht und in der Dienstleistungskoordinierungsrichtlinie nur für Ausnahmefälle vorgesehen ist. Das bedeutet, daß zunächst im Amtsblatt der EG ein Aufruf zur Teilnehme am Wettbewerb veröffentlicht wird. Die eingehenden Bewerbungen werden geprüft; an die ausgewählten Bieter werden dann die Angebotsunterlagen versandt. Über die Angebote kann verhandelt werden, wobei der Spielraum eng ist, da ja nach der HOAI keine Verhandlungen über das Architektenhonorar möglich sind. Die geplante VOF bezeichnet die Verhandlungen daher als „Auftragsgespräche". Die Architektenaufträge sind danach nach den Kriterien der Fachkunde, Leistungsfähigkeit, Erfahrung und Zuverlässigkeit zu vergeben. Als Nachweise dafür sollen z. B. Referenzobjekte, Anzahl und Qualifikation der Führungskräfte und Mitarbeiter, die technische Ausstattung des Architekturbüros dienen. Da diese Kriterien aber nur wenig aussagekräftig sind und jungen Architekturbüros den Zugang zu öffentlichen Aufträgen unmöglich machen, sollen innerhalb eines Verhandlungsverfahrens auch (zu vergütende) Lösungsvorschläge gefordert werden können. Dafür ist ein beschränkter Wettbewerb im Sinn der → GRW 1995 möglich.

Die Vorschriften der Dienstleistungskoordinierungsrichtlinie für → Architektenwettbewerbe, also insbesondere auch das Gebot EG-weiter Ausschreibung, sollen nahezu unverändert in die VOF übernommen werden.

Die VOF wird also das Recht der Architekten, soweit es öffentliche Auftraggeber betrifft, grundlegend verändern. Eine

Entscheidung der Beteiligten über den endgültigen Text steht allerdings nun schon seit langem aus. Bis dahin gilt die zugrundeliegende Dienstleistungskoordinierungsrichtlinie weiter unmittelbar.

VOL. 1. Als Bedingungswerk für die Beschaffung von Waren und Dienstleistungen (nicht: Bauleistungen) wurde für öffentliche Auftraggeber in Anlehnung an die → VOB die Verdingungsordnung für Leistungen (VOL; BAnz. 1993 Nr. 175a) geschaffen. Ihr Teil A regelt Vergabebedingungen, Teil B die Vertragsbedingungen für Kauf-, Werk- und Werklieferungsverträge. Wie die VOB ist sie aufgrund des öffentlichen Haushaltsrechts oder nach der Vergabeverordnung bei der Ausschreibung und Gestaltung von Lieferungsverträgen öffentlicher Auftraggeber zu beachten.

2. In der Erwartung, allein durch die VOB und die VOL den gesamten Beschaffungsbereich des Staates abdecken zu können, wurde diskutiert, ob auch Architektenleistungen in den Anwendungsbereich der VOL einzubeziehen seien. Das hätte die Anwendung des → Preiswettbewerbs bei der Auswahl des Auftragnehmers zur Folge gehabt. Durch § 1 Abs. 2 VOL Teil A ist klargestellt, daß dies nicht möglich ist.

Vollhonorar wird der Honorarbetrag genannt, der sich aus den jeweiligen → Honorartafeln nach der → Interpolation von Zwischenwerten der → Honorarzonen und der → anrechenbaren Kosten oder Verrechnungseinheiten bzw. beplanter Flächen ergibt. Er umfaßt als eine Stufe der → Honorarberechnung die gesamten Leistungen eines Leistungsbildes, also 100% der möglichen Vergütung. Das geschuldete Honorar ergibt sich dann aus der Anwendung der vereinbarten Prozentsätze, wie sie z.B. in § 15 Abs. 1 HOAI festgelegt sind entsprechend dem Auftragsumfang bzw. den beauftragten Leistungsphasen, auf das Vollhonorar.

Vollmacht des Architekten. 1. Mit einem Auftrag über die → Objektplanung überträgt der Bauherr dem Architekten auch die Befugnis, für ihn zu handeln. Die damit übertragenen Handlungsmöglichkeiten ergeben sich im wesentlichen aus dem → Leistungsbild gemäß § 15 Abs. 2 HOAI. Stets ist entscheidend, ob die einzelne Tätigkeit für den Bauherrn der Rolle

Vollmacht des Architekten 198

des Architekten als „Sachwalter" des Bauherrn entspricht. Diese **„originäre"**, im Auftrag enthaltene und mit-gedachte Vollmacht ist allerdings nicht umfassend. Wird der Architekt im Bauvertrag als „Bevollmächtigter Vertreter des Bauherrn" bezeichnet, so ist dies nach der herrschenden Rechtssprechung eng auszulegen; diese „Bevollmächtigung" entspricht der hier dargestellten originären Vollmacht.

2. Erst eine **ausdrücklich erteilte Vollmacht** im Sinn von § 164 BGB kann den Architekten dazu berechtigen, rechtsgeschäftliche oder geschäftsähnliche Handlungen, also beispielsweise die Abnahme der Bauleistungen vorzunehmen, ein → Anerkenntnis auszusprechen und → Vergleiche zu schließen oder Erklärungen entgegenzunehmen. Auch für die Erteilung von größeren Zusatzaufträgen, für die Vereinbarung der →VOB Teil B, für Vertragsänderungen usw. ist eine ausdrückliche Vollmacht erforderlich.

3. Unter bestimmten Bedingungen kann eine Vollmacht auch stillschweigend erteilt werden – entweder als **Anscheinsvollmacht**, die vorliegt, wenn der Bauherr die tatsächlich ausgeübte rechtsgeschäftliche Vertretung seitens des Architekten bei pflichtgemäßer Sorgfalt hätte feststellen können und müssen, aber dennoch nicht zur Kenntnis nahm und nicht verhinderte; auf der anderen Seite muß der Bauunternehmer nach Treu und Glauben zur Annahme berechtigt gewesen sein, der Bauherr dulde und billige das Handeln des Architekten. Der andere Fall der stillschweigenden Bevollmächtigung ist der der **Duldungsvollmacht**, die dann gegeben ist, wenn der Bauherr es wissentlich geschehen läßt, daß der Architekt für ihn wie ein Vertreter auftritt, und wenn der Außenstehende diese Duldung nach Treu und Glauben dahingehend verstehen darf, daß der Architekt tatsächlich bevollmächtigt ist. Der Bauherr muß hier also positiv wissen, daß der Architekt als sein Vertreter auftritt.

4. Vereinbart der Architekt einen von den zunächst getroffenen vertraglichen Bestimmungen abweichenden Abrechnungsmodus, so stellt dies eine wesentliche Änderung des Bauvertrags dar. Sie ist von der „originären" Architektenvollmacht nicht gedeckt, wenn der Architekt sie ohne Einwilligung des Bauherrn vereinbart. Umfaßt ist aber die Vergabe kleinerer Zusatzaufträge an die Bauunternehmer (einschränkend OLG Stuttgart BauR 1994, 789) oder die Tätigkeit des Architekten

beim Aufmaß. Der Architekt kann auch im gewissen Maße Weisungen an die Baubeteiligten erteilen.

5. Hat der Architekt für den Bauherrn gehandelt, ohne dazu bevollmächtigt gewesen zu sein, so haftet er gegenüber demjenigen, der sich auf diese Vollmacht verlassen hat, als **vollmachtsloser Vertreter** gem. § 179 BGB auf Erfüllung oder Schadenersatz.

Näher: Schmalzl, Zur Vollmacht des Architekten, MDR 1977, 622 ff.; Jagenburg, Die Vollmacht des Architekten, BauR 1978, 180 ff.; Kaiser, Der Umfang der Architektenvollmacht ZfBR, 1980, 263 ff.; von Craushaar, Die Vollmacht des Architekten zur Anordnung und Vergabe von Zusatzarbeiten, BauR, 1982, S. 421 ff.; Meissner, Vertretung und Vollmacht in den Rechtsbeziehungen der am Bau Beteiligten, BauR 1987, 497 ff.; Beigel, Ersatzansprüche des vollmachtslos handelnden Architekten gegen den Bauherrn, BauR 1985, S. 40 ff. Sturmberg, Die Vollmacht des Architekten, DAB 1990, 1313 ff.

Vollstreckungsbescheid → Mahnverfahren

Vorbereitung der Vergabe. 1. Im Rahmen der → Objektplanung erstellt der Architekt die Ausführungspläne. Diese sind bei der Angebotskalkulation der Bauunternehmer nur Hilfsmittel; erst die textliche und mengenmäßig bestimmte Beschreibung der Leistung bildet die Grundlage des Unternehmerangebotes. Aus diesem Grund ist die nach § 15 Abs. 2 Nr. 5 erstellte Ausführungsplanung vom Architekten in die **Leistungsverzeichnisse** umzusetzen, die textliche Leistungsbeschreibungen nach einzelnen Positionen sowie deren quantitative Bemessung enthalten. Das ist der wesentliche Leistungsinhalt der Leistungsphase 6 des § 15 Abs. 2 HOAI. Sie darf noch nicht ausgeführt werden, solange die Genehmigung noch nicht erteilt ist (OLG Düsseldorf BauR 1994, 534, NJW-RR 1994, 858).

2. Im Einzelnen sind zu erbringen:
– Ermitteln und Zusammenstellen von Mengen als Grundlage für das Aufstellen von Leistungsbeschreibungen unter Verwendung der Beiträge anderer an der Planung fachlich Beteiligter,
– Aufstellen von Leistungsbeschreibungen mit Leistungsverzeichnissen nach Leistungsbereichen,

Vorbereitung der Vergabe

- Abstimmen und Koordinieren der Leistungsbeschreibungen der an der Planung fachlich Beteiligten.

Die Vorbereitung der Vergabe wird in § 15 Abs. 1 Satz 6 HOAI mit 7% des → Vollhonorars bewertet.

3. Der Leistungsphase sind folgende → besondere Leistungen zugeordnet:
- Aufstellen von Leistungsbeschreibungen mit Leistungsprogramm unter Bezug auf Baubuch/Raumbuch,
- Aufstellen von alternativen Leistungsbeschreibungen für geschlossene Leistungsbereiche,
- Aufstellen von vergleichenden Kostenübersichten unter Auswertung der Beiträge anderer an der Planung fachlich Beteiligter.

4. Der Architekt ist verpflichtet, Massenermittlungen und Kostenberechnungen möglichst sorgfältig und vollständig zu erbringen (BGH 1988, 734, NJW-RR 1988, 1361) und die Bauleistungen nach möglichst **objektiven** Maßstäben auszuschreiben, da nur so ein für den Bauherren günstiges Angebot festgestellt werden kann (OLG Düsseldorf, SF Z 3.03 Bl. 73, 74). Die Leistungsbeschreibungen für die einzelnen Bauleistungen sind eindeutig und erschöpfend anzufertigen (LG Hamburg, SF Z 2.400, Bl. 15; OLG Düsseldorf, SF Z 3.01 Bl. 107). Fehler bei der Vorbereitung der Vergabe wirken sich auf die → Wirtschaftlichkeit eines Bauvorhabens aus.

5. Die → Kündigung eines Architektenvertrags kann berechtigt sein, wenn die Leistungsbeschreibungen nicht vollständig waren und die entsprechenden Bauleistungen deshalb zu ungünstigeren Konditionen, z.B. im Stundenlohn, vergeben werden müssen (BGH SF Z 3.00, Bl. 134). Auch für eine unzureichende Leistungsbeschreibung muß der Architekt einstehen; wenn der Architekt die Leistungsverzeichnisse zu spät versendet und deshalb keine kostenmindernde Auswahl unter mehreren Angeboten mehr möglich ist, sondern eine Verteuerung eintritt, haftet er ebenfalls (BGH NJW 71, 1840; BauR 1971, 270, 272). Ist das Leistungsverzeichnis ganz unbrauchbar, so bekommt der Architekt keine Vergütung für Leistungsphase 6 des § 15 Abs. 2 HOAI (LG Aachen, NJW-RR 1988, 1364).

Näher: Vygen, Rechtliche Probleme und Anforderungen an Ausschreibung, Wertung und Abrechnung von Alternativ- und Eventualpositionen, DAB 1992, 1291 ff.

Vorentwurf → Entwurfsplanung

Vorplanung ist nach der Grundlagenermittlung, § 15 Abs. 2 Nr. 1 HOAI, die erste eigentliche Planungstätigkeit im Rahmen der → Objektplanung. Die Grundleistungen der mit 7% des → Vollhonorars bewerteten Leistungsphase des § 15 Abs. 2 Nr. 2 HOAI sind:
- Analyse der Grundlagen,
- Abstimmen der Zielvorstellungen (Randbedingungen, Zielkonflikte),
- Aufstellen eines planungsbezogenen Zielkatalogs (Programmziele),
- Erarbeiten eines Planungskonzepts einschließlich Untersuchung der alternativen Lösungsmöglichkeiten nach gleichen Anforderungen mit zeichnerischer Darstellung und Bewertung, zum Beispiel versuchsweise zeichnerische Darstellung, Strichskizzen, gegebenenfalls mit erläuternden Angaben,
- Integrieren der Leistungen anderer an der Planung fachlich Beteiligter,
- Klären und Erläutern der wesentlichen städtebaulichen, gestalterischen, funktionalen, technischen, bauphysikalischen, wirtschaftlichen, energiewirtschaftlichen (z. B. hinsichtlich rationeller Energieverwendung), biologischen und ökologischen Zusammenhänge, Vorgänge und Bedingungen,
- Vorverhandlungen mit Behörden und anderen an der Planung fachlich Beteiligen über die Genehmigungsfähigkeit,
- bei Freianlagen: Erfassung der ökologischen Zusammenhänge, zum Beispiel Boden, Wasser, Klima, Vegetation, sowie Klären der Randgestaltung und der Anbindung an die Umgebung,
- Kostenschätzung nach DIN 276 oder nach dem wohnungsrechtlichen Berechnungsrecht,
- Zusammenstellen aller Vorplanungsergebnisse.

Eine fehlende Kostenschätzung führt bei einem Vollauftrag nicht zur Honorarminderung (OLG Hamm IBR 1991, 499).

Als → Besondere Leistungen sind der Vorplanung zugeordnet:
- Untersuchen von Lösungsmöglichkeiten nach grundsätzlich verschiedenen Anforderungen,
- Ergänzen der Vorplanungsunterlagen aufgrund besonderer Anforderungen,

Vorsatz 202

- Aufstellen eines Finanzierungsplanes,
- Aufstellen einer Bauwerks- und Betriebs-Kosten-Nutzen-Analyse
- Mitwirken bei der Kreditbeschaffung,
- Durchführen der Voranfrage (Bauanfrage),
- Anfertigen von Darstellungen durch besondere Techniken, wie zum Beispiel Perspektiven, Muster, Modelle,
- Aufstellen eines Zeit- und Organisationsplanes,
- Ergänzen der Vorplanungsunterlagen hinsichtlich besonderer Maßnahmen zur Gebäude- und Bauteiloptimierung, die über das übliche Maß der Planungsleistungen hinausgehen, zur Verringerung des Energieverbrauchs sowie der Schadstoff- und CO_2-Emissionen und zur Nutzung erneuerbarer Energien in Abstimmung mit anderen an der Planung fachlich Beteiligten. Das übliche Maß ist für Maßnahmen zur Energieeinsparung durch die Erfüllung der Anforderungen gegeben, die sich aus Rechtsvorschriften und den allgemein anerkannten Regeln der Technik ergeben.

Wird die Vorplanung als → Einzelleistung in Auftrag gegeben, kann ein höherer Prozentsatz als der in § 15 Abs. 1 HOAI bezeichnete vereinbart werden, § 19 HOAI. Ein → Vertragsmuster für die Vorplanung wird von der Bundesarchitektenkammer empfohlen (→ Einheitsarchitektenvertrag).

Varianten nach verschiedenen Anforderungen sind als → besondere Leistungen oder nach § 20 HOAI zu honorieren (→ Zusatzleistungen des Architekten).

Vorsatz → Verschulden

Vorvertrag ist die Verpflichtung der Vertragspartner, unter bestimmten Bedingungen einen Architektenvertrag abzuschließen, wobei dessen Inhalt noch offen bleiben kann. Aus dem Vorvertrag kann – nach Übergabe eines Angebots – auf Abschluß des Hauptvertrags oder aber auf → Schadenersatz geklagt werden. Die Bindungswirkung eines Architektenvorvertrages hängt aber davon ab, ob der Bauherr das Vorhaben überhaupt durchführt (BGH NJW 1988, 1261, BauR 1988, 234).

Vorvertragliches Vertrauensverhältnis. Zwischen späteren Vertragspartnern entsteht durch die Aufnahme von Vertragsverhandlungen eine besondere Beziehung, aus der sich für beide Seiten Aufklärungs-, Fürsorge- und Treuepflichten ergeben. Ihre Verletzung stellt als Verschulden bei Vertragsabschluß – von der Rechtsprechung „culpa in contrahendo" genannt – eine eigene Anspruchsgrundlage dar.

Errechnet der Architekt im Vorfeld eines Vertragsverhältnisses fahrlässig falsche Baukosten, so haftet er für den Schaden des Bauherrn, der ihn im Vertrauen auf die Richtigkeit der Angaben mit den Architektenleistungen beauftragt (BGH NJW 1971, 1840, BauR 1971, 270), ebenso für eine falsche Einschätzung der Genehmigungsfähigkeit des Vorhabens (BGH BauR 1979, 447). Der Architekt muß im Vorfeld des Vertragsabschlusses den Bauherrn über die baurechtliche Durchführbarkeit und die Zustimmungsbedürftigkeit durch Nachbarn informieren und beraten. Über seine Honorierung (→ Abschluß des Architektenvertrags, Vertragsanbahnung und vertragslose Leistungen) muß er den Bauherrn nur in eng begrenzten Ausnahmefällen informieren, da sein Honorar bei Auftragserteilung in der Regel ohnehin nicht feststeht (OLG Köln, ZfBR 1994, 88, NJW-RR 1994, 340).

Die Haftung ist auf den Vertrauensschaden gerichtet (→ Schadenersatz).

Näher: Knacke, Aufklärungspflicht des Architekten über die Vergütungspflicht und das Honorar seiner Leistungen, BauR 1990, 395.

W

Wärmeschutz. Der mit der → Objektplanung beauftragte Architekt muß bei der Planung und Ausführung eines Bauwerks auch für den Wärmeschutz des zu erstellenden Bauwerks sorgen. Dabei sind zunächst die Werte einzuhalten, die sich aus den → Regeln der Technik und den DIN-Vorschriften ergeben, hier insbesondere DIN 4108 „Wärmeschutz im Hochbau".

1. Hat der Architekt einzelvertraglich eine Wärmedämmung mit einem „extrem hohen Wärmedämmwert" versprochen, so muß der Gesamtwärmedurchlaßwiderstand die DIN-Mindestwerte erheblich überschreiten. Der Architekt haftet für diese Qualität nach § 635 BGB auf Schadenersatz (BauR 1981, 395). Auch im Eckbereich von Außenwänden kann sich der Archi-

tekt nicht damit zufrieden geben, daß die DIN-Werte eingehalten sind; da es hier eine sogenannte „geometrische Wärmebrücke" geben kann, muß der Architekt in einer solchen Situation zusätzliche Wärmedämmungsmaßnahmen vorsehen (OLG Hamm BauR 1983, 173 mit Anmerkung von Kamphausen).

2. Die **bauphysikalischen Nachweise** des Wärmeschutzes sind keine Grundleistungen im Rahmen der Genehmigungsplanung nach § 15 Abs. 2 Nr. 4 HOAI und werden daher nicht von der für diese Leistungsphase vereinbarten Vergütung umfaßt. Sie sind als gesonderte Leistungen in den §§ 77 bis 79 HOAI beschrieben und müssen vergütet werden, unabhängig davon, ob sie vom Architekt oder einem Ingenieur erbracht werden.

Näher: Kamphausen/Reim, Wärmebrücken – Neue Architektenpflichten, BauR 1985, 397 ff.; Knüttel, Wärmebrücken in technischer und rechtlicher Hinsicht, BauR 1985, 54 ff.

Wandelung des Architektenvertrags ist seine Rückgängigmachung, als deren Folge die beiderseits erbrachten Leistungen zurückzugeben sind. Sie ist ein sich aus der → Gewährleistung unabhängig von einem etwaigen Verschulden des Architekten ergebendes Recht des Bauherrn, der sie verlangen kann, wenn die → Nachbesserung des mangelhaften Architektenwerks nicht mehr möglich oder mit unverhältnismäßig hohem Aufwand verbunden ist, § 634 Abs. 1 Satz 3 und Abs. 2 BGB. Weiterhin kann Wandelung gefordert werden, wenn der Architekt die noch mögliche Nachbesserung von vorneherein verweigert oder nach Fristsetzung nicht durchgeführt hat. Der Mangel des Architektenwerks muß aber in jedem Fall erheblich sein, § 634 Abs. 3 BGB, es sei denn, es fehlt ihm eine zugesicherte Eigenschaft.

Die beiderseits erbrachten Leistungen sind nach den Vorschriften über das Rücktrittsrecht, §§ 465, 346 ff. BGB, zurückzugewähren. Das Wandelungsrecht wird in der Praxis kaum wahrgenommen; seine Ausübung kommt am ehesten bei Architektenaufträgen über reine Planungsleistungen, also bis zur Leistungsphase 6 des § 15 Abs. 2 HOAI, in Betracht. Die Wandelung und der Anspruch auf → Schadenersatz wegen Nichterfüllung schließen sich gegenseitig aus.

Wechsel des Auftraggebers. Oft wird während der Ausführung eines Architektenvertrags das Grundstück, auf dem das zu planende Objekt errichtet werden soll, verkauft oder in anderer Weise übertragen. Auch die Privatisierung öffentlicher Vorhaben kann in einen bestehenden Architektenvertrag eingreifen, ebenso ein Wechsel des Generalunternehmers, der den Architekten beauftragt hat. Dieser Übergang kann durch einen dreiseitigen Vertrag gelöst werden, in dem der neue Bauherr in den bestehenden Architektenvertrag eintritt und der bisherige aus ihm entlassen wird. Rechte und Pflichten gehen auf den neuen Bauherrn über, der bisherige tritt seine Rechte ab und wird von Pflichten freigestellt. Bietet der neue Bauherr für den Architekten nicht die gleiche Sicherheit wie der bisherige, kann mit diesem vereinbart werden, daß er für einen etwaigen Honorarausfall im Verhältnis zum neuen Bauherrn einsteht. Der Eintritt des neuen Bauherrn kann allerdings wegen des Verbots der → Architektenbindung problematisch sein.

Wegfall oder Änderung der Geschäftsgrundlage. 1. Verträge und insbesondere Honorarvereinbarungen – ob sie ein → Pauschalhonorar oder die → Honorarberechnung in Übereinstimmung mit der HOAI vorsehen – können nur in ganz seltenen Ausnahmefällen wegen einer abweichenden, nicht vorhersehbaren und nicht vorhergesehenen tatsächlichen Entwicklung nach den Grundsätzen über den Wegfall oder die Änderung der Geschäftsgrundlage geändert werden. Grundlage einer solchen Anpassung ist der Grundsatz von → Treu und Glauben, der verletzt wäre, würde man der betroffenen Partei das Festhalten am Vertrag zumuten. Die Regeln über den Wegfall oder die Änderung der Geschäftsgrundlage sind „subsidiär" d.h., sie sind nur dann anzuwenden, wenn für den einschlägigen Tatbestand keine anderen vertraglichen Regelungen bestehen.

2. Beispiele:
– Die Durchführbarkeit eines Bauvorhabens im Hinblick auf nachbarrechtliche Belange bildet nicht die Geschäftsgrundlage des Architektenvertrages, da ein Bauherr die Bebauung eines Grundstücks entwerfen lassen kann, ohne schon im Besitz der **Nachbarzustimmung** zu sein (OLG Köln SFH Nr. 1 zu 649 BGB).

- Die Überschreitung des vereinbarten Pauschalhonorares um 12% wegen **verlängerter Bauzeit** ist noch kein Anlaß für eine Änderung einer Pauschalabrede, auch wenn im Vertrag eine Regelung für die Bauzeitüberschreitung fehlt (OLG Frankfurt BauR 1985, 585)
- Kennt der Architekt alle Besonderheiten des Baugrundstücks, so liegt in der Abweichung der **Bodenverhältnisse** vom vermuteten Zustand kein Wegfall der Geschäftsgrundlage der Vergütungsvereinbarung, auch wenn sie für ihn mit hohen Umplanungsaufwendungen verbunden sind (Amtsgericht Kempten BB 1980, 179 für einen Ingenieurvertrag).
- Wenn bei einem Krankenhausbauvorhaben im Architektenvertrag vereinbart ist, daß die Planung nach den geltenden öffentlich-rechtlichen **Förderungsrichtlinien** förderungswürdig sein müsse, so kann die unvorhersehbare Änderung der einschlägigen Förderungsrichtlinien zum Wegfall der Geschäftsgrundlage eines solchen Architektenvertrags führen (BGH BauR 1990, 379, ZfBR 1990, 173, SFH § 242 BGB Nr. 46, NJW-RR 1990, 601).

3. Ist die Geschäftsgrundlage eines Architektenvertrags weggefallen, so sind die getroffenen Vereinbarungen anzupassen; ist kein Festhalten möglich, so ist das Vertragverhältnis auf dem vorhandenen Stand abzuwickeln.

Näher: Stahl, Wegfall der Geschäftsgrundlage im Architekten- und Bauvertrag beim vereinbarten Pauschalhonorar bzw. Festpreis, BauR 1973, 279ff.; OLG Düsseldorf BauR 1986, 719.

Werbung → Standesrecht → Abschluß des Architektenvertrags, Vertragsanbahnung und vertragslose Leistungen → Wettbewerbsrecht

Werkplanung → Ausführungsplanung

Werkvertrag. Der Architektenvertrag ist mit seinen Voraussetzungen und Rechtsfolgen in den §§ 631 bis 651 BGB als Werkvertrag geregelt; die Vertragspartner werden dort als → Besteller und → Unternehmer bezeichnet. Der Werkvertrag unterscheidet sich von anderen Vertragsformen des BGB, wie z.B. Geschäftsbesorgungsvertrag oder → Dienstvertrag, dadurch, daß er die Herstellung eines „Werks" zum Gegenstand hat: Er hat also zwar eine zeitliche Komponente, sein Resultat, auch „Erfolg" genannt, ist aber ein konkretes Produkt.

Dieses Werk liegt bei der Tätigkeit des Architekten darin, daß entsprechend seiner Planung ein → Objekt verwirklicht wird. Der Architekt stellt dieses aber nicht selbst her (dies ist Sache des Bauunternehmers); vielmehr ist seine Leistung geistiger Natur und verkörpert sich im fertigen Objekt. Nach einer Formel des Bundesgerichtshofes schuldet der Architekt in diesem Sinn das **„Entstehenlassen des Bauwerks"**.

Nach Werkvertragsrecht ist der Architekt vorleistungspflichtig; er kann sein Honorar erst fordern, wenn er seine Leistung fertiggestellt hat; von diesem Grundsatz macht § 8 Abs. 2 HOAI für → Abschlagszahlungen eine Ausnahme.

Die §§ 633 ff. BGB regeln die Rechtsfolgen von Leistungsstörungen und die → Gewährleistung, die → Verjährung, die → Abnahme, die → Fälligkeit der Vergütung und Mitwirkungspflichten des Bestellers. Das Pfandrecht und der Anspruch auf → Sicherungshypothek ist in den §§ 647 und 648 BGB geregelt, das Kündigungsrecht des Bestellers in § 649 BGB und der Kostenanschlag in § 650 BGB.

Wertermittlung. Nach § 34 HOAI kann einem Architekten auch die Wertermittlung von Grundstücken und Gebäuden übertragen werden. Im Rahmen dieser Tätigkeit hat der Architekt nach gesicherten und allgemein anerkannten Methoden den Wert von Grundstücken, Gebäuden, anderen Bauwerken oder von Rechten an Grundstücken zu errechnen, insbesondere bei Verkäufen, Erbschaften, Enteignungen oder Grundstücksteilungen. Für die Richtigkeit seiner Wertermittlung haftet der Architekt nicht nur gegenüber dem Auftraggeber, sondern auch gegenüber Dritten, z.B. gegenüber Haus- oder Wohnungskäufern, wenn die finanzierende Bank das Gutachten in Auftrag gegeben hat (OLG Hamm NJW-RR 1989, 600). Die **Honorierung** erfolgt entsprechend der → Honorartafel nach dem Wert, der nach dem Zweck der Ermittlung festgestellt wird, § 34 Abs. 2 HOAI; sie ist nach zwei Schwierigkeitsstufen zu errechnen und kann sich bei überschlägigen oder eingeschränkten Ermittlungen mindern. Mehrere Objekte sind bei einheitlicher Auftragserteilung zusammenzurechnen (OLG Hamm NJW-RR 1989, 1297).

Wettbewerbsrecht schützt als Teil des → Privatrechts einerseits die Freiheit der Teilnehmer am Wirtschaftsleben vor Beschränkungen aufgrund von Absprachen oder Machtpositionen, andererseits richtet es sich gegen unlauteren Wettbewerb.

1. Vertragliche Vereinbarungen, die vom Regelungsgehalt der HOAI zu Lasten des Architekten abweichen, können nach dem Gesetz gegen Wettbewerbsbeschränkungen (GWB) in der Fassung der Bekanntmachung vom 20. 2. 1990 (BGBl. I 235), zuletzt geändert durch Gesetz vom 28. 10. 1994, BGBl. I 3210, unwirksam sein, wenn sie unter Ausnutzung der Nachfragemacht des Bauherrn zustande gekommen sind (Lehmann, Zur kartell- und wettbewerbsrechtlichen Kontrolle der Nachfragemacht im Zusammenhang mit der Vergütung von Architektenleistungen nach der HOAI, BauR 1984, 97 ff.). Verdeckte Unterschreitungen der → Mindestsätze der HOAI sind bei dieser Beurteilung den offenen gleichzustellen. Als Absprache einheitlichen Verhaltens muß auch der → Einheitsarchitektenvertrag wettbewerbsrechtlich genehmigt werden.

2. Wer im Geschäftsverkehr gegen die guten Sitten verstößt, kann auf Unterlassung und Schadenersatz in Anspruch genommen werden, § 1 des Gesetzes gegen den unlauteren Wettbewerb (UWG vom 7. 6. 1909, RGBl. 499, zuletzt geändert durch Gesetz vom 25. 10. 1994, BGBl. I 3082). Dies gilt für Architekten, die bewußt und planmäßig für Honorare unter den → Mindestsätzen der HOAI arbeiten oder dies anbieten (OLG Hamm BauR 1988, 366; LG Detmold BauR 1987, 603; OLG München IBR 1995, 478, MD 1995, 1293). Dasselbe gilt für den Bauherrn (OLG Celle BauR 1995, 266; LG Nürnberg-Fürth BauR 1993, 105; OLG München BauR 1996, 283; a. A. OLG Koblenz ZfBR 1994, 230) oder für Nichtarchitekten, die Planungsleistungen i. S. d. HOAI anbieten (LG Karlsruhe DAB 1993, 1241).

3. Die Berufsbezeichnung „Architekt" ist durch die jeweiligen → Architektengesetze der Länder ausdrücklich geschützt. Wer sich ohne → Eintragung in die Architektenliste dennoch in seiner beruflichen oder gewerblichen Betätigung als „Architekt" oder mit einer entsprechenden Wortverbindung bezeichnet, handelt deshalb wettbewerbswidrig im Sinne von §§ 1 und 3 GWB, so z. B. ein Möbelhaus, das mit einem „Kostenlosen Innenarchitekten-Service" wirbt (OLG Düsseldorf WRP 1990, 834). Dies gilt auch für eine sich mit dem Begriff „Architektur" bezeichnenden GmbH, selbst dann, wenn der Geschäftsführer in die Architektenliste eingetragen ist (OLG Nürnberg, BauR

1983, 290). Die → Architektenkammern sind bei wettbewerbsrechtlichen Unterlassungsansprüchen prozeßführungsbefugt, § 13 UWG (BGH GRUR 1977, 739; OLG Stuttgart GRUR 1983, 460).

Näher: Hesse, Der Architekt im Kartellrecht – ein Überblick, BauR 1981, 13 ff.

Wiederholung einer Planung → mehrere Gebäude

Winterbau. Sollen Baumaßnahmen während der Winterzeit verwirklicht werden, so müssen die Mehrkosten – andere Materialien, Abdeckungen, Heizkosten – abgeschätzt und die technischen Risiken abgewogen werden. Dieser zusätzliche planerische Aufwand des Architekten kann nach § 32 HOAI pauschal oder nach Zeitaufwand honoriert werden oder geht mittelbar durch Hinzurechnung der durch den Winterbau bedingten Kosten zu den → anrechenbaren Kosten im Sinn von § 10 HOAI in die → Honorarberechnung ein.

Wirtschaftlichkeit der Objektplanung 1. Eine allgemeine und umfassende Verpflichtung des mit der → Objektplanung beauftragten Architekten, unter Berücksichtigung aller denkbaren Möglichkeiten so kostengünstig wie möglich zu planen und zu bauen, besteht zwar nicht (BGH BauR 1973, 120). Auf der anderen Seite beeinflußt aber die Wirtschaftlichkeit erheblich den Wert und die Tauglichkeit der Architektenleistung (BGH SFZ 3.01, Bl. 348). Der Architekt muß daher im Rahmen seiner → Haftung auch für die Wirtschaftlichkeit seines Architektenwerkes einstehen.

2. Wenn der Auftrag ausdrücklich beinhaltet, ein rentables Mehrfamilienhaus zu entwerfen, ist eine Planung, die dem nicht entspricht, fehlerhaft (OLG Hamm MDR 1966, 758; BGH NJW 1975, 1657, BauR 1975, 434), ebenso eine zu aufwendige Planung (OLG Hamm SFZ 3.01 Bl. 269). Überdimensionierte Bauteile verursachen dem Bauherrn vermeidbare Kosten, für die der Architekt haftet.

3. Die verschiedenen **Prognosen** über die Kostenentwicklung eines Objektes gem. § 10 Abs. 2 HOAI – Kostenschätzung, Kostenberechnung und Kostenanschlag – muß der Architekt so sorgfältig wie möglich erarbeiten. Die Basis dieser Berechnungen sind die sich aus den verschiedenen Planungsstadien erge-

benden Mengen und die dafür zu erwartenden Preise. Eine Überschreitung der Kostenberechnung um 14–16% bewegt sich noch innerhalb der dem Architekten zuzubilligenden Toleranz (OLG Hamm BauR 1991, 246; BGH NJW 1994, 856). Hat der Bauherr deutlich gemacht, daß die **Finanzierung** sehr knapp ist, und scheitert das Vorhaben später aufgrund der durch den Architekten falsch geschätzten Kosten, so haftet er für die durch die Aufgabe des Vorhabens entstehenden Mehrbelastungen des Bauherrn (OLG Stuttgart BauR 1977, 426). Das sind mindestens erhöhte Zinsaufwendungen (OLG Köln NJW-RR 1994, 981; BGH NJW 1994, 856).

4. Die Überschreitung eines vorgegebenen **Baukostenlimits** berechtigt den Bauherrn zur Kündigung des Architektenvertrags aus wichtigem Grund (OLG Düsseldorf BauR 1986, 494; OLG Hamm NJW-RR 1986, 764). Auch wenn die wesentliche Überschreitung der zunächst in der Entwurfsplanung angenommenen Baukosten bereits im Genehmigungsverfahren offenbar wird, berechtigt dies den Bauherrn zur Kündigung, es sei denn, daß die Fehlentwicklung noch korrigiert werden kann. Dann hat der Architekt einen Anspruch, die → Nachbesserung vornehmen zu dürfen. Eine Schadenersatzpflicht besteht auch dann, wenn der Architekt seine Kostenvorstellungen vor Vertragsabschluß entwickelt hat (OLG Stuttgart BauR 1979, 174). Die Beweislast liegt beim Bauherrn (OLG Hamm IBR 1994, 247).

5. Der Ersatzanspruch des Bauherrn bei Bausummenüberschreitungen ist, wenn das Vorhaben nicht im Ganzen gescheitert ist, abhängig davon, ob dem Bauherrn durch die höheren Baukosten tatsächlich ein konkreter **Schaden** entstanden ist, ob also der Bezahlung eines höheren Preises nicht eine umfangreichere und wertvollere Bauleistung zugrunde liegt und damit der Wert des Grundstücks objektiv gestiegen ist (BGH BauR 1979, 74; OLG Hamm BauR 1986, 375). Diese Vorteilsausgleichung gilt z. B. bei Erhöhung der nutzbaren Wohnfläche (OLG Köln NJW-RR 1994, 981). In jedem Fall muß die Bausummenüberschreitung vom Architekten zu vertreten sein (OLG Stuttgart BauR 1975, 359).

6. Da Kostenermittlung und Kostenfortschreibung zum Kernbereich der in § 15 Abs. 2 HOAI beschriebenen Leistungen der Objektplanung gehören, verjähren Ansprüche aus der Baukostenüberschreitung oder aus mangelnder Wirtschaftlich-

keit der Planung gemäß § 638 BGB in fünf Jahren nach der Abnahme.

Näher: Dostmann, Die fehlerhafte Schätzung der Baukosten durch den Architekten, BauR 1973, 159 ff.; Köhler, Überschreitung des Kostenanschlags, NJW 1983, 1633; Steinert, Schadensberechnung bzw. Vorteilsausgleich bei der schuldhaften Bausummenüberschreitung des Architekten, Baurecht 1988, 552 ff.; Groscurth, die Haftung des Architekten bei Bausummenüberschreitung, DAB 1990, 1119 ff.

Z

Zeithonorar. 1. Die HOAI regelt viele Honorartatbestände nicht durch eigene Honorartafeln, sondern erlaubt die Abrechnung nach dem Zeitaufwand des Architekten für die jeweilige Tätigkeit, z. B.
- alle → besonderen Leistungen, wenn sie nicht mit → Grundleistungen vergleichbar sind, § 5 Abs. 4 Satz 3 HOAI,
- → bau- und landschaftsgestalterische Beratung im Sinn des § 15 Abs. 3 HOAI,
- Leistungen für Gebäude bzw. Freianlagen mit anrechenbaren Kosten unter 50 000,– DM, §§ 16 Abs. 2 bzw. 17 Abs. 2 HOAI,
- bau- und landschaftsgestalterische Einbindung bzw. Beratung bei Ingenieurbauwerken und Verkehrsanlagen, §§ 17 Abs. 3 und 61 Abs. 4 HOAI,
- Leistungen bei Einrichtungsgegenständen und integrierten Werbeanlagen, wenn nicht bei Auftragserteilung schriftlich ein → Pauschalhonorar vereinbart wurde, § 26 Satz 2 HOAI,
- Herstellung und Entwicklung von Fertigteilen, § 28 HOAI, wenn die Leistungen nicht im Rahmen der Objektplanung erbracht werden, und wenn nicht bei Auftragserteilung schriftlich ein Pauschalhonorar vereinbart wurde, § 28 Abs. 3 Satz 2 und 3 HOAI,
- → rationalisierungswirksame besondere Leistungen, wenn ihre Honorierung bei Auftragserteilung schriftlich vereinbart wurde, § 26 Satz 2 HOAI,

- → Winterbauleistungen, wenn nicht bei Auftragserteilung schriftlich ein Pauschalhonorar vereinbart wurde, § 32 Abs. 3 Satz 2 HOAI,
- → Gutachten, wenn nicht bei Auftragserteilung schriftlich ein Honorar frei vereinbart wurde, § 33 HOAI,
- → Wertermittlungen bei Objektwerten unter 50 000,- DM, § 34 Abs. 3 HOAI,
- Flächennutzungspläne und Bebauungspläne unter den Bedingungen des § 38 Abs. 6 Satz 2 und Abs. 7 Satz 2, § 41 Abs. 4 HOAI,
- sonstige → städtebauliche Leistungen, § 42 Abs. 2 HOAI,
- Landschaftspläne, Umweltverträglichkeitsstudien, Landschaftspflegerische Begleitpläne und Pflege- und Entwicklungspläne für Flächen unter 1000 ha, § 45 b Abs. 3, § 48 b Abs. 3, § 49 a Abs. 3 und § 49 d Abs. 3 HOAI.

Andere Architektenleistungen, wie z. B. Grundleistungen für die → Objektplanung oder → raumbildende Ausbauten dürfen nicht mit Zeithonoraren vergütet werden (BGH NJW-RR 1990, 277, BauR 1990, 236; OLG München IBR 1995, 478, MD 1995, 1293).

2. Die Stundensätze betragen nach der Fünften Änderungsverordnung der HOAI DM 75 bis 160 DM für den Auftragnehmer bzw. einen ihm bei der Erfüllung der Leistungen gleichstehenden Mitarbeiter, also z. B. den angestellten oder frei mitarbeitenden Projektleiter. Für die Stunde des Mitarbeiters für technische oder wirtschaftliche Aufgaben können 70 bis 115 DM vereinbart werden sowie 60 bis 85 DM für die Stunde von technischen Zeichnern und sonstigen Mitarbeitern mit vergleichbarer Qualifikation, die technische oder wirtschaftliche Aufgaben erfüllen. Bei Verträgen, die bis zum 31. 12. 1995 abgeschlossen wurden, gelten noch für die Stunde des Auftragnehmers 70 bis 155 DM, für Mitarbeiter an technischen oder wirtschaftlichen Aufgaben 60 bis 110 DM und für Technische Zeichner oder sonstige Mitarbeiter mit vergleichbarer Qualifikation 55 bis 80 DM.

3. Wenn die Leistungen noch nicht erbracht wurden, können Honorare nach § 6 Abs. 1 HOAI durch Vorausschätzung des Zeitbedarfs als **Fest- oder Höchstbetrag** errechnet werden, wenn dies möglich ist; hierüber ist eine Vereinbarung zu treffen, der die Stundensätze des § 6 Abs. 2 zu-

grundezulegen sind. Das kommt einem → Pauschalhonorar gleich.

4. Die **nachträgliche Abrechnung** erfolgt nach dem nachgewiesenen Zeitbedarf auf der Grundlage der im Rahmen des § 6 Abs. 2 HOAI vereinbarten Stundensätze; als Nachweis dienen in der Regel ein Auszug aus dem Bürotagebuch oder besondere Stundenzettel. Es empfiehlt sich, daß der Bauherr diese Stundenzettel in regelmäßigen, möglichst kurzen Abständen zur Kontrolle und Bestätigung vorgelegt bekommt, um spätere Auseinandersetzungen über den Umfang zu vermeiden. Fehlt es an der Vereinbarung eines Stundensatzes, so gelten die → **Mindestsätze** als vereinbart, § 4 Abs. 4 HOAI.

Zeitliche Trennung der Ausführung. Wenn ein Architektenauftrag über eine → Objektplanung nicht in einem Zuge durchgeführt, sondern ein oder mehrere Male unterbrochen wird, ist nach § 21 HOAI für die das ganze Vorhaben betreffenden zusammenhängend durchgeführten Leistungen das anteilige Honorar nach den gesamten → anrechenbaren Kosten, für die restlichen Leistungen jeweils nach den anrechenbaren Kosten der einzelnen, getrennt erbrachten Abschnitte zu berechnen. Damit wird die ungünstige Folge der degressiven Abstufung der → Honorartafel abgemildert.

Näher: Borgmann, Zusatzvergütung des Planers nach § 21 HOAI, BauR 1994, 707 ff.

Zivilprozeß. 1. Zur Klärung und Feststellung von Ansprüchen, die Privatpersonen gegeneinander erheben, also beispielsweise des Honoraranspruches des Architekten gegen den Bauherrn, sieht der Staat das **gerichtliche Verfahren** des Zivilprozesses vor, soweit nicht die Parteien ein Schiedsgerichtsverfahren vereinbart haben. Gerichtlich festgestellte Ansprüche werden mit der → Zwangsvollstreckung durchgesetzt. Der Verfahrensgang ist im einzelnen in der Zivilprozeßordnung (ZPO vom 30. 1. 1877, RGBl. 83, i.d.F. der Bek. vom 12. 9. 1950, BGBl. 533, zuletzt geändert durch Gesetz vom 18. 12. 1995, BGBl. I 1959) geregelt. Die individuelle Rechtsverfolgung ist daneben untersagt, Selbsthilfe nur in Notfällen gerechtfertigt, § 229 BGB.

2. Der durch die ordentliche Gerichtsbarkeit durchgeführte Zivilprozeß wird vom Anspruchsteller („Kläger") durch die Er-

Zivilprozeß 214

hebung der Klage eingeleitet, mit der der geltend gemachte Anspruch begründet und beziffert wird. Das → Mahnverfahren führt bei Widerspruch des Schuldners gegen den Mahn- oder Vollstreckungsbescheid ebenfalls in das Klageverfahren über. Bei Streitwerten bis DM 10 000 ist das Amtsgericht, bei höheren Werten das Landgericht als 1. Instanz sachlich zuständig. Die örtliche Zuständigkeit des angegangenen Gerichts, der → Gerichtsstand, richtet sich nach den §§ 12 ff. ZPO. Vor dem Landgericht und den höheren Gerichten müssen sich die streitenden Parteien durch örtlich zugelassene Rechtsanwälte vertreten lassen (Anwaltszwang). Auch ein Verfahren über eine → **einstweilige Verfügung** nach den §§ 940, 935, 916 ff. ZPO wird vor den ordentlichen Gerichten durchgeführt.

3. Der Kläger muß den Sachverhalt substantiiert **darlegen** und mit Urkunden, Zeugen und Sachverständigen unter **Beweis** stellen (→ Beweislast), aus dem sich der behauptete Anspruch ergeben soll. Auch das Ergebnis eines → selbständigen Beweisverfahrens kann eingeführt werden, § 493 Abs. 1 ZPO. Das Gericht entscheidet nach Anhörung des Gegners („Beklagter") unter Würdigung der beiderseitig vorgebrachten Beweise (die Parteien können allerdings keine Zeugen sein) nach mündlicher Verhandlung. Das Verfahren wird meist durch → Vergleich oder streitiges **Urteil** beendet. Die Verfahrenskosten – Gerichtskosten, Anwaltsgebühren, Zeugenauslagen und Sachverständigenkosten – tragen die Parteien im Verhältnis ihres Obsiegens bzw. Unterliegens, § 91 ff. ZPO.

4. Gegen das Urteil hat der Betroffene das Rechtsmittel der **Berufung**, § 511 ff. ZPO, wenn die Beschwer den Wert von 1500 DM übersteigt. Bei amtsgerichtlichen Urteilen wird sie vor dem Landgericht, bei landgerichtlichen Urteilen vor dem Oberlandesgericht durchgeführt. Das Berufungsverfahren ist wiederum Tatsacheninstanz; soweit das Ersturteil angegriffen wurde, ist neu zu entscheiden.

5. Gegen Urteile des Oberlandesgerichts besteht unter bestimmten Voraussetzungen die Möglichkeit der **Revision** zum Bundesgerichtshof. Dafür muß bei vermögensrechtlichen Streitigkeiten die Beschwer 60 000 DM übersteigen (§ 546 Abs. 1 ZPO); der BGH kann allerdings die Annahme der Revision ablehnen, wenn die Rechtssache keine grundsätzliche Bedeutung oder die Revision keine Erfolgsaussicht hat, § 554 b ZPO.

Beträgt der Wert der Beschwer nur bis zu 60 000 DM oder wird nicht um einen vermögensrechtlichen Anspruch gestritten, so ist die Revision nur dann möglich, wenn sie vom Oberlandesgericht im angefochtenen Urteil ausdrücklich zugelassen wurde. Vor dem Bundesgerichtshof können nur die dort zugelassenen Rechtsanwälte auftreten. Bau- und architektenvertragsrechtliche Sachen werden nach der Geschäftsverteilung des Bundesgerichtshofs vor dem dortigen VII. Senat verhandelt.

6. Soweit die Rechtsprechung der Gerichte veröffentlicht wird, dient sie gemeinsam mit der wissenschaftlichen und praxisorientierten Literatur als wichtigste Erkenntnisquelle bei der Auslegung der Rechtsnormen. Insbesondere die Urteile des Bundesgerichtshofs beeinflussen die Rechtsfortbildung im Architektenvertrags- und -honorarrecht stark.

Zivilrecht → Privatrecht

Zulassung → Eintragung in die Architektenliste

Zurückbehaltungsrecht an Gegenständen oder Leistungen kann der Schuldner gegenüber dem Gläubiger dann geltend machen, wenn ihm aus demselben Rechtsverhältnis, auf dem seine Verpflichtung beruht, ein fälliger Gegenanspruch zusteht, § 273 BGB. Haben die Parteien nichts anderes vereinbart, kann der Bauherr also fällige Honorarzahlungen an den Architekten bis zur Erfüllung von Gewährleistungsansprüchen zurückhalten oder der Architekt die Herausgabe von Unterlagen bis zur Zahlung offenen Honorars verweigern.

→ Aufrechnung

Zusatzleistungen des Architekten. 1. In Teil III der HOAI sind zusätzliche Leistungen, die über die vertraglich übertragenen der → Objektplanung hinausgehen, geregelt, z.B. Entwicklung und Herstellung von Fertigteilen, § 28 HOAI, → Rationalisierungswirksame Besondere Leistungen, § 29 HOAI, → Projektsteuerung, § 31 HOAI oder → Winterbau, § 32 HOAI.

2. Wenn **mehrere Vor- oder Entwurfsplanungen** nach grundsätzlich verschiedenen Anforderungen zu erbringen sind, sind die Entwurfshonorare gemäß § 20 HOAI abzustufen: Für die Alternativplanungen kann in diesem Fall nur jeweils 50%

Zusatzleistungen des Bauunternehmers 216

des in § 15 Abs. 2 Nr. 2 bzw. 3 HOAI vorgesehenen Satzes gefordert werden. Bleiben die Anforderungen dagegen im wesentlichen gleich, so sind die Varianten mit der Vergütung für den → Entwurf umfaßt.

3. Zusätzliche Leistungen zu bereits in Auftrag gegebenen Architektenleistungen der Objektplanung, also z. B. für **Änderungen der Planung** nach Fertigstellung des → Entwurfs, oder nach einer etwaigen **Erweiterung des Vertragsumfangs**, sind in der HOAI nicht geregelt. Sie sind vom Bauherrn zusätzlich zu den zunächst in Auftrag gegebenen Leistungen zu vergüten. Wenn keine schriftliche Vereinbarung bei Erteilung des Zusatzauftrags geschlossen wird, gelten nach § 4 Abs. 4 HOAI die jeweiligen Mindestsätze als vereinbart.

4. Dieses mögliche zusätzliche Honorar des Architekten für die geänderte oder nachträglich in Auftrag gegebene Leistung wird nach → Treu und Glauben allerdings nur dann geschuldet, wenn der Architekt eine **eindeutige Vereinbarung** hierüber mit dem Bauherrn herbeiführt, bevor er mit der zusätzlichen Leistung oder der Planungsänderung beginnt und ihm damit auch die Möglichkeit gibt, auf diese zu verzichten. Diese Hürde soll verhindern, daß der Architekt auf jeden Wunsch bzw. jede geäußerte Idee des Bauherrn hin mit vergütungspflichtigen Planungsänderungen beginnt.

Zusatzleistungen des Bauunternehmers → Vollmacht → Objektüberwachung

Zuschlag zum Honorar → Honorarzuschlag

Zuständigkeit der Gerichte → Gerichtsstand → Zivilprozeß

Zwangsvollstreckung. Ist ein in einem → Zivilprozeß ergangenes Urteil rechtskräftig geworden und kann nicht mehr mit einem Rechtsmittel angegriffen werden, oder ist im → Mahnverfahren gegen den Vollstreckungsbescheid kein Einspruch eingelegt worden, so können diese als „Titel" bezeichneten staatlichen Anordnungen im Wege der Zwangsvollstreckung, §§ 704 ff. ZPO, durchgesetzt werden. Dies geschieht mit den vom Gerichtsvollzieher angewendeten staatlichen Zwangsmitteln, entweder durch Verwertung des beweglichen Vermögens, durch Pfändung von Forderungen des Schuldners z. B. Bankkonten oder Arbeitseinkommen, oder durch Zwangsversteigerung von Grundbesitz. Seine Vermögensverhältnisse hat der Schuldner durch eidesstattliche Offenbarungsversicherung nach §§ 899 ff. ZPO (früher: „Offenbarungseid") offenzulegen. Auch eine → Sicherungshypothek wird im Wege der Zwangsvollstreckung eingetragen.